21世纪高职高专规划教材·连锁经营管理系列
连锁经营管理专业示范建设系列教材

店长实务

主编　孙玮琳　颜莉霞

中国人民大学出版社
·北京·

21世纪高职高专规划教材·连锁经营管理系列
编委会

总 序

我国的连锁经营经过二十多年的发展，取得了令人瞩目的发展，呈现出强大的生命力。连锁经营现已遍布批发、零售、餐饮、中介、住宿、教育、旅游等众多领域，不仅境外品牌群雄逐鹿，本土品牌也日益壮大，这种形式已被企业广泛采用并得到消费者的充分肯定。近年来，随着连锁经营的迅速发展，连锁经营管理专业人才的需求急剧增加，但是由于我国高校连锁经营管理专业教育起步晚，发展时间短，在人才培养模式、课程体系、教学内容和教学方法等方面还有待于提高，无论在数量上还是质量上，都远远不能满足连锁经营发展的需要，连锁经营管理人才的短缺已成为我国连锁经营进一步发展的瓶颈。

为了促进连锁经营的发展，我国已将连锁经营管理作为紧缺人才岗位培训项目，有计划地培养连锁经营管理人才，许多高职院校陆续地开设了该专业，招生和就业情况良好。例如，浙江商业职业技术学院开设了连锁经营管理专业，经过多年的建设取得了显著成绩，已被评为浙江省示范专业，为连锁企业输送了大量高素质应用性经营管理人才，受到企业的欢迎。

教材是专业建设的核心，是开展专业教学的基本依据，在贯彻执行国家的教育方针、培养高素质人才方面起着极其重要的作用。为了协助高职院校办好连锁经营管理专业，促进我国连锁经营的发展，中国人民大学出版社组织了全国多所在连锁经营管理专业方面办学有特色、社会影响力较大的高职院校成立了“21世纪高职高专规划教材·连锁经营管理系列编委会”，选择经验丰富的专家学者、一线骨干教师和企业经营管理者共同编写了本套连锁经营管理系列教材，旨在进一步促进连锁经营管理专业的建设，提高教学质量，为我国连锁经营管理的发展提供人才保障。

该系列教材以保证基础、体现先进、强化应用、突出能力为指导思想。在编写组织上，基于精品课程，大多数参与院校的连锁经营管理专业为重点建设专业，强调“校企合作、工学结合”，编者中不仅有长期从事高职教育的教授，而且有来自连锁企业的经营管理者，校企优势互补，使教材更加适应连锁经营管理的实际需要；在设计思路上，以培养连锁经营管理的职业岗位能力为主线，贯彻“项目引导、任务驱动”的教学理念，突出高职教育特色，使课程体系和教学内容更加契合高职教育规律；在内容规划上，该系列教材内容精练、教辅完备，根据完成项目任务的需要设置了理论知识和实训项目，并提供课程网站、电子教案、案例集、PPT课件和习题答案等教学资源，为提升教学质量奠定了良好的基础；在教学方法上，以真实工作任务及其工作流程为依据科学地设计工作任务，教、学、做、评相结合，边做边学，理论与实践一体化，密切关注热点问题，使学生及时跟踪行业动态，积极主动地学习，并利用组织的协作培养合作意识和团队精神，得到全面发展。

近年来，我国连锁经营管理专业建设不断改革深化，已得到社会的认可和企业的支持，形成了良好的发展氛围。相信本系列教材的出版将进一步推动高职院校连锁经营管理专业的建设与改革，为培养高素质的连锁经营管理人才起到一定的促进作用。

骆光林

前言

连锁门店经营受门店规模、公司品牌、资金、经营特色、商品结构、顾客消费习惯、购买力等因素制约，而这一切要靠门店的灵魂人物——店长来掌管控制。店长既要完成公司经营任务又要服务好顾客；既要对总部负责又要对员工负责；既要规划好商品管理又要突出门店经营特色，其整体素质和综合能力将决定着门店的生存与发展。

随着我国连锁经营的不断发展，以店长为代表的“人才荒”问题越来越突出，要求连锁门店店长综合能力广、专业技能强。连锁门店店长专业化人才培养任重而道远。

近年来，高等职业院校连锁经营管理专业不断探索，依托优秀连锁企业，以培养连锁门店店长级管理人员为目标，构建“工学结合、岗位轮替、能力提升”的人才培养模式，为连锁企业输送高素质、技能型的专门人才，促进我国连锁经营事业不断发展。《店长实务》及其配套的《连锁门店店长综合实训》，针对连锁管理专业人才培养要求的工作实践性，按照连锁门店店长应掌握的知识和技能，结合门店实际经营中各环节实务，设计相关项目，介绍门店店长职业岗位所必需的顾客管理、商品管理、运营管理、员工管理、财务管理等知识和技能，使学生或门店员工能根据企业常规事务处理规程独立处理门店营运中的常规性日常事务，初步具备一家连锁门店店长所应该具有的发现问题、分析问题和解决问题的能力，为将来承担门店管理工作做好职业准备。

本教材适用于高等职业院校连锁经营管理专业学生，同时还可作为职业培训机构企业管理人才的培训教材，供连锁经营企业实践工作者和理论研究者参考。本教材全面阐述了连锁门店店长所要掌握的专业知识及职业技能，旨在指导和帮助已经或即将成为连锁门店店长的读者尽早熟练掌握自己的本职工作，成为一名优秀店长。

本教材的所有项目不是脱离实际的空洞说教，而是重点着眼于与店长日常经营管理中密切相关的各种问题，内容全面具体，具有较高的实用价值。本教材以连锁企业门店店长的工作任务为主要教学载体，选取具有代表性、典型性的工作情景，使读者能通过这些任务的实践，真正掌握相关知识和技能。

本教材由浙江商业职业技术学院的孙玮琳、颜莉霞担任主编，负责拟订、编写大纲及部分项目，并对全书进行修改，徐艳、叶军参编。具体分工如下：孙玮琳编写项目一，颜莉霞编写项目四、七、九，徐艳编写项目二、三、八，叶军编写项目五、六、十。最后由孙玮琳对全书进行审定。

在本教材编写过程中，物美华东发展学院院长龚晓丹、高级培训经理徐建、物美杭州大卖场经理徐振兴以及一些行业专家提供了宝贵的指导意见和资料，同时我们还参考了大量的专业文献和著作，在此一并向这些专家、作者表示由衷的感谢。

由于编写时间仓促，编者水平有限，书中难免有错漏之处，恳请读者批评指正。

编　者

2012 年 4 月

目 录

项目一 连锁门店与店长

项目简介

店长是门店经营的灵魂，在门店日常经营管理中发挥着至关重要的作用，据相关统计数据，一个优秀的店长可以提升门店营业收入的20%～30%。作为一个优秀的店长，必须具备良好的职业素养和职业能力，对公司的政策和门店的经营风格有一个清醒的认识，同时对门店的各个经营环节了如指掌，有较强的掌控能力。很多人认为，门店经营能否成功，取决于三个因素：一是门店选址，二是门店商品构成，三是店长的经营管理水平。其中，店长的经营管理水平是最关键的因素。本项目主要介绍门店的分类和特征、店长角色、店长工作职责和店长的基本素质要求。

工作流程

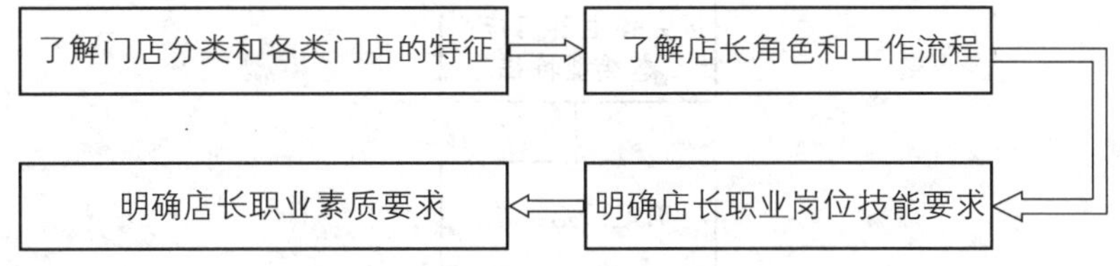

任务一　业态多元化是零售业发展的重要模式

在深圳工作的Michel发现，她的生活与“华润万家”密不可分。这家不断创造新业态的公司，包括超市、便利店、购物中心、药妆店、酒窖、工艺品店、药店等在内已有超过15个连锁品牌。“业态多元化是我们的积极选择。”华润零售集团高级副总裁、华润万家有限公司首席运营官陈硕说。

另一家本土零售巨头联华超市在未来五年也准备推出多种新业态，包括药妆店、快捷店、百货型卖场、生鲜超市、生活馆、高端便利店、小型购物中心及电子商务、上下游产业战略投资、批发与团购等业务。

“多元将是零售发展的一种常态，是一种重要的模式。”中国连锁经营协会会长郭戈平2010年底在中国连锁业会议上的预言正在转变为现实。

思考：观察你生活区域内零售门店的业态，并写出调查报告。

任务工作流程

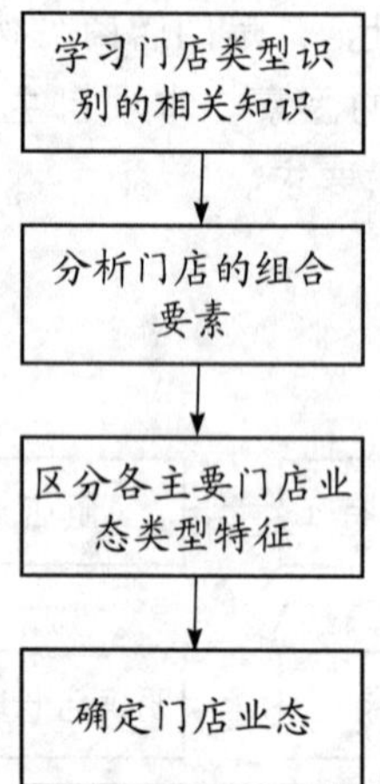

学习要求

能准确识别连锁门店的业态类型，并掌握该业态的主要特征。

相关知识

一、零售门店业态概述

（一）零售门店业态的含义

门店作为零售企业的基本组成部分和提供服务的主要渠道，其经营状况的优劣直接决定了企业经营业绩的好坏。在零售业空前发展的今天，中国各零售企业都面临激烈的市场竞争，消费市场不断细分，经营业态日益多元化，多数企业通过购并重组等正朝着规模化连锁经营方向发展，根据企业的发展战略，预测目标消费群的分布，因地制宜选择不同的门店业态，提供差异化和更具竞争力的商品组合及价格，不断提升门店的销售业绩，保证企业的可持续发展。

“业态”一词来源于日本，大约出现在20世纪60年代。20世纪80年代，我国的商业理论界在对日本商业运行模式进行介绍和研究时，引入“业态”一词。后来，理论界和商业部门都逐渐接受了用“业态”来分析和研究中国的零售组织。1998年6月，我国国内贸易局颁布了《零售业态分类规范意见》，标志着“业态”正式得到了官方认可。

针对不同的目标消费群，需要设置不同的业态类型。大卖场、超市和便利店等各类业态满足不同的消费需求，是单一业态还是混业经营，关系到门店商品结构和价格组合如何确定等问题。

零售业态是指在市场经济体制和激烈的商业竞争环境下，零售企业为满足不同的消费需求和提高企业的市场竞争能力，由不同的细分市场、目标顾客、商品结构、经营规模、销售方式、服务功能、店堂设施、门店选址等因素构成的，具有稳定性强、特征突出的不同的零售商业组织类型和经营方式的具体形态。

国内的零售消费需求不断丰富和多样化，消费市场日益细分，零售企业应该为目标消费群提供有针对性的商品结构、价格和体验，从而吸引和维持消费者，扩大销售业绩。企业落实上述措施的前提是需要清楚地理解目标消费群的分布区域、分布密度及商品需求结构，否则，即使有清晰的消费群定位，也无从选择门店位置或规划商品组合及规模。

（二）我国零售业态的主要类型

国家质量监督检验检疫总局和国家标准化管理委员会联合颁布了国家标准《零售业态分类》（GB/T18106—2004），该标准于2004年10月1日起实施。《零售业态分类》将零售业态分为17种：大型超市、超市、仓储会员店、百货店、食杂店、便利店、折扣店、专业店、专卖店、家居建材商店、购物中心、厂家直销中心、电视购物、邮购、网上商店、自动售货亭、电话购物。

二、连锁超级市场

（一）连锁超级市场的含义

世界上第一家超级市场于1930年诞生在美国，同传统的百货商店相比，具有动态的自助服务、灵活的商品价格和新颖的广告宣传等特征。20年以后，这种新的经营形态传到了其他地区。欧洲于1950年、亚洲于1952年先后出现了超级市场。我国也于20世纪80年代引进了超级市场这种现代化的零售方式。

美国1955年出版的《超级市场》一书，把超级市场定义为：“采取自助服务方式，有足够的停车场地，完全由所有者自己经营或委托他人经营，销售食品和其他商品的零售商店。”因此，美国超级市场的概念，具备三大要素：一是场地大，不仅门店场地大，店外还要有大型停车场；二是综合性强，货品齐全，相当于百货商店；三是顾客自助。

日本自助协会 1959 年对超级市场的定义为："以自助服务方式，由一个资本经营，年营业额在 1 亿日元以上的独自营销综合食品零售店。"

尽管超级市场的销售方式和经营方式已被各行各业运用，超级市场本身在业态模式上也呈现出向各种形态的发展，但其核心的定义是：实行自助服务和集中式一次性付款的销售方式，以销售食品、生鲜食品、副食品和生活用品为主，满足消费者对基本生活用品一次性购足需求的零售业态。超级市场普遍运用大工业的分工机制，实行对零售经营过程和工艺过程专业化和现代化的改造，因而普遍实行连锁经营的方式。

我国规定设立连锁超级市场，其门店应当具备下列条件：

（1）选址在居民区、交通要道、商业区。

（2）以居民为主要销售对象，10 分钟左右可到达。

（3）商店营业面积在 1 000 平方米左右。

（4）商品构成以购买频率高的商品为主。

（5）采取自选销售方式，出入口分设，结算由设在出口处的收银机统一进行。

（6）营业时间每天不低于 11 小时。

（7）有一定面积的停车场地。

（二）超级市场的基本特征

超级市场是突破传统的按行业划分设定的商店模式而出现的新兴的现代零售商业业态店，即按满足消费者某种需求而设立的商店，它的业态特征主要体现在以下几个方面。

1. 以周边居民为主要销售对象

随着人民生活水平的提高，消费者不再满足原有的消费方式和销售服务，希望购买到新鲜、卫生、品质良好的商品，同时注重购物环境的舒适性、购物的自由与便捷。而超级市场这一零售业态的基本需求特征是满足消费者日常生活所需，提供给消费者"一次性购足"的商品。超级市场所经营的商品是以食品和日用品为主的，这些商品购买频率高，选择性较低，消费者喜欢就近购买，因而超级市场是以满足居民区消费者为主，以家庭为主要销售对象的。针对消费者没有时间在菜市场购物，回家后料理家务的时间不太多的特点，超级市场注重提供加工食品、熟食等生鲜食品，提供定量化、包装化的食品和日用品。随着超级市场经营品种的不断增加，经营规模的日益扩大，其服务对象也会出现多样化的趋势。

2. 品种齐全，薄利多销

超级市场的经营范围是以食品为主，兼营其他的日用消费品。发达国家的超级市场已经发展到经营几十万种商品，几乎与大型百货商店经营种类没有什么两样，甚至已经超过了百货商店。这就表明超级市场这种零售业态在经营的范围上几乎涵盖了整个零售业经营的种类。

超级市场的发展离不开连锁经营，通过采用多门店的连锁经营方式，统一采购，统一配送，取得规模经济，大大提高了商品的销售率和商品的库存周转率。同时，超级市场以连锁的模式发展到一定规模时，借助于自己掌握的流通最终通道，以众多的连锁门店作为市场销售依托，开发自有品牌商品，直接加工、生产和销售商品，使超级市场同时取得了生产和商业双重利润。这些商品不仅在自己销售网络里出售，而且可以通过配销将销售力放大到系统之外，从而使超级市场能够采用薄利多销的价格策略。

3. 购物便利，环境舒适

超级市场的店址多选择靠近消费者的居住地区，所提供的商品是消费者日常所需的主副食品、日用百货和杂品，能满足消费者一次购足的需求。

超级市场的自助式销售方式除了为消费者创造良好的购物设施条件外，也使消费者从紧逼性推销方式的压力下解放出来，自由地选择商品，从而增加购物乐趣，避免了买卖双方可能出现的冲突和不愉快。同时，超级市场重视卖场环境的卫生整洁、合理的卖场商品配置与陈列以及卖场气氛的营造等，为消费者创造良好的购物环境，使消费者对购物的舒适性要求得到最大满足。

（三）超级市场的业态细分

1. 大型超级市场

（1）大型超级市场的业态特征。

大型超级市场，也可称为大卖场，其业态特征主要有以下几个方面：

第一，所经营的商品种类繁多。大型超级市场一般以经营肉、禽、蛋、菜、果、调味品、熟食品、洗涤用品、卫生用品等低值易耗的生活用品为主。小类商品的种类都在8 000种以上，甚至上万种。有些大卖场推行“一站式”经营理念，为广大消费者提供日常生活所需要的所有商品。所谓“一站式”经营理念，就是超市所经营的商品种类应该将消费者日常生活所需求的所有商品全部包括在内，消费者不用再到其他商场选购商品，只要在此超市内就一次可以购买到所有想要购买的商品。

第二，营业面积大。大型超级市场的营业面积至少要达到 6 000 平方米，许多大型超级市场的营业面积已超过 10 000 平方米。

第三，采用开架陈列商品和顾客自选式购物为主的销售方式。所销售的商品一般都实行小包装，在包装上打上商品的单位销售价格，陈列在敞开式货架上，让进入商品陈列区的顾客自由挑选。

第四，大型超级市场的门前还应设有较大的停车场，以方便顾客停车。

第五，超级市场的营业时间一般都比较长，每天营业时间都在 11 个小时以上。

（2）大型超级市场的网点。

一般选在城市中地价便宜，交通便利，停车方便的三、四级商业区域内。商圈半径为3～5 千米。

（3）大型超级市场的卖场布局。

在商品陈列方面，大型超级市场大都采取商品专业化的分类分区陈列。例如，熟食区、果菜区、调味品区、洗涤用品区、服装区等，这样便于顾客选购商品。这些分类陈列的商品不是随意摆放的，一般来讲，销售量大的商品，以及超市经营的主力商品应该摆放在卖场内最好的位置，销售量不大的次要商品应该摆放在卖场内比较偏僻的位置。同时，还要注意每个陈列区之间、每个货架之间要留足顾客行走通道的宽度。超级市场内所经营的绝大部分商品都采取开架陈列、顾客自选的方式。货架一般采用高度在1.8米以下的低层货架或货柜。超级市场一般不采取像百货商场那样的多楼层卖场结构，大多数超级市场都只有一层，也有少数超级市场设有二层或三层卖场。

(4) 大型超级市场的商品结构。

超级市场的商品结构应以消费者日常生活所需的中低档商品、低值易耗商品为主，一般不经营价格比较高的贵重商品、高档商品、奢侈品等。大型综合超级市场的商品种类比较齐全，品种基本能够覆盖消费者日常所需的所有中低档商品。所经营的商品种类中，消费者日常所需的各类食品至少要占到整个经营品种的40%。这些食品主要有：蔬菜、水果、干果、肉禽鱼蛋、海鲜、熟食品和半成品、冷冻食品、调味品、饮料、粮食等。有一些熟食品还是在超市的卖场内现场制作的。

(5) 大型超级市场的物流与销售管理。

现代超级市场应竞争的需要，对物流和销售管理有着很高的要求：要求商品采购种类和数量合理，进货及时；库存商品的数量、结构、种类要做到准确、合理，尽量少存货；给顾客结算时要快捷、准确，还要求及时掌握所销售商品的种类、数量、价格等信息；要达到高效率、低成本的管理目标。

2. 标准食品超市

标准食品超市也称生鲜食品超市，其经营面积为1 000平方米，以经营生鲜食品为主，其营业面积的50%～70%用来销售生鲜食品。标准食品超市是在传统食品超市的基础上，强化了生鲜食品的经营。受到消费习惯、收入水平、保险技术、冷链技术、农产品加工技术等因素制约，此业态的发展有一些困难，但一直是中国超市界追求的目标。

想一想

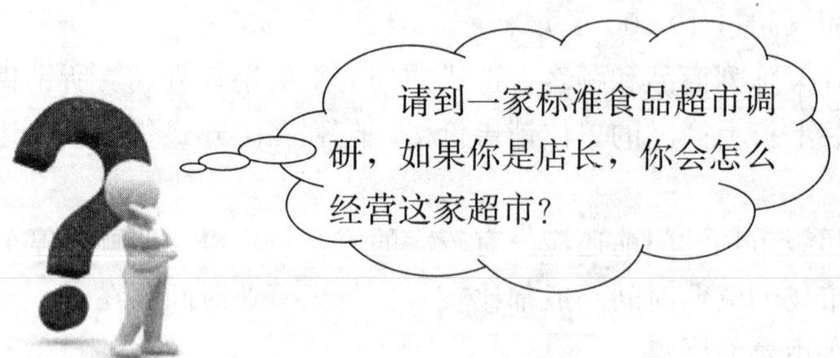

3. 传统食品超市

传统食品超市的营业面积不大，一般为300～500平方米。采取柜台与开架相结合、收银台统一结算的方式。营业时间也比较长，为12小时左右。

传统食品超市所经营的商品种类主要有：各类袋装熟食品、面包点心、小食品、调味品、饮料，也可以经营少量的鲜肉、鲜蛋、蔬菜与水果，少量的洗涤用品、卫生用品、小五金和学习用品等。但是，传统食品超市一般不经营报纸杂志、应急用药品等商品。比起便利店，传统食品超市在商品结构和经营管理方面更为灵活，经营管理的规范性相对差一些。

由传统食品超市所经营商品的结构特征和服务对象所决定，该业态主要为常住居民日常生活所需的各类消费品服务。因此，最适合传统食品超市生存的是在二、三级商业区域内常住居民居住比较集中的街区，商圈半径在500米以内。

4. 仓储会员店

仓储会员店的营业面积一般都比较大，大多数都在6 000平方米以上，也是采取开架销售、出口集中结算的方式。与超市等其他零售业态相比，仓储会员店有两个突出的特征：

一是卖场与仓库合二为一的货架与布局设计。所谓“合二为一”，就是将卖场部分与仓库部分合二为一，既可作为卖场使用，也可作为仓库使用。在营业场所内，加高商品陈列货架，使商品货架高达3米以上，货架1.8米以下是适合顾客选购的商品陈列区域，1.8米以上是同类商品的存货区域，形成既是营业场所也是商品库房的仓储式超市形式。另外，营业场所内的地面、墙面、顶棚、货架等都装修得十分简单，甚至不装修，只要保持营业场所内干净、整洁、有足够的照明度即可。仓储店的商品销售价格一般都很便宜。价格低廉是仓储店吸引消费者的核心竞争手段。

二是采取发展消费者为会员，并主要为会员服务的经营方式。消费者成为会员后，在本店购买商品时可享受价格打折等优惠条件。

“会员制”有两种类型：一种是普通会员。即消费者缴纳很少的费用，办理一个会员证，消费者凭会员证便可享受商场的优惠销售与服务项目。另一种是储值卡会员。即消费者事先将一定数额的货币存于商场内设立的存储机构（一般是商场与银行联办的机构），并领取一个储值卡，当消费者在此商场购物时，只需用储值卡付款，并享受应有的优惠。消费者存储在储值卡中的剩余款还会按银行的市价利率计息。

仓储会员店所经营的商品主要还是广大消费者的日常生活用品。其商品组合可采用大型综合超市的全方位覆盖策略，也可以选择一般超市的重点目标市场覆盖策略。

仓储会员店的门店选址与大型超市的选址一样，要求将门店尽量选在地价便宜、交通便利、停车方便的城市三、四级商业区域内。大型仓储会员店外也要求设有一定面积的停车场。

仓储会员店的市场竞争优势主要有两个方面：一是由于营业场所与商场的仓库合二为一，企业节约了仓库地皮占用费用、仓库建设费用、仓库设备费用、仓库管理费用的支出；同时，由于营业场所内的装修十分简单，也节约了装修费用。以上两项费用的节约，大大减少了仓储会员店的投资总额，为企业低成本运营与价格竞争奠定了良好的基础。二是在商品供过于求、买方市场形成的商业市场格局下，零售商能否争取到尽量多的顾客，从而保证商场的销售额，是当今零售企业竞争的关键点。但是，消费者的购买行为总是具有一定的流动性，任何商场都很难使大量的消费者长期固定在自己的商场中消费。会员制的办法，确保商场能锁定一部分消费者，使之成为本商场的长期固定顾客，从而保证了商场的销售额。

从现实的运行情况看，仓储会员店都是采取开架销售、统一结算的经营方式，与超级市场的经营方式一样，因此，也有人称仓储会员店为“仓储式超市”。

5. 折扣店

折扣店的业态特征主要表现在以下三个方面：（1）营业面积一般在 1 000 平方米以内，采取开架销售、统一结算的方式。（2）商品结构以居民日常生活用品为主，但相对于大型超市，折扣店所经营的商品种类比较少，一般不经营生鲜食品、熟食品。（3）商品的销售价格比较低，常以折扣的方式来降低销售价格，以吸引消费者前来购物。

折扣店的店址一般选择在房屋租金比较低、交通比较方便的地方。商圈半径在2 000米左右。

折扣店主要是依靠低价策略来吸引顾客的，否则就谈不上“折扣”了。因此，在经营管理方面，折扣店应做好三个方面的工作：一是更加精细地管理企业的运行，努力降低运行成本。例如，加快资金和商品的流通速度，降低商品在运输、加工、储存和销售过程中的损耗，营业场所的装修要尽量简单，努力提高员工的劳动生产率等。二是通过发展规模化的连锁分店的途径来提高经营的规模化，从而加强压低商品进价的谈判实力，降低采购、运输与销售成本，提高企业的经济效益。三是店堂装修和店内货架等商品陈列设备都十分简单。店堂内的天花板和地板一般都不额外加装其他装饰层面，商品货架只要能够陈列商品即可，并不讲求美观，这样做都是为了尽可能降低投资成本，为企业的低价经营打好基础。

6. 连锁便利店

便利店是超级市场发展到相对较为成熟的阶段后，从超级市场中分化出来的一种零售业态。作为一种零售业态，最早于1927年出现在美国，在20世纪六七十年代以惊人的速度成长，并迅速传遍美洲、日本、澳大利亚及欧洲各国，成为具有较强生命力的业态之一。其中日本便利店的发展最为迅速，尽管20世纪90年代以来日本出现的经济衰退波及整个商业领域，导致许多商业企业倒闭，但连锁便利店却显示出强大的生命力，数量从1991年的9 700家增加到1997年的20 530家，销售额从15 920亿日元增加到36 890亿日元。仅伊藤洋华堂一家所经营的便利门店在日本当地就发展到近8 600家，销售额达到近20 000亿日元。

日本对便利店的定义是“以向消费者提供方便为第一原则，并在经营管理方面追求高效率性的零售业态”。通常，顾客在便利店买完商品后，在10分钟以内即消费该商品，因此便利店可以说是经销日常生活必需品的小商店。

国外早期对便利店的定义是：运用超级市场经营管理技术和销售方式的食品杂货店。现代的便利店则成为专门出售便利性商品和服务的商店了，其核心定义为：采用超级市场的销售方式和管理技术，以食品、饮料和服务产品为经营内容，满足顾客便利性需求为主要目的的小型商店。

我国设立连锁便利店，其门店应当具备下列条件：

（1）选址在居民住宅区、主干线公路边，以及车站、医院、娱乐场所、机关、团体、企事业所在地。

（2）商店营业面积在100平方米左右，营业面积利用率高。

（3）居民徒步购物5～7分钟可到达，80%的顾客为有目的的购买。

（4）商品结构以速成食品、饮料、小百货为主，有即时消费性、小容量、应急性等特点。

(5) 营业时间长，一般在 10 小时以上，甚至 24 小时，终年无休。

(6) 以开架自选货为主，结算在收银机处统一进行。

便利店的业态特征主要有以下三个方面：

一是便利店的商品特征。便利店的经营特色就是为顾客提供便利，为此在其商品结构定位上具有自身的特点。便利店的商品结构，大致可以分为食品、非食品和服务三大类。其商品结构的选择标准主要有：消费量大、购买频率高、品牌知名度高、销售方法相对简单、品质一致、附加价值高、毛利率高、季节性强的商品以及能按商圈内主要顾客的生活方式、何时需要此商品、需要此商品的主要动机和何地消费此商品等因素来进行综合考虑的商品。

(1) 食品类商品的特征：食品类商品是便利店的主力商品，至少占全店商品构成的 50%。在食品类的商品结构中，重点销售的是“速食品”和“饮料”两大类，如面包、方便面、牛奶、清凉饮料、啤酒、咖啡和香烟等。在这些商品中，便利店内的常温性加工食品往往很难与超级市场相竞争，但非常温性的速食品和饮料，不仅能满足顾客快速方便的饮食需要，而且也是毛利率高、周转快的商品，通常被视为便利店商品销售的重点。而这些商品的个性化和特色也是至关重要的。如日本 7—11 便利店在长期经营中得到这样一些非常有价值的经验：第一，独创商品要占到 50%，能达到 30%的毛利率，才能使商店具有独特的个性；第二，在 7—11 便利店里即食品基本是独创的，80%的日配品是独创的，20%的加工食品是独创的；第三，只经营常规品牌商品的便利店，销售额和毛利率肯定要下降。

(2) 非食品类商品的特征：非食品类商品的销售额占便利店总营业额的比重虽然不高，但品项很多，这是构成便利店商品结构的一个重要方面。如洗涤用品、卫生用品等商品，由于保质期较长，所以经营者往往会忽视对其进行数量控制，而造成商品的积压或者缺货。对于那些必备商品应确保供应数量，绝对不允许缺货现象的出现，否则会极大地影响顾客对该便利店的忠诚度。

(3) 服务性商品的结构定位：众多富有特色的服务性商品也是构成便利店主力商品的内容之一。服务性商品具有很大的发展空间，是便利店经营的一大特色。通常，便利店在设置服务性商品时，都事先进行市场调研，评估消费需求的大小，坚持便利性与有利性相结合的开发标准。开发的项目主要有：服务代收、代理类（如代收公用事业费用、代收广告、快递信件、冲洗相片、名片印刷、为洗衣店代收衣物等）；设备服务类（如复印、电话传真、自动提款等）；信息提供和其他服务类（如生活娱乐休息、家庭生活咨询等）。在日本，其便利店之所以能在激烈的竞争中发展，服务项目的增加和服务方式的改变是其竞争的利器。除了传统的服务项目外，现在国外一些便利店又增加了网上购物（一些无法在门店中销售的商品，如书籍等）、信息查询、下载音乐节目、明星照片下载、旅馆预订、报纸订购、搬家公司预约、大学考试资料查询预订等服务。

(4) 不同商圈便利店的商品结构：便利店所处的商圈性质不同，其商品结构也应作相应的调整，以体现该便利店的经营特色。如日本的 7—11 便利店，其营业面积按总部统一规定，一般为 100 平方米，其门店的商圈半径为 300 米左右，选址一般在居民区。商品定位：食品 75%，杂志、日用品 25%。商店经营的品种按总部规定，其品种结构可灵活多变，一般每月由总部商品部门向各门店推荐 5 000 个品种，其中有 80 个是新品种，门店可根据市场需求，从中选择 3 000 个比较畅销的商品来经营。由于店内经营的品种经常更换，给顾客以新鲜感，加上门店的建设、管理遵循总部统一管理的基本原则：必须品种齐全；严格实行鲜度管理；店内保持清洁、明快；确保亲切、周到的服务，因此，7—11 便利店始终保持着骄人的业绩。

二是便利店的选址特征。由于便利店的商品与服务以“便利”为主，因此，便利店的商圈半径比较小，为 300 米左右的距离，步行约 5 分钟，再远就谈不上“便利”了。这就要求便利店的选址一般都在二、三级商业区域内尽量靠近居民居住地的街区。某些车站、码头、文体场所、旅游景点等有可能产生消费者“便利”需求的地点也适合便利店的生存。

便利店虽然营业面积不大，但是许多便利店连锁经营企业的分店数量十分多，在一个大城市中甚至达到上百个，因此，这些分店规模化的便利连锁企业对物流和销售管理也有着很高的要求。要求商品采购种类和数量合理，进货和配送及时，库存商品数量、结构、种类要做到准确、合理，尽量少存货，要达到高效率、低成本的管理目的。

便利店开店的地点比较自由灵活，有效地填补了市场的消费空隙。

三是便利店的时间特征。便利店的营业时间都比较长，一般都要超过 16 个小时，有些已达到 24 小时全天营业，全年无休日。由于便利店门店的面积小，商品品项少，商品陈列有序，位置明显，因此顾客在便利店的购物时间只占在超级市场购物时间的 1/5，而且交易过程迅速，更能解决生活急需。

三、连锁百货商店

百货商店的产生被誉为零售业的第一次革命。19 世纪中叶，由于工业革命的推动，生产力飞跃发展，工业日用品日益丰富起来，小型杂货店不能适应生产的发展和消费的增长，百货商店应运而生。1852 年，在法国巴黎诞生了世界上第一家百货商店“本·马尔谢”(Bon Marche) 百货商店。随后，百货商店很快传到了英国、美国、德国、日本等国家，一时间百货商店风靡全球。在一个多世纪的世界商业发展中，百货商店一直作为一种大量销售商品的零售业的典型业态，处于统治地位。近年来，百货商店在各国出现不同程度的衰落，因此，百货商店也有集中化趋势，大多数通过采用连锁经营来稳固其市场地位。

(一) 百货店的含义

国家质量监督检验检疫总局、国家标准化管理委员会联合颁布的国家标准《零售业态分类》(GB/T18106—2004) 中，将百货店定义为“指在一个建筑物内，经营若干大类商品，实行统一管理，分区销售，满足顾客对时尚商品多样化选择需求的零售业态”。百货店是综合性零售业态，应当从服务人群的细分体现其个性定位。根据现代都市生活方式的要求，百货店结合自身条件，可选择以下几种定位：以高端人群为目标的奢华型定位，以引领潮流和时尚为诉求点的时尚型定位，以主流生活需求满足为定位的生活型定位。

（二）连锁百货商店的基本特征

1. 连锁百货商店的营销特征

(1) 购物环境优美，服务体系完善。

连锁百货商店往往是都市形象的象征，通常处于商业中心地带，坐落在城市的最繁华地段，建筑富丽堂皇，能提供宽敞、亮丽、温馨、舒适的购物环境。连锁百货商店重氛围、讲情调，能给顾客带来较好的精神享受，其营业面积有一定的规模性，一般在5 000平方米以上，能实行一定的产品线宽度和深度组合，有较强的满足力和挑选性。百货商店的卖场布局一般按口字形设立中央大厅，其四周以墙壁隔断，并列设置不同的部门，卖场中央部分装置滚动扶梯，同时通过精心布置的商品陈列，充分展示商品，塑造成为让顾客发挥想象力，使其基本生活添加色彩、充满情趣的商店。

连锁百货商店的销售方式通常采用柜台式服务方式与开架式服务方式相结合，而且开架式服务方式所占的比重越来越高，但与超市等业态店的顾客自我服务、强调物化服务是不同的。连锁百货商店的服务主要是一种全面细致和以人为主的完善的服务体系，是包含售前、售中和售后三个方面的完整服务。

连锁百货商店这种完善的服务体系能有效地帮助顾客，并与顾客建立个人关系，使顾客享受全面而又细致的服务。美国以顾客服务闻名的诺德斯特罗姆百货商店，正是因为其售货人员与顾客保持长期的亲密关系以及商店提供优质的服务而在市场竞争中熠熠生辉。

(2) 优良的企业形象。

连锁百货商店是一个十分注重形象和声誉的行业，这也是由其引领时尚、体现品位的内在特点所决定的。其企业形象强调文化内涵，注重品牌和信誉，抒发情感和梦想，传达温馨与欢乐，创造时尚与经典。例如，连锁百货商店在布局时注意留出一定的休闲共享空间，一方面便于顾客休息（逛百货商店是一件耗时耗力的事），另一方面营造出商店的人文氛围。同时，在经营中非常注重文化营销和公共关系，善于举办与核心能力相符的主题活动和顾客联谊活动，来增加其商品销售的附加价值，培养忠实顾客。因此，在业态竞争中，连锁百货商店能以其优良的企业形象引领消费时尚、带动消费潮流、创造消费热点。

2. 连锁百货商店的目标消费者特征

(1) 中高档消费者。

连锁百货商店由于投资大、经营费用高、讲究购物环境的气派，因此其商品的毛利率不得不定得很高，一般来说商品价格明显高出其他商店，这就决定了连锁百货商店目标顾客的定位不是所有消费者，而是那些讲究生活品位、追求生活时尚、消费行为成熟、对品牌有一定要求、具有一定收入水平的中高档消费者，因为消费需求的实现很大程度上取决于消费者可支配的个人收入水平。

(2) 追求时尚的年轻人。

连锁百货商店的商品不仅注重品质，讲究信誉，而且推崇时尚，引导消费潮流，以此作为促进销售的有力手段。而年轻人是社会消费新潮流的主导力量，他们必然成为百货商店的主要目标顾客。这类连锁百货商店的特点是紧紧抓住追求时尚的年轻顾客，商品结构主要针对年轻人，尤其是年轻女性顾客。

（3）流动人口。

连锁百货商店由于选址一般挑选城市繁华区和交通要道，商圈范围很大，所以流动人口也是其主要的目标顾客。这一特点不同于传统小商业主要以周围本地居民为销售对象，连锁百货商店的销售对象不仅是以本地居民为目标顾客，外来人员也是其目标顾客。尤其是重要商业城市，每年外来人员的购买力会占整个连锁百货商店零售总额的很大比重。

3. 连锁百货商店的商品特征

连锁百货商店经营的商品不仅数量繁多，而且范围很广，品种繁多，种类齐全，一般以经营男女服装、儿童服装、服饰、家庭用品为主。例如，美国的连锁百货商店，除了汽车和房屋之外，还经营消费者所需的任何消费品，但一般不经营食品；法国的连锁百货商店经营商品的种类齐全，最多的可达26万种，一般的也有4万～5万种，通常以经销服装为主，并对服饰杂货及室内用品以高盈利的价格出售；日本的连锁百货商店中大多经营食品，而且以面对面销售为主，其商品按视觉与趣味进行搭配、组合，采用流行性商品塑造时髦的商品气氛。

连锁百货商店内通常设有许多不同的商品部，专门经营不同种类的商品。面积大的连锁百货商店一般设有100～150个商品部。由于经营规模大，连锁百货商店通常实施部门化、职能化、专业化的管理。总之，连锁百货商店注重销售挑选性强的商品、技术性高的商品、品牌商品、时尚商品、新产品等。这些商品的利润率较高，差别性强，而且附加值较高。

四、连锁专业店和连锁专卖店

（一）连锁专业店

1. 专业店的含义

专业店是指以经营某一大类商品为主，配备具有丰富专业知识的销售人员和提供适当的售后服务，满足消费者对某大类商品的选择需求的零售业态。

专业店是百货商店的分化形式。百货商店所经营的商品类别虽然十分广泛，但各类商品的系列化、专业化程度不一定很高。随着制造行业产品系列化程度的提高，专业店成为专门经营从百货商店中分化出来的一类商品或几类相关联商品的商店。如经营单一商品的专业店有鞋店、肉店、时装店、布店、眼镜店等；经营若干种相互关联的专业商店有食品店、副食品店、文具店、电器店、工艺品店、珠宝店等。

我国设立连锁专业店，其门店应当具备下列条件：

（1）选址多样化，多数门店设在繁华商业区、商业街或百货店、购物中心内。

（2）营业面积根据主营商品特点而定。

（3）商品结构体现专业性、深度性，品种丰富，选择余地大，主营商品占经营商品的90%。

（4）经营的商品、品牌具有自己的特色。

（5）采取定价销售和开架面售。

（6）从业人员需具备丰富的专业知识。

2. 专业店的业态特征

专业店自身明显的业态特征，使它具有其他业态不可比拟的优势，因此，在近年商业处于不景气的状况下，专业店却快速地发展起来。

(1) 有限种类的专业化。

专业店的商品之所以能赢得顾客的心，是因为其在某一类商品上做到了品种齐全，或在某一种商品上做到了款式多样、花色齐全。由于专业店经营商品种类的有限性和专业化，使其与连锁经营机制相结合，就产生出明显的规模效益。连锁专业店各门店商品与服务的一致性，再加上商品种类少、专门性强，便于挖掘开发深层次的连锁经营，使连锁店经营与管理相对简单，门店运营效率很高，其规模效益不但体现在网点迅速发展上，而且体现在销量成倍增长上。

(2) 周到灵活的服务。

专业店的服务要求比一般的零售店要高，因为专业店的服务对象往往是比较固定的，其眼光通常比较挑剔，而且掌握一定的专门知识，极个别甚至达到了专家的水平，这就决定了专业店的营业员和导购员一定是经营该商品的行家，具有相当丰富的商品专业知识，能用令人信服的理由来引导顾客购买相应的商品。周到灵活的服务还体现在能够帮助顾客进行消费设计，根据顾客的特点，为他们设计生活、指导消费，提供多种个性化服务、多功能服务以及专项服务等。

专业店所经营的商品都是某一类商品，而不混杂其他商品。在这类商品上，能够尽量满足消费者挑选性、专门性的特殊要求。专业店的商品，能够做到品种齐全、款式多样、花色齐全，甚至可以提供特殊规格的商品。同时，专业店的商品质量保证，专业性生产使其生产工艺达到了精益求精的程度，从而保证其品牌的信誉度。

专业店销售的商品具有一定的附加价值，其主要呈现出如下两个特点：

第一，营业员对自己所售的商品有相当丰富的专业知识，不但要了解掌握商品的基本性能、功能和对顾客的利益所在，还要掌握商品的原料特性、工艺流程、使用与保养要领等。因为光顾专业店的顾客往往是很挑剔的，营业员如不掌握丰富的商品知识，是无法用具有说服力的理由来引导顾客完成购买的。

第二，在专业店日益高档化和精品化的发展趋势中，顾客的自我保护意识日益增强，专业店对顾客的服务是成体系化的售前、售中和售后服务。如黄金珠宝专业店，要向顾客提供黄金的含量和重量、珠宝钻石的成色和克重鉴定书，在售后还要为其提供能在所有连锁门店清洗、修饰及贴换等服务。

可以说，完善的顾问式咨询和无顾虑的服务，是专业店有别于其他业态店的典型特征。

(3) 引导消费、创造需求。

相比其他零售店，专业店更能在广大的消费者中间细分出自己的目标顾客，这些目标顾客的购物目的比较明确，对专营商品有较强的消费偏好。为此，专业店对他们比较了解，可以在其多种多样的需求中寻觅到满足他们的一些共同需求和新的需求。在这个过程中，专业店能充分利用其与目标顾客的这种亲密关系，设计出属于本店的新颖独特的商品，从而引导消费、创造需求。

（二）连锁专卖店

专卖店指专门经营或授权经营制造商品牌和中间商品牌，适应消费者对品牌选择需求的零售业态。

专卖店是以专业店为基础而发展起来的。随着商标的广泛应用，各国相应地制定了保护商标专用权的法律，这就为经营某种特定商标（品牌）产品专卖店的诞生奠定了基础。专卖店通常是以品牌来划分的。目前，那些拥有著名品牌的制造商相继开发了同品牌的系列产品，从而使专卖店所经营的产品种类也不断增加。这类专卖店与经营几类商品的专业店有所不同，专卖店经营商品的品牌具有排他性，只经营同一品牌不同种类的商品。如海尔电器专卖店、李宁牌体育用品专卖店、格力空调专卖店、苹果牌休闲装专卖店等。

我国设立连锁专卖店，其门店应当具备下列条件：

(1) 选址在繁华商业区、商业街或百货店、购物中心内。

(2) 营业面积根据经营商品的特点而定。

(3) 商品结构以著名品牌、大众品牌为主。

(4) 销售体现量小、质优、高毛利。

(5) 讲究商店的陈列、照明、包装、广告。

(6) 采取定价销售和开架面售。

(7) 注重品牌名声，从业人员必须具备丰富的专业知识，并提供专业知识性服务。

（三）专卖店和专业店的比较

1. 业态特征不同

专卖店与专业店的概念和经营内容是不一样的。

专卖店是指专门经营某种商品品牌的商店。专卖店最突出的业态特征在于“品牌专卖”，即专门经营某种市场知名度高、消费者有所追求的“品牌”商品。专卖店的商品结构特点是：所经营的商品品牌专一，但商品种类可能不一样。如某种品牌的各种家用电器专卖店、某种品牌的各类服装专卖店等。

专业店是指专门经营某个种类商品的商店。专业店最突出的业态特征在于“商品专业”，即所经营的商品种类单一，但品牌、款式、规格等更加丰富。如运动鞋专业店内，所经营的全是专一的运动鞋类，但品牌、款式、规格多样、丰富。

专卖店和专业店的营业面积一般都不大，有几十平方米的，有几百平方米的，也有上千平方米的，甚至上万平方米的。一般而言，营业面积不能太大，若太大，便有可能超过了这类专一化商店经营品种所需要的实际经营面积，使单位面积的销售额下降，成本增加。

2. 专卖店比专业店更具有个性化，品牌优势强

专卖店强调品牌经营的个性化，这种个性化表现在各个方面：经营的商品上，批量小、文化附加值大，有些商品还有一定的垄断性；服务上，有很强的针对性和亲情感；建筑装潢上，别具一格，具有较强的形象魅力，加上很多专卖店引入CIS，进一步从视觉上突出了它的个性。因此，专卖店比专业店更具有个性化，个性化正是专卖店的生命力

所在。

专卖店依靠自己的艰苦努力，用了几十年甚至上百年的时间，创立了稳定扎实的企业信誉和较高的企业知名度，形成了独特的品牌优势，对顾客具有很强的吸引力。

3. 专卖店比专业店更具有扩展力，有利于连锁经营

专业店虽有经营特色，但规模相对较小，面对激烈的市场，仅靠几家门店，显然没有竞争优势。而具有品牌的专卖店对加盟者来说更具有吸引力，总部有独具特色的品牌商品、服务或独特的销售技术和方法，能够提供给加盟者，在门店标志、店面装潢、内部管理等方面，要求加盟门店与总部保持一致性，实行连锁化经营，从而取得规模效益。

任务二　选任门店店长

刘长双原是江苏某超市公司总部的采购经理，浙江家益乐超市公司设立后，为了照顾家庭，特从江苏来杭州应聘，经过浙江家益乐超市公司的严格考核后，被聘为西城店的副店长。由于他以前没有在门店工作过，对门店的工作不够熟悉，一时不知从何入手，于是来到总部店长培训班参加学习。通过两个月的培训，刘长双对店长的职责和工作流程有了一定的认识，为抓好门店工作打下了基础。

思考：店长的工作目标和职责是什么？刘长双能胜任连锁店长吗？

任务工作流程

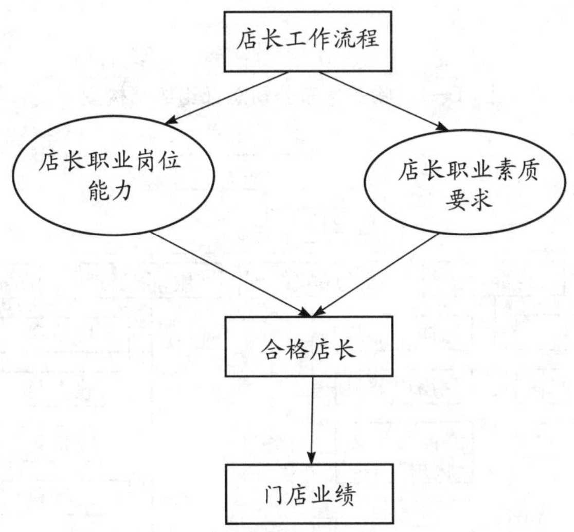

学习要求

了解门店店长的工作目标与任职条件等相关知识、素质、技能要求。

相关知识

一、连锁企业总部与门店的关系

连锁经营是一种紧密的组织形式，内部形成了一系列严格完备的制度规范各种行为和关系，以保障组织高效运转。图 1—1 和图 1—2 分别为物美华东公司总部组织结构图和物美大卖场门店组织结构图。

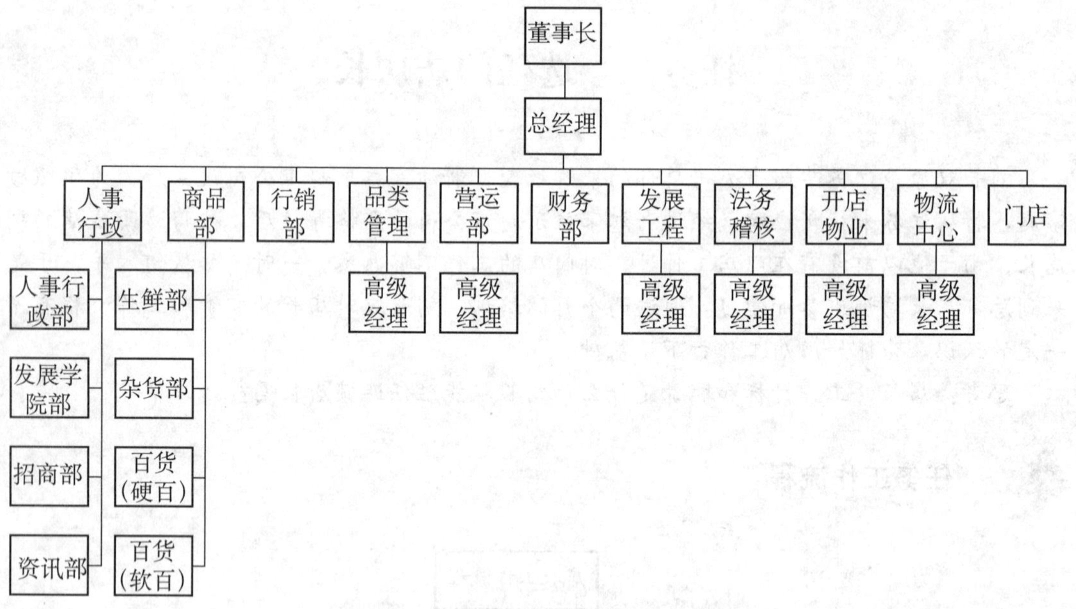

图 1—1　物美华东公司总部组织结构图

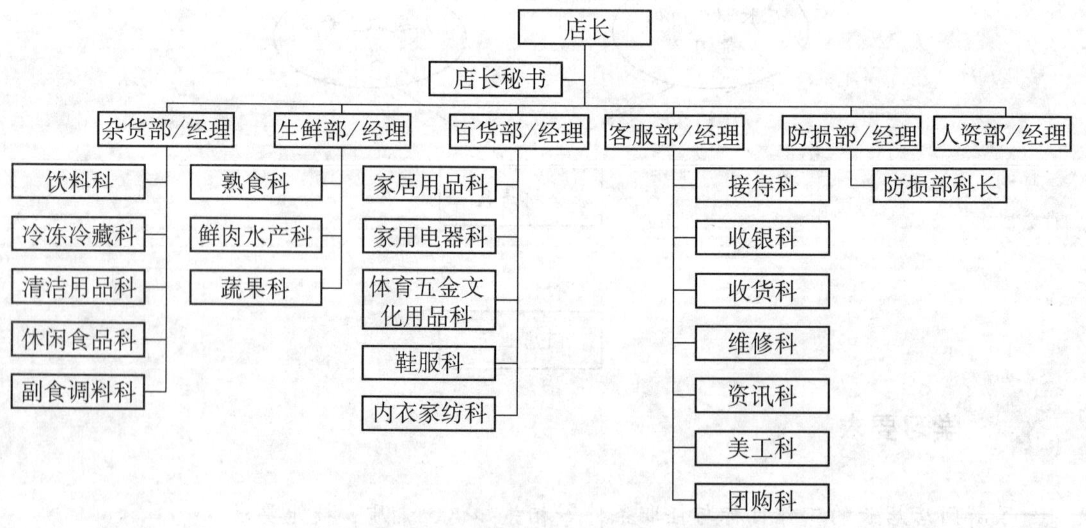

图 1—2　物美大卖场门店组织结构图

（一）连锁总部对连锁店的管理控制

1. 经营管理标准化、模式化

连锁经营的本质特征在于连锁总部与所有连锁店共享资源与技术。作为连锁经营总部管理哲学的具体化管理，连锁总部必须运用先进的经营管理理念对员工培训、员工工作安排、员工职责、服务标准、店面陈列、广告、市场营销、顾客关系、顾客抱怨处理程序、存货控制程序、会计程序、现金和信贷管理程序、安全生产、突发事件处理等连锁单店经营所有方面的问题进行深入研究，对连锁店经营管理过程中的每一项工作予以规范化并形成连锁单店工作手册。它是连锁店员工最重要的培训教材，也是连锁店日常经营工作的速查手册。连锁店据此开展所有日常经营工作，共享总部的经营技术。这是总部确保连锁店按照统一标准模式进行所有经营活动的必要保障，同时也是复制连锁店的必要条件。

2. 充分把握并利用信息流

发展连锁经营决定了经营门店日趋分散的特性。面对散处各地的连锁分店，总部必须使所有销售前台和后台支持机构实时地共享信息，总部管理机构必须对连锁店实施“零距离”管理，实现对所有业务环节的实时监控，并对这些方面所涉信息予以实时记录和深度分析。否则就谈不上形成连锁网络，整体大于简单局部之和的连锁经营优势也就无法体现出来。

（二）连锁总部对连锁店的服务

1. 开店服务

连锁运营的关键是选址，商圈位置直接关系到一个门店的盈利能力，因此总部必须建立一套完善而又符合自己企业特色的店址评估体系，在选址时做好市场潜力分析、商圈调查与分析等基础性工作，为门店地址的确定提供科学、理性的数据支持。选址确定后，总部要为门店提供相应的开店计划、执行标准与流程，明确门店店长和员工的工作计划与流程。

2. 理念服务

以企业精神和价值观为核心的企业文化，员工对门店的归属感是连锁店长盛不衰的内在动力。现在连锁门店中普遍存在门店员工的归属感比较差的问题，这需要总部从企业文化层面加以解决。还有连锁门店的员工在接待礼仪、服务规范、销售导购等环节需要进行规范，总部需要向门店提供两个方面的服务支持：一是建立起具有企业特色的快乐的工作氛围，二是为员工提供一套完善的激励机制。

3. 营销服务

营销服务主要涉及两个方面：一是门店形象的塑造与提升，二是连锁品牌形象的塑造与提升。门店的体系包括店内布局与店外布局。店内布局又包括基本布局和美化布局，目的是为门店营造出最好的形象以招揽顾客。店外布局可以通过广告传播，塑造连锁品牌形象，为顾客进入门店消除顾虑。

4. 培训服务

连锁门店经营成功的一个因素是有充足的经营人才来门店正常经营。这就需要总部为门店提供有效的培训服务：一是基础培训，也就是新员工正式上岗前的培训，要通过培训为门店复制大批执行人员，保证门店的人力需求；二是提升培训，要结合每个员工的成长潜力和门店的发展需要，制定详细的培训计划，为门店培养出独具特色、在企业运营各领域能独当一面的专业人才。

5. 督导服务

对门店经营情况进行有效的监督和指导，本质上是一种指导和服务，而不是监督和检查。以前，国内连锁店的督导机制并不完备，作用也不明显。门店听说督导要来，皆严阵以待，如临大敌；督导每次去门店则是全副武装，不抓出点毛病来誓不罢休，方法简单粗暴，根本达不到提升门店运营的目的。

6. 信息服务

门店是总部运营策略的直接执行者，通过总部对信息进行收集与分析，如经营环境的变化、经营相关资讯的整合、行业内国际发展趋势、新观念新技术及内部营运资讯整合、竞争对手发展趋势等相关市场信息，明确自身的优势，找准对手的劣势，向各门店提供强有力的信息支持，才能保证门店在市场竞争中克敌制胜。

7. 商品服务

门店商品销售能否实现盈利，一是看门店的商品结构是否契合商圈内顾客的消费需求，二是看顾客需求的商品能否保证充足供应。这就对连锁店总部的商品服务提出了两个要求：一是物品采购的通道要顺畅，采购回来的产品要适合市场；二是对门店的配送能力能跟上产品销售的速度，总部对门店的实时销售数据要做到了然于心，在二次配送的时候能根据门店的实际需求进行对口的品种配送。

二、连锁门店的经营管理目标

连锁经营企业的分店作为企业内部相对独立的经营实体，好似整个连锁企业躯体内的一个细胞，重要性是不言而喻的。如何使连锁门店获得良性发展，立于不败之地，店长作为企业各项方针政策在基层的推行者和企业各项经济指标在分店基本单位的落实人，扮演着举足轻重的角色。

根据连锁经营的性质和特点，连锁门店营运管理的直接目标主要有以下两个。

（一）实现销售的最大化

连锁门店营运管理的主要目标就是通过专业化、标准化的营运作业追求更高的销售额，实现销售最大化。销售是连锁企业实现利润的根本前提，只有扩大销售，才能降低成本，形成规模效益，而规模效益正是连锁经营发展的根本动力和基础。因此，连锁门店营运管理应以销售为中心，努力实现销售的最大化，以保证整个连锁企业利润目标的实现。

（二）保证费用的最小化

销售最大化与费用最小化是相互依赖的统一体，若连锁企业只注意销售最大化，而不严格控制销售过程各个环节的成本费用，就有可能造成利润降低甚至亏损。因此，作为连锁企业的基层门店，不仅要在总部的指导下积极扩大销售，而且要注意做好商品防损减耗工作，努力降低各种费用，以提升企业经营业绩。

三、连锁门店店长的地位与作用

在连锁经营中，直营门店不具有法人资格，店长往往只是门店营运的最高负责人，而不是法人代表。因此，店长的主要任务是依据连锁总部制定的店长手册来开展营运管理，其地位与作用主要体现在以下三个方面。

（一）连锁门店的代表者与协调者

店长是门店的代表者。对外，店长代表连锁企业与顾客、供应商、社区和政府有关部门交涉，解决问题和矛盾；对内，店长既受总部委托对员工和门店营运进行管理，担负着上情下达、实现经营目标的重任，又要承担下情上达、做好与总部的沟通、充分调动员工积极性的职责。所以，店长作为连锁企业重要的中层管理者，应尽量注意运用各种技巧和方法，协调处理好各种关系，以促进连锁企业的不断发展。

（二）门店营运的组织者与指挥者

店长既然是门店营运的最高负责人，就必须承担起门店营运组织指挥的重任，要为门店营运管理和经营业绩负责。因此，店长应根据总部的政策、经营标准、管理规范、经营目标和管理手册的要求组织好各部门、各班次的营运工作，指挥门店员工，严格依照总部下达的门店营运计划，将最好的商品，运用合适的销售技巧，将其最佳的面貌展现出来，以刺激顾客的购买欲望，提升销售业绩，实现门店的经营目标。

（三）经营成果的分析者

为了及时掌握门店的工作业绩，提高管理效率，实现门店经营目标，店长应具有较强的调查分析能力。要善于观察收集与门店营运管理有关的情报资料，并进行有效分析和准确预测。同时，店长还应能阅读各种经营报表，准确理解报表上各项目和数据的含义与要求，从而全面掌握门店的经营状况，为加强门店管理打好基础。

四、连锁门店店长的职责

店长是门店的最高负责人，同时又是连锁企业的中层管理者，因此店长必须服从连锁总部的高度集中统一指挥，积极配合总部的各项工作，以达到门店的经营目标。其主要职责如下：

（1）监督商品的要货、上货、补货，做好进货验收、商品陈列、商品质量和服务质量管理等有关作业。

（2）执行总部下达的商品价格变动。

（3）执行总部下达的销售计划、促销计划和促销活动。

（4）掌握门店的销售动态，向总部建议新商品的引进和滞销品的淘汰。

（5）掌握门店各种设备的维护保养知识。

（6）监督和审查门店会计、收银和报表制作、账务处理等作业。

(7) 监督和检查理货员、服务员及其他人员作业。

(8) 负责对员工考勤、仪容仪表和服务规范执行情况的管理。

(9) 负责对员工人事考核，提出职工提升、降级和调动的建议。

(10) 负责对员工的培训教育。

(11) 妥善处理顾客投诉和服务工作中所发生的各种矛盾。

(12) 监督门店内外的清洁卫生，负责安保、防火等作业管理。

(13) 监督门店商品损耗管理，把握商品损耗尺度。

(14) 做好与门店周围社区的各项协调工作。

五、连锁门店店长的任职条件

连锁门店的店长是一类特殊的管理者，虽是门店的最高负责人，但在许多方面又不拥有决策权，店长应具备的任职条件如下。

(一) 良好的个人综合素质

店长的个人综合素质主要体现在专业知识、沟通能力、培训能力、洞察力、良好的个人形象及生活习惯等方面。

1. 专业知识

连锁经营涉及许多行业，每个行业都有一定的专业知识，这就要求门店店长具有一定的专业知识和商业头脑，这是店长赢得顾客及员工信任的重要保证。过硬的专业知识，来源于平时不断积累和不断学习，来源于跟同行业人士的多方交流，也来源于各种渠道信息和资源的不断丰富。

2. 沟通能力

店长在工作中应经常与顾客、员工和上司等沟通，良好的人际沟通会给店长的工作开启许多便利之门。因此，店长必须与人坦诚相待，多聆听、收集各方的各种信息，同时多锻炼自己的语言表达能力，以提高自己的沟通能力。

3. 培训能力

身为一个店长，在店内不但是一位管理者，同时也是店里员工的老师，应拥有较强的培训能力。要根据门店经营管理的需要，采取各种形式不断地对员工进行培训，以提高团队的作战能力。

4. 洞察力

一个出色的店长，必须具备良好的洞察力。洞察每个员工的心态、心情，发现问题并及时解决。洞察进店每一位顾客的消费心理，尽可能避免顾客流失。同时也要密切洞察相关市场的发展趋势，关注竞争对手的各种变化，并制定相应的策略，以提升门店的竞争力。

5. 良好的个人形象及生活习惯

在连锁经营门店中，店长其实是一面镜子，也是门店的一张名片。店长穿戴整齐、精神抖擞，会给顾客和员工一种赏心悦目的感觉。平时养成良好的生活习惯，善于阅读和思考，有利于提高个人素养，同时也会带动员工效仿，从而在店内形成一个良好的氛围。

（二）出色的日常工作管理能力

店长的主要职责是做好门店日常工作的管理，相应的能力主要有以下四个方面。

1. 卖场管理能力

卖场管理包括店内卫生管理、商品管理、顾客投诉管理、人员调配管理及设备保养等。工作虽繁杂琐碎，但没有一件是小事，容不得半点马虎，可以说，能否做好卖场管理是考查一个店长是否具有较强综合能力的试金石。所以，店长应加强学习，不断提升卖场管理的能力，为实现门店经营目标作出最大的努力。

2. 费用控制能力

店内费用的支出直接减少了门店利润。为此，在坚持满足顾客需求的原则下，店长应树立勤俭节约的观念，采取各种方法和手段，努力降低费用，增加利润。同时要将节约观念灌输给每位员工，发动店内全体员工来控制费用支出，以实现门店的利润目标。所以，店内费用控制能力是店长日常工作管理能力的重要内容之一。

3. 市场调研能力

知己知彼，方能百战百胜。近年来，市场竞争激烈，为使门店在市场竞争中不断发展，店长应定期安排人员对竞争对手进行市场调查，了解竞争对手的商品价格、促销策略、人员变化、服务状况、生意好坏以及发展动向等，并密切关注顾客消费趋势的变化，及时向连锁总部反映，以便总部制定相应的方案和措施。

4. 扩大销售能力

门店的销售额是连锁总部最关心的指标，门店销售业绩的好坏不仅会牵动总部领导的每一根神经，也是考核一个店长工作绩效最直观的指标。因此，店长应发动门店的全体员工出谋划策，采取各种促销手段，积极扩大销售，提升门店的销售额，以实现门店的销售目标。

（三）高度的责任感及职业道德

职业道德是衡量一个员工优秀与否以及是否具有可持续发展的重要标志。有人认为员工有四类：有才有德为正品；有才无德为毒品；有德无才为次品；无德无才为废品。由此可知，职业道德的重要性不言而喻。实践证明，一位优秀的店长，必须具备良好的职业道德，方能被企业重用。但是仅仅有职业道德还不够，还必须有高度的责任感，具有责任感是一种敬业精神的体现。对顾客负责，对公司负责，对员工负责，才能获得对方的信赖并赢得其尊重。

六、连锁门店店长的作业流程

在连锁经营中，总部要对门店店长的作业活动进行控制，因此，店长每日的工作必须严格按总部规定的流程来进行。

（一）店长的作业时间

不同的连锁企业，因其经营业态的不同，其门店的营业时间也有所差异。以超市为例，一般超市的营业时间为早上 9 点至晚上 10 点，总计 13 个小时。店长的作业时间，除每星期必须有一天实行全天工作外，店长一般为早班出勤，即上班时间为早上 8 点至下午 6 点半，这种作业时间的规定可使店长充分掌握门店销售过程中中午及下午两个营业高峰，这对店长掌握门店每日的营业状况、搞好门店营运管理极有好处。而店长下班后，店内的管理工作通常由副店长（或值班长）代理。

（二）店长在每日每个时段上的工作内容

由于连锁企业的业态、经营内容和目标顾客的不同，店长每日的工作内容也会有所不同。连锁企业可根据自己的实际情况，制定适合本企业自身需要的店长作业流程，以提升连锁企业门店营运管理的水平。某连锁门店店长的日流程表和周流程表如表 1—1 和表 1—2 所示。

表 1—1　　某连锁门店店长日流程表

时间段	作业项目和检查重点
7：00～7：30	查阅营业报表，收发电子邮件，查看公告板、最新文件及工作交接交班表、前一天的值班经理记录，与值班经理交流情况，核实促销情况
7：30～7：45	每日例行检查：存货复核，新货盘点，货品陈列、店面清洁、灯光、价格、设备、零钱等前场和后场情况
7：45～8：00	晨会：向员工通报前一日销售额、前一日值班日志以及稽核记录情况 营业情况分析：前一天促销经营分析检讨及总结，各作业组问题上传及提出解决方案
8：00～8：30	与副店长和作业组长交换情况，检查各部门开店准备 培训和激励：培训新员工，交流成功销售技巧；激发工作热情，鼓舞员工士气，根据新品到货、价格调整、季节变化等情况，指导员工进行促销新品的推介
8：30～9：00	主持门店的相关工作会议，与各作业组长交换情况，通报早晨巡检情况及昨日稽核检查记录 营业预测：本日根本任务重点确认；本日营业额要做多少，当日全力促销哪些产品；今天的营业高峰是什么时候，什么状况 营业问题追踪（设备修理、灯光、货品排列、POP 广告、广播等） 营业态势及销售量/额比较
9：30～10：30	巡店：指导并检查补货上架情况、商品陈列摆放、展示要求和标价签使用以及促销活动到位情况；大厅卫生，照明、设备运转情况；顶仓、后仓库存情况；收银员和收银设备、安全保卫和顾客服务
10：30～11：30	营业中及时收发新邮件及文件、报告，对员工请办事项，各类邮件、文件的内容进行安排；营业中接到总部要求传达的指令，在 5 分钟内让门店每个员工清楚并随时跟踪落实 半天工作总结：早班员工的工作情况，及时指正员工不规范的工作程序，安排中午值班经理情况
16：00～17：00	了解员工思想动态，并做好员工的思想引导工作，保持员工高昂的士气；确认营业额的完成情况，检查店面的整体情况，指示接班人员或代理人员的注意事项，进行订货工作；和总部协调
17：30～19：00	检查当日目标完成情况：盘点物品、收银；制作日报表 打烊工作的安排：做好离店的工作（保障店面夜间的安全）

表 1—2　某连锁门店店长周流程表

周一	上午工作总结，检查卫生；下午参加总经理例会
周二	安排总经理全会的工作安排，检查陈列、保质期
周三	分析市场调查结果，以顾客满意、价格为重点
周四	查缺货率，市场调查以竞争对手的促销、卖场布局为重点
周五	检查周日备货情况，协调与其他各部门的工作，重点检查服务
周六	作库存分析
周日	总结一周经营、管理情况，制定下周工作计划，重点检查服务

案例分析题

（一）领导魅力

A 店长是某个超市的店长，为人很温和，也非常勤劳，从早到晚忙个不停，在工作上处处起表率作用，对工作及细节非常关注，几乎很少有人能够在她面前打马虎眼，所以经她培养出来的年青店长都有一个特点——做事都比较踏实、不爱张扬。

不过 A 店长也有她明显的弱处，就是不善于与人沟通，在上级领导面前太不善于表现，错过了很多被提拔的机会，以至于许多比她资历浅的都升上去了，而她仍在店长岗位上；她对年轻人的培养也仅限于培养他们的踏实，对于如何思考、如何计划、如何管理自己、如何与上下级沟通争取资源等，往往无法点拨部下，以至于部下很快就觉得可以从她这里毕业了，A 店长对此也十分豁达，每每听到这些言论，只是微笑处之。

B 店长是一位十分精明的店长，外面交往很广，有很多朋友，很多事情别的店长遇到就愁眉苦脸的，一到他的手里就是小菜一碟，比如将店面前面的交通栏杆开个口子，以方便顾客光临，又如顾客对门店有意见来闹事，还有上级领导要来检查工作需要做点花样工作等，B 店长总是信手拈来，不费吹灰之力。B 店长平常对部下也是大大咧咧，常常会跟部下讲一些社会上的小故事，说得眉飞色舞，下面的也听得津津有味，所以，他带出来的徒弟常常都很会来事儿。

不过 B 店长也有不顺意的地方，就是感觉自己的才干得不到领导的赏识，每任领导似乎到选人的关键决策时总会把他给忘了，B 店长对此的内心诠释是“朝中无人莫做官”，一直都觉得自己生不逢时。而他所带出的年轻店长常常一开始很抢眼，时间一长又大多被埋没了，他自己除了时常教育这些年轻人在为人处世上的经验教训以外，在如何科学化管理、如何带领团队上，实在无法说出个所以然来，也就只好随他们去了。

C 店长是一位外资零售企业的大店长，为人非常谦和，下属都觉得他非常容易亲近，但是又感觉到在他那里套点近乎也挺难，因为 C 店长对业务非常精通，常常在每个小点上都能够立刻看出还存在哪些不足，并提出改进对策，而且 C 店长对自己布置的任务似乎有过目不忘的本领，常常在吃饭的时候，他会很亲切地跟某个员工打招呼，然后问两天前或上午刚布置的任务进展如何，还有哪些困难，弄得下面的员工一见到他就想法子远远地躲开，但是 C 店长总能够适时地出现在他们的面前。

C 店长对员工的思想动态非常关心，常常找下属聊天，平常的团队活动比其他的门店只多不少，所以尽管 C 店长对做事的要求很严，大家还是很乐意与他在一起，原因很简单，在C店长的高标准严要求下，员工感觉进步很快，而且每次做事情都感觉很有章法、很有条理，大家彼此的配合都比较默契，彼此因为结果不好而相互推诿相互埋怨的非常少，这种冲突常常都被C店长巧妙地化解了。

更重要的是，那些年轻的店员常常觉得在聊天时，自己就像遇到一位知心的兄长一样，可以毫无拘束地把自己的困惑提出来，而且在C店长那里都能够得到比较满意的借鉴方案，感觉自己在这里成长，不论是在业务能力上，还是待人处世、管理沟通能力方面的进步都挺大，所以对于C店长的工作也非常乐意配合，有时C店长提出的挑战目标，尽管当时都觉得是不可能的事，但是都愿意全力以赴去尝试，结果是这些挑战目标中的大部分都实现了，这实在让这些年轻的店员们感到开心，不仅意味着奖金可以多拿，更重要的是对自己的做事风格和人生理念的启迪，也越来越敢于向不可能的事情挑战了。

思考：请你根据所学知识对三位店长作出评价。

（二）管理氛围

S君是上海一家大型连锁企业的店长，管理着一家mini型大卖场，介于食品加强型超市与小型大卖场之间，手下管着100多名员工，分两班运作。

该店位于市区与郊区的结合带，交通不是很方便，员工招聘很困难，员工的流动性很大，S君费了很大的劲才把员工队伍稳定下来，至少骨干力量的流失不再像一开始那样严重。

起初，S君以为员工的流动性大，主要是交通不便，就让人力资源部门就近在骑车距离半小时以内的小区街道招聘员工，后来发现即使是这些通勤距离在半小时甚至十几分钟的员工，流动性仍然很大。

于是S君进行了深入调研，发现对于工资薪酬不满意和分配结果不满意以及同事关系不融洽是其中的主要因素。

了解了这些情况以后，S君先在工资报酬上做文章，员工的固定工资部分已经靠近上海市的最低工资水平线，活动的余地已经很小，但是在奖金部分还是可以挖掘一些活的源头，S君利用自己店长手头有限的资源设了几个奖项，覆盖到了各个岗位，几乎每个人只要努力都有可能拿到这些奖金，但是每次实际拿到的只有20%的人群。但是由于机会均等，而且S君在考核分配奖金时创造了好的竞争氛围激发大家的积极性，奖金对员工的诱惑力和影响力越来越大。

当员工对工资奖金不再有怨言以后，S君又开始想办法协调同事关系，而一切同事关系中，最易引发冲突的就是管理干部与群众的冲突，干部搞特殊化，干部不尊重群众、脱离群众，这是一切同事矛盾中的核心要素。S君以身作则，不搞特殊化，并且积极去挖掘群众中的亮点，每天的晨会和晚会，总会花大量的篇幅来表扬那些在平凡岗位上的普通员工，让这些员工获得了极大的自豪感，这样也让广大的管理干部不敢自命不凡、孤芳自赏，而有意无意地都把自己降低一格来与下面的员工相处，员工也很乐意听从干部的指挥，上下配合渐渐默契起来，原先的矛盾也渐渐被消弭了。

S君还不忘激发大家的集体荣誉感。只要是公司举行的竞赛，S君都会提出要拿第一的目标，让参与者全力以赴，一旦取得好的成绩，一定利用门店的广播、墙报或口头进行表扬，用集体仪式般的庆贺让获胜者的荣誉感、自豪感达到高潮，激发了全体员工的自豪感和归属感。

思考：S君管理成功的原因在哪里？

项目二
连锁门店开店管理

项目简介

连锁门店开店管理是在连锁企业经营管理的基础上，按照总店的指示和服务规范要求，承担开店经营的相关业务，是一个学科性很强的项目，也是实用性很强的内容。作为店长，只有在平时的工作实践中不断研究，认真琢磨，才能提炼出真正适合自己门店的开店管理方法，为门店在市场竞争中提供科学的指导。在本项目中，通过学习门店布局规划、分析竞争者，以及选择竞争策略，为店长在开店之初进行门店管理打好基础。

工作流程

掌握门店布局方法，合理布置门店 ⇒ 分析竞争对手，熟悉对手状况 ⇒ 研究门店自身特点，选择合理的竞争策略

任务一 门店布局规划

屈臣氏是目前中国最大的保健和美容产品零售连锁店，在中国有1 000多家分店。王明之前是一家社区连锁门店的店长，刚跳槽到杭州某屈臣氏门店当店长助理，他每天看着顾客一个又一个陆续进店，却很少发现顾客立即出来，不一会儿，屈臣氏的店铺就挤满了顾客，顾客手中提着购物篮，慢慢地逛着。经过细心观察，他发现顾客在店铺的停留时间为25～30分钟，而屈臣氏甚至连一家社区24小时中小型超市的规模都不及，论面积，数百平方米，论货品，多不过千。为什么屈臣氏的生意会如此之好？王明初到屈臣氏，其商品策略、价格策略需要慢慢了解。不过最直观的店面布局倒是引发王明的兴趣。凭借多年在连锁行业的工作经验，王明可以确定的是，屈臣氏的门店布局规划对门店的人气和销量有很大的帮助。王明下决心要好好学习门店布局，为今后自己开店当店长积累经验。

思考：店长要如何有效规划门店才能促进销售？

任务工作流程

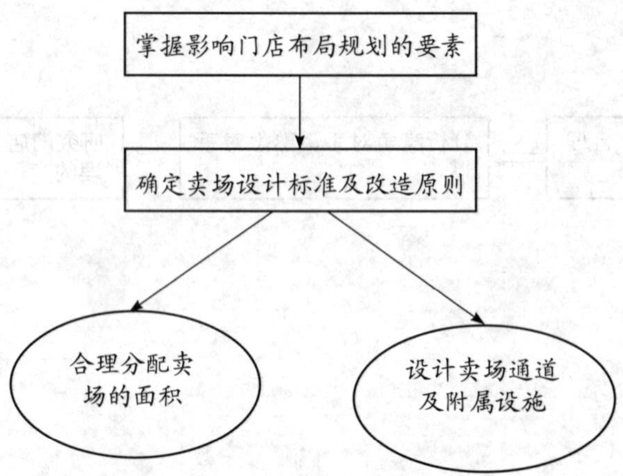

学习要求

通过学习，根据不同类型的连锁门店，掌握卖场设计标准和改造原则。

相关知识

随着我国社会经济的快速发展，人们生活水平的不断提高，顾客对购物环境的要求也越来越高。一个门店选址布置不够合理美观的店面，甚至难以吸引顾客进入，更别说让顾客购买了。因此，只有洞悉目标顾客的心理，才能规划、设计出合适的卖场，吸引顾客走进自己的门店。

连锁门店是以店面为依托，实现其营业销售的。商品是无声的广告，一个布局规划科学的购物场所，不仅能给顾客提供方便的购物环境，激发顾客的购买热情，还能让顾客真正体验到愉快方便购物。

一、影响门店布局规划的要素

（一）顾客生活方式和价值观念

门店的设计和顾客的购买需求有着密切的关系。只有对商圈内的顾客的生活方式、购买习惯、价值观念有充分的了解，才能设计出针对商圈内顾客有强大吸引力的设计方案。

（二）目标顾客和目标市场

商家规划了自己的目标顾客，这只是站在自己的角度所做的一种设想，这种设想只有得到顾客的识别才有意义。目标市场的设立有两方面的含义：第一，商家必须明确自己是什么性质的企业；第二，要让顾客认识到自己是什么企业。只有两者一致时企业的经营才能展开。

（三）商品的分类和构成

企业的经营理念是通过门店中的商品演绎和表现出来的。门店是由若干部门和商品品种构成的，它们之间的不同组合决定了门店的性格和特征。因此，这就要求在门店设计时，应该充分了解商品的特性、商品知识、重点商品、季节商品、主力商品、新增商品、促销商品、流行商品等，同时还要了解这些商品的购买对象以及他们购买的生活场景。

（四）商品布局和商品陈列

如果说以上部分是商品企划部门的职责，那么商品的布局和陈列则更带有计划性，与企业的销售计划、促销计划、宣传计划联动进行，通过营销手段，在卖场的平面和立体的空间形成视觉冲击。

想一想

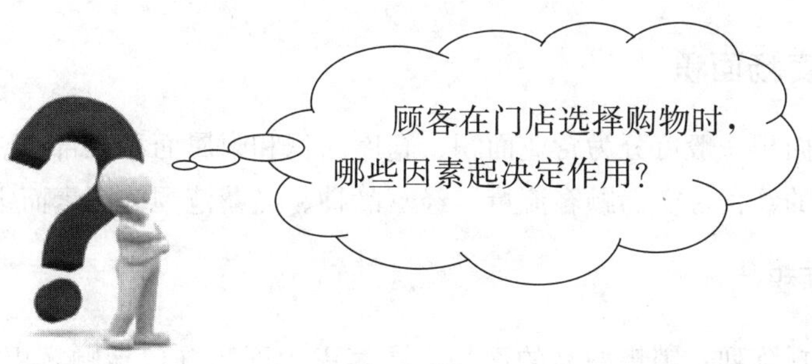

二、确定卖场设计标准及改造原则

（一）卖场设计标准

各式各样的卖场，其设计和质量应该有一个评判的标准，现主要从以下几个方面来评估：

（1）三大空间的合理性：商品空间、顾客空间、导购空间的配置有利于吸引顾客进入卖场，顾客进入卖场后能自由地、舒适地浏览商品，并在需要时由导购提供良好的服务，整个卖场洋溢着自由的气氛。

（2）货品配置、陈列的合理性：根据卖场及产品的特点、顾客的需求，货品配置要齐全，要考虑各个种类、款式、规格、颜色的货品数量。货品配置出现问题时要及时调配。要将规格全、数量多的热销产品陈列在阳面，并不断更新，保证成交率。

（3）导购服务的高质量：导购的位置要正确，语言要规范、得体（包含有声、无声两部分）。

（4）卖场设计风格与品牌经营风格的一致性：品牌商品有特定的消费群体，即目标顾客，应根据他们的经济条件、文化素养等形成自己的风格，卖场设计的风格必须与之相吻合。

（5）卖场设计与品牌层次的一致性：这主要体现在经济因素上，大众化的品牌必须对应大众化的卖场设计。

（二）卖场改造原则

卖场设计完成后，经过一段时间的经营或者卖场整体格局的调整、改变，或者经营理念的调整，卖场必须做一定改造。原则如下：

（1）相似性原则：借鉴周边成功的品牌、成熟的品牌、销售好的品牌经验。

（2）合理性原则：在销售好的前提下，以商品整齐、整洁的为原则；在销售不好的情况下，必须破坏原卖场平静的气氛，将货品进行调整。

（3）时机恰当原则：大的改造不能在销售旺季、双休日、节假日。

（4）随时改造原则：小修小改，随时进行，以货架移动、模特出样等不断进行调整，销售好的时候可以不动，销售滑坡时一定要改造。

（5）占优原则：亮度比周边品牌亮一点，卖场比周边品牌宽一点，服务比周边品牌好一点。

三、合理分配卖场面积

连锁店卖场面积一般可分为营业面积、仓库面积和附属面积三部分。各部分面积划分的比例应视商店的经营规模、顾客流量、经营品种、经营范围等因素而定。

（一）营业面积

营业面积包括陈列、销售商品的面积，顾客占用面积（包括顾客更衣室、服务设施、楼梯、卫生间、餐厅、茶室等）。营业面积空间又分为商品空间、店员空间和顾客空间。

（1）商品空间。商品空间是指商品陈列的场所，包括箱形、平台形、架形等多种选择。

(2) 店员空间。店员空间是指店员接待顾客和从事相关工作所需要的场所。店员空间分为两种情况：一是与顾客空间混淆；二是与顾客空间相分离。

(3) 顾客空间。顾客空间是指顾客参观、选择和购买商品的地方。根据商品不同可分为商店外（如汽车展等）、商店内和内外结合三种形态。

(二) 仓库面积

仓库面积包括店内仓库面积、店内散仓面积、店内销售场所面积等。

(三) 附属面积

附属面积包括办公室、休息室、更衣室、存车处、饭厅、浴室、楼梯、电梯、安全占用面积等。

一般来说，营业面积应占主要比例，大型商店的营业面积占总面积的60%～70%，实行开架销售的商店比例更高，仓库面积和附属面积各占15%～20%。

四、设计卖场通道及附属设施

通道是指顾客在商店内购物行走的路线。通道设计的好坏直接决定着店内顾客流动是否合理、顾客的心情是否舒畅、顾客能否顺利地进行购物，以及企业的商品销售业绩的好坏等。在通道设计时应注意以下原则：

(1) 通道要保证足够的宽度。商店入口等主要通道宽敞，以双向多人相会时不需避让为宜。而售货场所之间的通道以在有顾客驻足浏览、挑选商品时，不影响其他顾客往来通行为准则。

(2) 要尽量避免直而长的通道，以免顾客产生枯燥、单调的感觉。

(3) 通道的装饰要有指示作用，方便顾客区分各类通道和寻找所购买的商品。

相关链接

屈臣氏的发现式货架

卖场商品陈列是屈臣氏的重中之重，屈臣氏的店铺形象已经改进为第六代店铺了，但是其最主要的发现式陈列原则一直没有变。

屈臣氏发现式陈列原则中认为，店铺管理的精髓是：创造一个友善的、充满活力及令人兴奋的购物环境，让顾客易于找到独特、具创意、有趣、高品质及物有所值的产品。即在合适的时间、提供合适的商品、以合适的价格、陈列合适的数量于合适的地方，尽可能让顾客很方便地发现。所以在屈臣氏的陈列原则里，让顾客发现是最主要的。

屈臣氏是如何在自己的店铺中实现这些原则的？

一、发现屈臣氏

为了降低成本，屈臣氏的店铺经常会选择在地下一层，但是为了努力让顾客发现，屈臣氏会把这个原则执行得比一般连锁店更到位、更直接。如在其店铺附近的图片上可以看到“就在这里”、“就在负一层”、“地下一层”等很直接的字眼。同时，以下几个手段屈臣氏也会经常使用：

（1）尽量利用广告牌；

（2）非临街店铺一定有招牌指示；

（3）大面积色块；

（4）甚至采用员工长时间引导，目的就是让顾客发现附近屈臣氏的位置。

二、发现经营范围

即使一个不熟悉屈臣氏的人站在屈臣氏店门口位置时，也能对店铺的经营范围一目了然，并且能即时察觉到主要的推广主题，能清晰无疑地从门外看到店内。为了吸引顾客进店，屈臣氏经常会配合如下方法：

（1）醒目的门面设计；

（2）明亮的灯光；

（3）降低货架高度；

（4）清晰的经营分类指示牌；

（5）门口清楚的推广信息等。

三、店铺内的发现

店铺是产生交易的场地，店铺的布局与陈列是最关键的，屈臣氏在店铺内的发现原则是这样要求的：容易发现经营品类，并找到自己需要购买的商品；容易发现促销活动以及优惠的商品。具体如下：

（1）清晰的商品陈列分区，明显的区域指示标识；

（2）主题明确的促销陈列；

（3）将相关的产品临近陈列，使顾客更容易找到产品；

（4）核心部门（化妆品、护肤品、个人护理品）重点陈列在视野开阔的位置，以显其权威性；

（5）将保留畅销的“销售推动走廊”作为屈臣氏店铺的特点。

屈臣氏店铺还设置三种“购物体验”：美态包括专柜、非开架陈列、护肤品及饰品；欢乐包括护发、沐浴、口腔、男士用品、纸制品、小工具、小食品；健康包括保健品、卫生用品等品类。在布局中，以上产品需要共同陈列，既明确分区又相关布局。

想一想

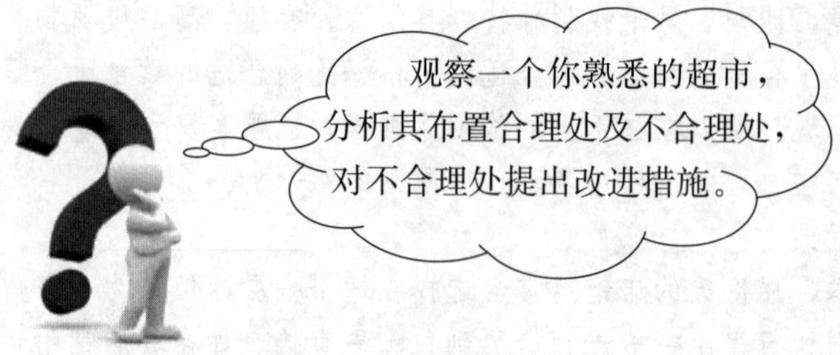

任务二　分析竞争者

纵观零售业，零售巨头开疆拓土，圈地二、三线城市，沃尔玛、家乐福、TESCO 等巨头，90%以上的新开店面都设在二、三线城市，本土零售商岌岌可危。

正当零售业频繁上演"大鱼吃小鱼"、本土零售商大喊"狼来了"的时候，河南某本土连锁企业却从不怕国内外的零售巨头，坚信没有人比本土零售商更了解本区域情况，如果本土企业学习一些大企业的管理经验，再结合自身的本土优势，就一定能"本土为王"。张明作为该本土连锁总店的店长，准备通过市场调查分析竞争对手，掌握门店自身特点，知己知彼，制定行之有效的竞争策略，在竞争夹缝中求得生存。

思考：作为门店店长，张明应如何分析竞争者？

任务工作流程

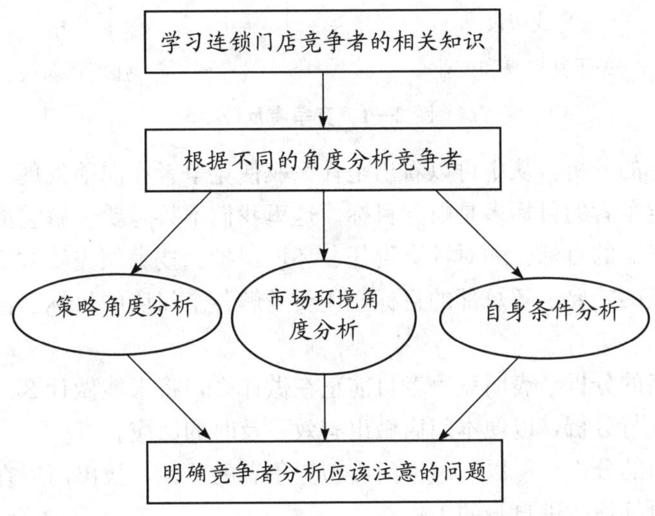

学习要求

通过学习，从多个角度识别竞争者，应用相关原理分析连锁门店的竞争者。

相关知识

在市场的选择中，看似消费者不断选择和淘汰的过程，但实际是竞争者不断竞争、博弈的过程。事实上，在研究市场营销、市场战略方面，竞争者是一个重要的课题。

竞争者一般是指那些与本企业或者经营者提供的产品或服务相似，并且所服务的目标顾客也相似的其他企业及经营者。下面就分别介绍几种不同的竞争者分析方法。

一、从策略角度分析竞争者

迈克尔·波特的《竞争战略》一书中提出了竞争者分析的模型，即从经营者的未来目标、现行战略、竞争实力和自我假设四个方面分析竞争者，如图 2—1 所示。

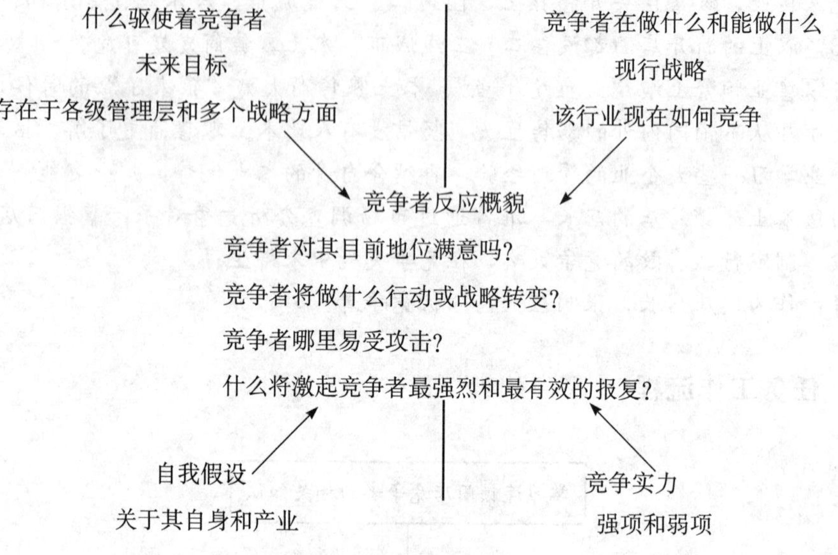

图 2—1　竞争者反应

（1）未来目标的分析。从中可以看出是什么驱使竞争者在向前发展。在门店常用的目标体系中，分析竞争者的目标多是财务目标。这里我们不只是要了解它的财务目标，同时要了解它的其他方面的目标，如对社会责任、环境保护、技术领先等方面的目标设定。同时，目标是分层级的，要了解总部的目标，还要了解各个门店的目标，甚至各职能部门的相应的目标。

（2）现行战略的分析。表明竞争者目前正在做什么，将来能做什么。列出竞争者所采取的策略，对其进行分析，以便本门店做出有效、及时的回应。

（3）竞争实力的分析，可以找出本门店与竞争者的差距，找出门店在市场竞争中的优势和劣势，从而更好地改进自身的工作。

（4）自我假设的分析。可以很清楚地看到竞争者对自身的策略定位，以及对行业未来发展前景的预测。竞争者对自身和对产业的假设有的是正确的，有的是不正确的，通过掌握这些假设，可以从中找到发展的契机，从而使本门店在竞争中处于有利的地位。

二、从市场环境分析竞争者

竞争者所处的市场环境，可以划分为三个层次：宏观环境、中观环境和微观环境。宏观环境包括政治、经济、社会、技术等大环境，见图 2—2；中观环境即指产业环境；微观环境包括客户、策略联盟等小环境。

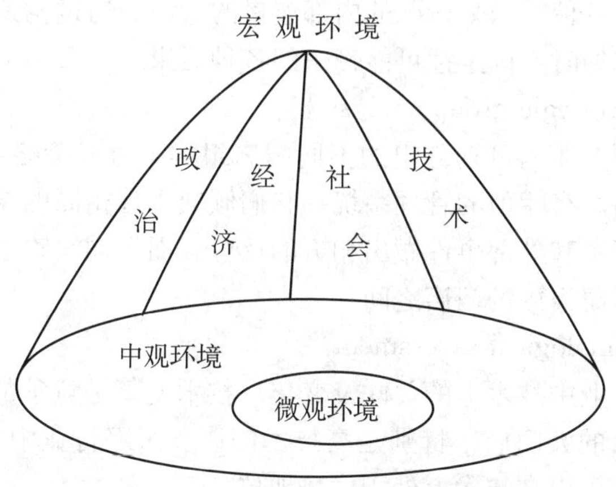

图 2—2　竞争者所处的市场环境

（一）宏观环境的分析方法

在经济全球化的态势下，国家、地区和全球的社会、政治、经济形势对门店策略的影响至关重要。

1. 政治及国家风险分析（political and country risk analysis）

该方法用于评估门店在国外运作的风险类型（如资产、营运、盈利能力、人员等）与风险程度。假如竞争者属于跨国经营的公司，并且所属行业受所在国的政治、经济影响很大，如石油开采业，就可以考虑对其进行政治及国家风险分析。

2. PEST 分析

该方法用于分析门店外部环境的变化对门店行为的影响。外部环境指政治（political）、经济（economic）、社会（social）和技术（technological）环境。

（二）中观环境的分析方法

任何一个门店都处在具体的行业之内，因此中观环境对门店策略的影响是非常明显和直接的。

1. 五力模型（five forces model）

五力模型即描述推动门店竞争的五种基本力量：供方砍价能力、买方砍价能力、替代品威胁、进入威胁以及现有竞争者的竞争。

2. 产业细分化（industry segmentation）

该方法用于分析一个产业内部分立的各个竞争层面。其细化的标准通常是产品类别、购买者特征、销售渠道以及地理划分。

产业细分化是实施集聚策略的要求。对于那些目标广泛的竞争者，进行产业细分化分析，可以了解它们在各个产业细分上的表现，从而攻其薄弱之处，避免触其强势之处。另外，也可以尽量把不具有吸引力的细分产业留给竞争者。

3. 产业情景分析（industry scenarios）

该方法可以用来对未来的各种可能的产业结构进行内在连续的详细描述。

一个产业情景就是一种对未来情况的内部连贯的看法。通过构造多种情景，门店能够系统地研究进行策略选择时不确定性可能带来的各种后果。

4. 策略组分析（strategic group analysis）

策略组分析即识别产业内可划分出的不同门店组群，每一策略组内的门店是同类的，表现为采用相似的策略，有相似的管理系统；它们倾向于被相同的竞争行动和外部事件影响，以及对这些竞争行动和外部事件做出相近的反应。而不同策略组之间则是异类的。因此，竞争主要存在于策略组内的门店之间。

5. 技术评价（technological assessment）

该方法用于掌握行业中技术上的关联及变化。技术变革是竞争的主要驱动力之一。技术变革造就了许多当今的大门店，特别是高技术门店。跟踪行业中关键的技术驱动力量，保持与之同步发展，即可以在技术上处于优势地位。

6. 专利情报分析（patent analysis）

专利情报分析即对来自专利说明书、专利公报中大量的、零碎的专利信息进行加工及组合，并利用统计方法和技术使这些信息成为具有总揽全局及预测的功能。

（三）微观环境的分析方法

对门店竞争态势最直接、最具体的影响，当推门店所处的微观环境。因此，微观环境的分析是不可或缺的。

1. 利益相关者分析（stakeholder analysis）

所谓利益相关者，一般是指公司的股票持有者或公司所有者，其利益和公司的收益有着直接的联系，同时其一举一动也可能影响着公司的利益。

2. 客户满意度（customer satisfaction）调查

该方法用于评估一个门店满足其顾客需求的程度以及怎样才能改进门店的产品及服务。顾客对门店产品及服务的满意度决定着顾客的品牌忠诚度，以及门店产品和服务的市场占有率，从而决定门店的盈利水平，同时也是指导门店改进产品及服务的重要参考指标。

3. 策略联盟（strategic alliance）

策略联盟即在产业价值链中两个或两个以上门店间建立的长期合作关系（如合资、供销合同等）。它是联盟双方或多方通过门店间合作，共享、互补资源来增强彼此的竞争力的一种方式。策略联盟能够减少分割某一给定市场的竞争者数量，开发共同的技术标准和产品配置。

4. 市场信号（marketing signaling）分析

市场信号分析能提供竞争者的意图、动机、目标或内部状况的任何行动和直接或间接的暗示。市场信号主要包括以下几种形式：行动的提前宣告；在既成事实之后宣告行动或结果；竞争者对产业的公开讨论；竞争者对自身行动的讨论和解释；竞争者宣告的策略与其可能采取的策略相比较；策略变更的最初执行方式；偏离过去的目标；偏离产业惯例；交叉规避；战斗品牌；秘密反托拉斯诉讼等。

5. 多点竞争（multipoint competition）分析

该方法用于探究形形色色的公司在几个市场相互竞争的状况。

6. PIMS（profit impact of market strategy）分析

PIMS分析即市场策略对利润的影响分析，是由美国策略规划研究所收集的描述商业运营、产业、竞争者、产品及其客户的数据，包括财富500强门店拥有的2 746个业务部门500个变量的数据，目标是辅助所参与的门店制定计划。

三、从自身条件分析竞争者

（一）竞争者的市场占有率分析

市场占有率通常用门店的销售量与市场的总体容量的比例来表示。竞争者市场占有率的分析是为了明确竞争者及本门店在市场上所处的位置。分析市场占有率不但要分析在行业中，竞争者及本门店总体的市场占有率的状况，还要分析细分市场竞争者市场占有率的状况。

分析总体的市场占有率是为了明确本门店和竞争者相比在门店中所处的位置，是市场的领导者、跟随者，还是市场的参与者。分析细分市场的市场占有率是为明确在哪个市场区域或哪种产品是具有竞争力的，在哪个区域或哪种产品在市场竞争中处于劣势地位，从而为门店制定具体的竞争策略提供依据。

（二）竞争者的财务状况分析

竞争者财务状况的分析主要包括竞争者盈利能力分析、成长性分析和资产负债情况分析、成本分析等。

1. 竞争者盈利能力分析

盈利能力通常采用的指标是利润率。比较竞争者与本门店的利润率指标，并与行业的平均利润率比较，判断本门店的盈利水平处在什么位置上。同时要对利润率的构成进行分析，包括主营业务成本率、营业费用率、管理费用率以及财务费用率。分析哪个指标是优于竞争者的，哪个指标比竞争者高，从而采取相应的措施提高本门店的盈利水平。

比如，本门店的营业费用率远高于竞争者的营业费用率，就要对营业费用率高的具体原因作出详细分析。营业费用包括：销售人员工资、物流费用、广告费用、促销费用以及其他（差旅费、办公费等）。通过对这些具体项目的分析找出差距，并且采取相应的措施降低营业费用。

2. 竞争者成长性分析

竞争者成长性分析的主要指标是产销量的增长率、利润的增长率，同时对产销量的增长率和利润的增长率做出比较分析，看两者增长的关系是利润的增长率快于产销量的增长率，还是产销量的增长率快于利润的增长率。一般来说，利润的增长率快于产销量的增长率，说明门店有较好的成长性。但在目前的市场状况下，门店的产销量增长，大部分并不是来自于自然的增长，而主要是通过收购兼并的方式实现，所以经常也会出现产销量的增长率远大于利润的增长率的情况。所以在作门店的成长性分析的时候，要进行具体分析，剔除收购兼并因素的影响。

其他的财务状况分析，如资产负债情况分析、成本分析，在很多财务管理书里都会提到，这里不再讨论。

（三）竞争者的产能利用率分析

产能利用率是一个很重要的指标，尤其是对于制造门店来说，它直接关系到门店生产成本的高低。产能利用率是指门店发挥生产能力的程度，很显然，门店的产能利用率高，则单位产品的固定成本相对低。所以要对竞争者的产能利用率情况进行分析。分析的目的，是找出与竞争者在产能利用率方面的差距，并分析造成这种差距的原因，有针对性地改进本门店的业务流程，提高门店的产能利用率，降低门店的生产成本。

（四）竞争者的学习和创新能力分析

目前，门店所处的市场环境是一个超竞争的环境。所谓超竞争的环境，是指门店的生存环境在不断地变化着，在这样的市场环境下，很难说什么是门店的核心竞争力。门店只有不断地学习和创新，才能适应不断变化的市场环境。所以，学习和创新成了门店的主要的核心竞争力。

对竞争者学习和创新的分析，可以从如下几个指标来进行：

（1）推出新产品的速度。这是检验门店科研能力的一个重要指标。

（2）科研经费占销售收入的百分比。这体现出门店对技术创新的重视程度。

（3）销售渠道的创新。主要看竞争者对销售渠道的整合程度。销售渠道是门店盈利的主要通道，加强对销售渠道的管理和创新，更好地管控销售渠道，门店才可能在整个价值链中（包括供应商和经销商）分得更多的利润。

（4）管理创新。在我国，门店的管理水平一直处于一种较低的层次上。随着中国加入WTO，国外的资本更多地参与到了国内的市场竞争中，在这样激烈竞争的市场环境下，门店只有不断地提高自身的管理水平，进行管理创新，才能不被激烈的市场竞争所淘汰。

只有通过对竞争者学习和创新能力的分析，找出本门店在学习和创新方面存在的差距，提高相应能力，才能打造门店的差异化策略，提高门店的竞争水平，以获取高于行业平均利润的超额利润。

（五）对竞争者领导人的分析

领导者的风格往往决定了一个门店的文化和价值观，是门店成功的关键因素之一。一个敢于冒险、勇于创新的领导者，会对门店做大刀阔斧的改革，会不断地为门店寻求新的增长机会；一个性格稳重的领导者，会注重门店的内涵增长，注重挖掘门店的内部潜力。所以研究竞争者的领导人，对于掌握门店的策略动向和工作重点有很大的帮助。

对竞争者领导人的分析包括：姓名、年龄、性别、教育背景、主要的经历、培训的经历、过去的业绩等。通过这些方面的分析，全面地了解竞争者领导人的个人素质，以及这种素质会给其所在的门店带来什么变化和机会。这里的分析还包括竞争者主要的领导人的变更情况，以及领导人的更换为门店的发展所带来的影响。

四、门店进行竞争者分析应注意的问题

门店要做好竞争者分析工作，为门店制定策略提供充分的依据，除了掌握一些常用的分析方法以外，还要注意以下几个方面的问题。

（一）建立竞争情报系统，做好基础数据的收集工作

要对竞争者进行分析，必须有一个基础来做保障，这个基础就是竞争情报系统和竞争者基础数据库。

竞争情报系统包括：竞争情报工作的组织保障、人员配备，以及相应的系统软件支持。只有建立了竞争情报系统，才会将竞争者的监测和分析变成一项日常的工作，才可能及时地掌握竞争者的动态，为门店决策提供即时信息。

同时竞争者基础数据库的建设非常重要。现代门店的决策，强调科学性和准确性，更强调事实和数据的决策。只有建立了完善的竞争者的数据库，对于竞争者的分析才不会成为空中楼阁，才可能落到实处。

（二）建立符合行业特点的竞争者分析模型

不同的行业有不同的特点，比如，有的行业关注投资回报率，有的行业更关注市场占有率。同时，行业所处的阶段不同，关注的焦点也会不一样。所以，门店有必要建立符合自身行业特点的竞争者分析模型，不能照搬照抄。

（三）加强竞争者分析的针对性

对竞争者的分析，每一项都应该有其针对性。有的门店在对竞争者进行分析的时候，往往把所能掌握的竞争者的信息都罗列出来，但之后便没有了下文。所以，要明确对竞争者分析的目的是什么。按照策略管理的观点，对竞争者进行分析是为了找出本门店与竞争者相比存在的优势和劣势，以及竞争者给本门店带来的机遇和威胁，从而为门店制定策略提供依据。所以，对于竞争者的信息也要有一个遴选的过程，要善于剔除无用的信息，避免工作的盲目性和无效性。

想一想

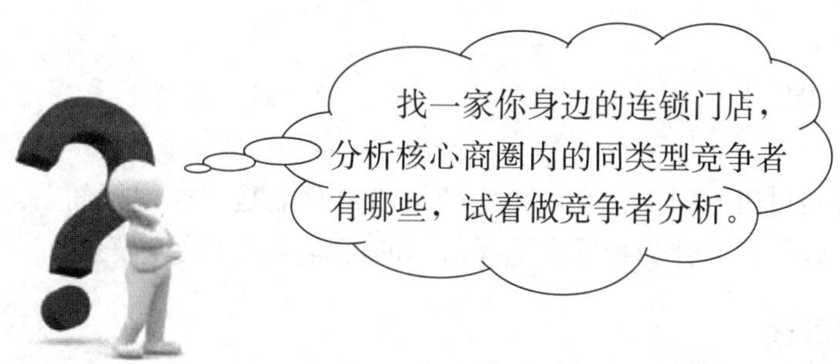

任务三　选择合适的竞争策略

御味园是一家大规模的中餐连锁超市，刘明是其中一家门店的店长，这家店位于S

市，有很多上了年纪的老人愿意到这家店里吃早餐，而且似乎专门要那种10元钱、带免费茶水的套餐，每天早上8点就来，坐上两三个小时和朋友边喝茶边聊天。店员对这些熟客都非常友好，这种亲密关系也恰恰符合了连锁店与顾客保持朋友关系的原则。刘明也很喜欢这种氛围，觉得像一个大家庭。

刘店长现在面临两难选择：一方面，其餐厅在外面渐渐有了“夕阳红”餐厅的名声，另一方面，年轻顾客不愿意光顾，这是他所不愿意看到的。他的压力很大，非常希望餐厅能有比较高的流动率以实现利润增长，而这些老顾客坐得时间太长，但是这些和蔼可亲的老顾客是非常宝贵的资源。

思考：刘明店长应如何定位该餐厅未来的竞争策略？

任务工作流程

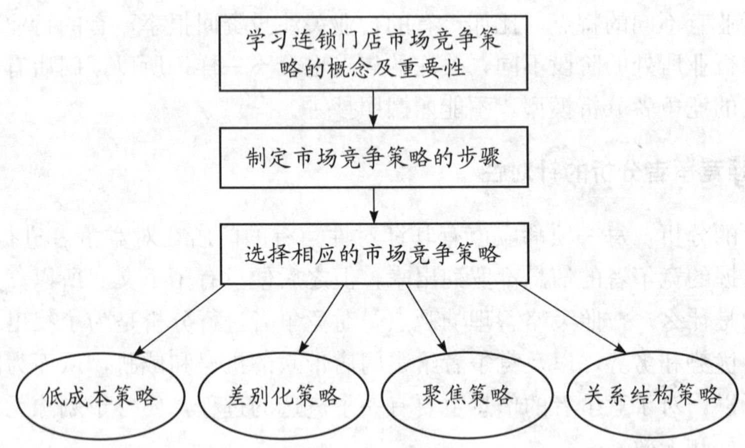

学习要求

通过学习，比较分析竞争者的优劣势，制定适合门店自身发展的竞争策略。

相关知识

经营策略必须付诸行动，否则，再好的策略也只能是“空中楼阁”。策略行动要以策略思想为准绳，以经营方针为指导，选择适当的策略重点和策略模式。

一、竞争策略概述

（一）竞争策略的概念

竞争策略是指经营者在特定的市场环境中如何营造，并最终获得竞争优势的途径或方法。竞争策略是门店在特定的市场环境中所采取的用来抵御市场竞争压力和加强自身市场地位的策略性行动。

竞争策略是企业管理中最基础性的，是企业与竞争者展开竞争的基本方针，其目标是使企业的经营活动能在所有竞争者中技高一筹，使企业在与竞争者的竞争中占据有利的位置。连锁企业的竞争策略指连锁企业在企业经营环境中突出自己的企业优势，弥补自己的竞争劣势，抢占市场，克制或回避竞争者的企业经营策略。

（二）制定竞争策略的必要性

通常来说，如果门店在防御竞争者和吸引顾客方面拥有优势，该门店就有竞争优势。门店获得竞争优势的方法很多，比如，门店开发出行业领先地位的新产品，为顾客提供更优质的服务，实现比竞争者更低的成本，开发并拥有某种关键的技术等。制定竞争策略的必要性如下。

1. 便于完成连锁企业总体目标

企业竞争不是一时竞争，而是全程竞争。分析现在、预测未来，从而制定竞争策略，形成完整的企业竞争策略体系，有利于企业竞争的一贯性和连续性，实现连锁企业总体目标。

2. 便于调动经营者的积极性和主动性

优胜劣汰是市场竞争的规律。在竞争中，一是企业由于经营不善等，造成全军覆没的下场；二是企业要想在竞争中获胜，面对竞争者的挑战，必须付出加倍的努力，不断主动学习、创新，同时也激发经营者的上进心和成就意识，激发经营者努力奋斗。如我国本土的“人人乐”超市、“万佳百货”与外资连锁超市的竞争历程就足以证明制定竞争策略的必要性。

3. 便于合理分配资源

在满足一定条件的基础上，市场竞争能带来合理的资源分配。

二、制定竞争策略的步骤和方法

制定连锁企业竞争策略时，主要分两大步骤进行。第一步是调查企业自身情况和竞争环境；第二步是分析竞争情况。其中竞争情况分析最常用的方法是优势与劣势分析法和机会与威胁分析法。

（一）优势与劣势分析法

即将本连锁企业与竞争者进行对比，借以发现自己超过竞争者的优势和不如竞争者的劣势。如麦当劳的竞争优势源于其清洁、快速、品质、服务和价格；而肯德基的竞争优势则是其独特的口味。优势与劣势可以在连锁企业产品、服务的各个环节上进行比较，通过优势与劣势分析可以使连锁企业进一步制定扬己之优势、克己之劣势的策略。

（二）机会与威胁分析法

优势与劣势分析法是针对连锁企业的经营状况，机会与威胁分析法则是针对连锁企业的经营环境而言。机会是指经营环境中出现的有利于连锁经营的变化，如各国政府对连锁企业的政策支持，银行放宽贷款条件，消费者的信任感增强，供应商为连锁企业提供优惠供货条件等。连锁企业经营者要善于利用上述机会发展企业。威胁则是经营环境中出现的不利于连锁企业发展的因素，如政府政策限制。对各种威胁，连锁企业要善于应对，或撤退，或转移，以免受损失。

了解竞争环境、摸清市场竞争者的情况、分析门店自身的竞争能力等，目的都是要争取竞争优势。根据门店的营销目标、营销环境、营销资源及门店在目标市场、竞争性行业市场中的地位所确定的竞争策略，能恰当地促进门店创造和保持竞争优势，争取有利的市场地位，最终帮助门店实现营销目标。

三、选择合适的市场竞争策略

每个门店在市场竞争中都会有自己相对的优势和劣势，要获得竞争胜利，必须以一定的竞争优势为基础。门店的竞争优势是由门店应付潜力竞争者、现有竞争者、替代品竞争者、买方竞争者、供方竞争者的能力所决定的，从市场竞争的普遍规律而言，门店为增强竞争能力，争取竞争优势的基本市场竞争策略有四种：低成本策略、差异化策略、聚焦策略、关系结构策略。

（一）低成本策略

低成本策略是指通过降低产品生产和销售成本，在保证产品和服务质量的前提下，使自己的产品价格低于竞争者的价格，以迅速扩大销售量、提高市场占有率的竞争策略。

门店采用低成本策略，利用追求规模经济、专利技术、原材料的优惠待遇等途径，形成门店在同行业中的低成本优势。如果一个门店能够取得并保持全面的成本领先地位，那么它只要能使自己的价格相等或接近于行业的平均价格水平，这种低成本优势就会转化为门店的高收益。

当然，对于一个在成本上占领先地位的门店而言，同时还必须重视自己产品和服务的相对质量。如果门店一味地追求低成本而使消费者失去了对门店产品和服务的信任度，门店所依赖的成本领先优势就无法让其取得满意的市场占有率，而门店必须进一步提高降价幅度，这种实际营销状况已经抵消了原有成本优势能给门店带来的竞争优势。

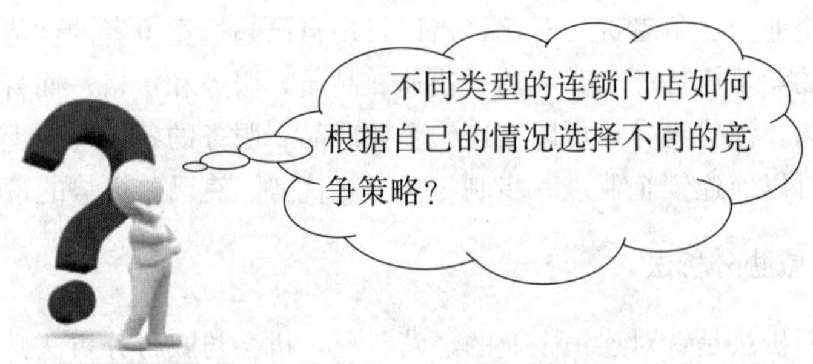

（二）差异化策略

差异化策略是指通过发展门店别具一格的营销活动，争取在产品或服务等方面的独有特性，使消费者产生兴趣而消除价格的可比性，以差异优势产生竞争力的竞争策略。

门店采用差异化策略，利用产品设计、使用功能、外观、包装、品牌、服务、推销方式等途径，形成在同行业中别具一格的门店形象。如果一个门店能够取得并保持自己的差别化优势，并使消费者乐意接受其产品和服务较高的价格，那么这种价格足以弥补其形成自身特色而产生的额外成本。大多数连锁店均有较高的知名度和较强的业务能力，使自己在经营的各个环节有别于竞争者。如肯德基的口味、麦当劳的速度、沃尔玛的快速周转、大荣的低价，都是差异化的结果。

当然，对于要在某些方面做到与众不同的门店而言，付出的代价往往会比较高。但是，要使差别化策略充分发挥竞争优势，门店必须注意形成自身独特性的同时，与竞争者的成本比较，争取保持门店的独特性受到市场认可，又使自己的成本尽可能降低。

相关链接

沃尔玛的差异化竞争策略

在沃尔玛开创初始，山姆·沃尔顿面对像西尔斯、凯马特这样强大的竞争对手，采取以小城镇为主要目标市场的发展策略。在20世纪60年代，像凯马特这样的大公司对在人口低于5万人的小镇开分店根本不感兴趣。而山姆·沃尔顿的信条是，即使是5 000人的小镇也照开不误，而且对选址严格要求，首先要求在围绕配送中心的600千米辐射范围内，把小城镇逐个填满后，再考虑向相邻的地区渗透。这样正好使沃尔玛避开了那些强大对手的直接竞争，同时抢先一步占领了城镇市场。

当沃尔玛在小城镇立稳脚跟后，开始实施“农村包围城市”的策略，向大城市渗透。与此同时，沃尔玛为了进一步建立和保持长久的竞争优势，把“天天平价”和“保证满意”确定为其战略目标，想尽一切办法在每一环节上把成本降至最低，取得了在行业上成本领先的地位。同时，为了满足顾客的需求，沃尔玛不断推出新的服务方式和服务项目，如山姆会员店、超级购物广场、一站式购物、免费停车、免费送货等，最终以一流的服务赢得了顾客的忠诚，取得了在服务方面的差异化优势。

沃尔玛由于能够成功实施全面的总成本领先策略和服务方面的差异化策略，因而建立了远远超过其他竞争对手的巨大竞争优势。最终凭借这些优势，沃尔玛将西尔斯、凯马特等对手一一击败，建立起零售王国。

（三）聚焦策略

聚焦策略是指通过集中门店力量为某一个或几个细分市场提供有效的服务，充分满足一部分消费者的特殊需求，以争取局部竞争优势的竞争策略。

门店采用聚焦策略，利用完善、适应自身能力的目标市场营销策略，达到原本并不拥有全面竞争优势的目标市场中的有利地位。聚焦策略的运用可以着眼于门店目标市场上的成本优势，从某些细分市场上成本领先争取竞争优势；也可以着眼于在门店目标市场上取得差别化优势，从满足特定市场中消费者需求获取竞争优势。

当然，采用聚焦策略的门店所选定的目标市场如果和其他部分市场没有任何差异，那么这种竞争策略是无法获得成功的。事实上，在一般的市场范围中都会存在部分未能得到满足的消费需求，而聚焦策略就是帮助门店专门致力于为这部分市场服务，从而在与竞争者目标市场的差异中获取竞争优势的。

(四) 关系结构策略

关系结构是一家公司与其客户、供应商及员工之间的关系，这种关系结构不仅是一种企业文化，而且是企业获得知识和适应性的源泉。牢固的关系结构的核心是在参与者之间建立一种稳定性的关系契约，或是在参与者之间达成约束相互行为的默契，这便是连锁组织建立的战略依据。关系结构策略需要运用一些综合优势来取得竞争优势，具体来讲，就是整合资源，充分利用一些关系来增强市场竞争力。

相关链接

麦当劳的关系结构策略——“15 万美元”与“1 美元”

供应商不仅能与连锁商一起“有福同享”，还可以“有难同当”，麦当劳的供应商就帮助麦当劳渡过了几次危机。其中一次是 1973 年联邦冻结薪资及物价，没有限制农产品价格，肉价涨了，但是冻肉价格不准涨，麦当劳汉堡中必不可少的肉饼（由冻肉做成）很可能缺货，麦当劳的一个肉品供应商罗特曼看出这一点，便提出警告，说全国的屠肉商很可能会因为亏本而停工，并提出一项新想法，由麦当劳下订单，让屠宰场屠宰麦当劳自己购买的肉牛，而以比较低的价格卖给屠宰商，屠宰商便不会因为无利可图而停工，中间的差额由麦当劳支付。1973 年夏天，麦当劳采纳了罗特曼的建议，要求所有的连锁店拿出 8 日营业额的 5%，集合了 500 万美元。罗特曼拿着这笔钱，乘着麦当劳公司的飞机，每星期行 8 500 千米，在全国的 20 家屠宰场奔走。在 8 个星期的冻结期间，他亲自监视 7.6 万头麦当劳订购的肉牛顺利屠宰完成，花费 380 万美元。这项工作使得麦当劳在各地市场、杂货店的肉柜几乎全空之际，仍然保持货源不断。由于麦当劳成为在美国少数仍然能吃到汉堡包的地方，其营业额增加了近 15%，完全赚回了所付的 5%的成本，安然渡过了危机。罗特曼在牛肉危机中所扮演的角色，表明供应商在麦当劳系统中所涉之深。这以后，麦当劳公司董事长克罗克以 15 万美元的顾问费酬谢罗特曼，罗特曼却提醒克罗克，他帮了麦当劳，更帮了自己，因为他的生意全依赖麦当劳，因此他象征性地收下了 1 美元。供应商和连锁店建立的就是这种“1 美元”的关系，而不是“15 万美元”的关系。基于这种关系结构，才能共存共荣，建立长期、广泛的合作，互惠互利，不断地同步成长。

案例分析题

大润发的竞争策略

中国连锁经营协会发布的2008年中国连锁百强显示，大润发以335.67亿元排行第七位，销售额增长31.1%，与外资零售老大家乐福仅有3亿元之差；2008年店铺增长19%，规模仅次于家乐福，但单店绩效、获利能力却是第一，竞争力不言而喻。

1997年，中国大润发总部在上海成立。1998年，在上海开出第一家大润发量贩店。用区域通路的概念，把未来大润发在中国的发展版图分成了华东、华北、东北、华中、华南等5个发展区块。2000年，成立了华北区的大润发总部，开出华北区第一家店；2001年，在沈阳设立了东北区总部，开出东北区的第一家店；2002年，在华中区武汉开出第一家店；2003年，在华南区广州设立总部，2004年，开出第一家店……2008年底，大润发在中国的总店数已超过100家。除了在上海、江苏等华东强势地区外，成长最快的为华南区。2009年，包括安徽、苏北、陕西、四川、广西都是重点发展区域，除在省会开店，外围重点城镇也不放弃。大润发的总经理黄明端曾说，在中国内地"没有百店以上的规模，无法获取参赛资格"。

大润发的管理者很注重对竞争对手的学习。规模是优势，但也是劣势，应变的速度就像恐龙翻身一样慢。以商业氛围为例，沃尔玛维持"每天都是最低价"的策略，不做促销，也没有红利积点，轻易不会变通。虽在采购、物流、信息系统上较能发挥优势，但在中国内地现采现销，效率也不会高。起初是经营模式的危机，模仿万客隆仓储模式经营，但考察各国大卖场后，发现万客隆门可罗雀，隔壁的家乐福却是门庭若市。随后大润发把重货架改为轻货架，同时降低货架高度，让原本供工商业采购的大润发仓储，变成一般消费者都可以进入的大卖场。

目前，家乐福、沃尔玛投资仍放在重点城市，大润发已开始实施农村策略。大润发的开店计划已朝中国第4级城市前进，拥有7亿人口的农村市场将是未来开店的目标，而且未来10年中国大润发将以营业收入每年成长3成、获利增加4成的速度，扩大其市场占有率。中国大润发2008年已开始进入农村乡镇开店，如广东东莞附近的长安镇，人口数10万，附近几乎没有大型购物量贩店进入。农村市场是未来中国大润发称霸内地市场的关键。黄明端认为，"以前开店是单点突破，现在则有机会将点连成线，线再发展成面，在全国市场全面开展"。

在内地市场被国际巨头视为兵家必争之地后，竞争对手"能来的都来了"，而速度的竞争是这家刚浮出水面的"潜水艇"未来最大的挑战。为快速扩店，大润发拟根据20/80原则，新店中20%以自主开发为主，余下80%采取租地方式。内地的这场马拉松竞赛，远没到终点。

首先，"除了顾客的钱不能赚，其他的钱都要赚。"大润发是掌握开源节流，而且不论上架费、赞助金、回馈金、货款浮差，什么都赚。"只要让顾客满意，顾客就会回头、再回头。"为了降低价格，大润发在内地的量贩店市场也充分展现霸气，创造许多惊人的"源头采购"先例，最大的效益不是为了压低进货成本，而是将售价压到最低，回馈顾客。

其次，对竞争对手做大量市场调查，每个门店，都配备了六七人的查价小组，每天抽出 1 000 名顾客常购品项，针对门市方圆 5 千米内的竞争对手做市场调查。产品一变价，计算机系统就会自动更新该产品的毛利率，而毛利率又与采购人员的绩效挂钩。通过这项制度，大润发确保价格具有市场竞争力。在黄明端看来："在管理上一切都大同小异，只是更重视每个细节而已！"

最后，为了竞争，大润发经营模式介于美式中央集权体系和欧式以门店为主的模式之间，采取"均权制度"。该集权的由总部集权，该由门店做主的由门店拍板。如商品价格、集中采购由总部集权，但又保持相对的弹性，若竞争对手出现低价，各店有权自己更改价格，快速决策。大润发已明白，同文同种的优势正逐步减弱，因为外商雇用的也都是当地人，反倒是贴近市场、快速决策、不断修正才是机会。

思考：

1. 结合案例，分析大润发为什么要扩展农村市场？

2. 大润发和其他的外资超市竞争的时候，最明显的竞争优势是什么？

3. 大润发的连锁经营在管理上有什么不同？这一点对其本土化有什么优势？

4. 从大润发的竞争策略分析大润发在未来的发展中将遇到什么问题，该怎样化解这一危机。

项目三
连锁门店顾客管理

项目简介

顾客是所有连锁门店生存的根本，在产品高度同质化的今天，稳定的顾客群体是连锁门店最重要的核心资产。对顾客进行服务和维护，形成长期、稳定的顾客成为很多连锁门店管理的重点内容。只有了解顾客、细分顾客，给顾客提供有针对性的服务，才能够留住顾客。本项目旨在指导店长通过提高顾客满意度和忠诚度来提高门店的竞争优势，通过剖析顾客管理理念、顾客管理在连锁企业实施的战略性意义，进行连锁门店市场的开发，以及顾客具体管理措施的实施。

工作流程

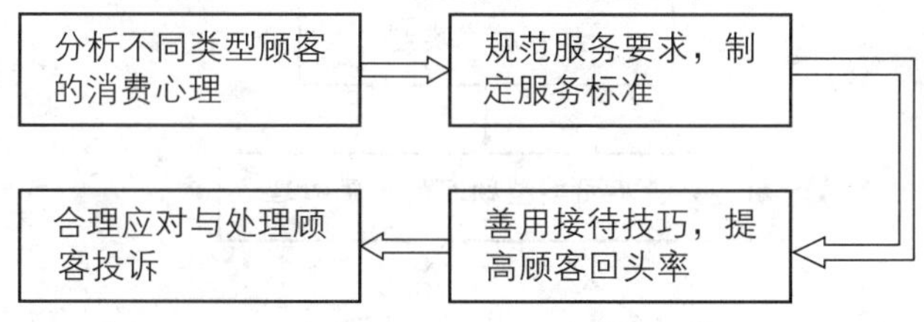

任务一　分析不同类型顾客的消费心理

连锁门店每天都会接触形形色色的顾客，在为顾客提供合适商品及优质服务的过程中，难免会由于这样那样的问题遭到顾客的投诉。有时候，投诉处理不好不但损失了客源，还会给门店造成不良影响。店长在日常对员工的要求就是尽量满足顾客的要求，为顾客提供称心的服务。但是店长也知道，不管是理性还是感性的顾客，处理不好，门店都会遭到投诉。因此，对不同类型的顾客，应该进行有针对性的服务，以提高顾客满意度，树立门店良好形象。

思考：店长在日常对销售人员的培训中，应该如何指导员工掌握顾客心理，以便更好地为顾客服务？

任务工作流程

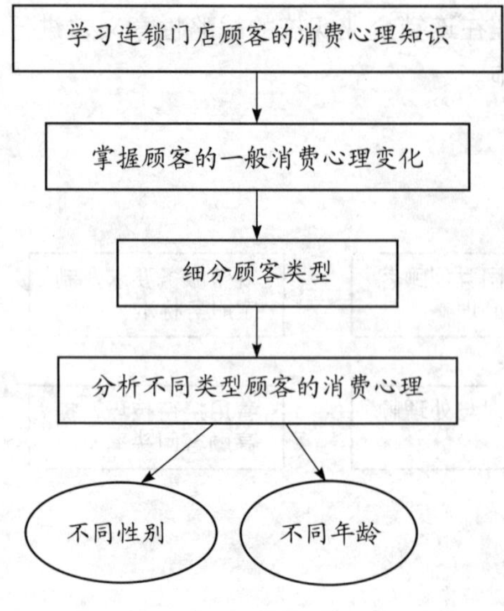

学习要求

通过学习，运用连锁门店顾客消费心理的相关知识和技能分析不同类型顾客的消费心理。

相关知识

对于店长来说，顾客关系管理是其日常工作中的一项至关重要的内容，要处理好与顾客的关系，需要了解本店的目标顾客。不同类型的顾客具有不同的购买动机与消费心理，店长要充分掌握顾客消费心理方面的知识，以做到充分了解并把握顾客的消费心理，适时向他们推介本店的产品和服务。

一、掌握顾客消费心理

(一) 顾客消费心理的类型

顾客的消费心理是在人类社会发展过程中形成的，是人们为了提高自身物质文化水平而产生的社会性高级欲求。这样的心理需要，不仅受生产环境和生产条件的制约，而且受到社会风尚及人的个性特征的影响。仔细分析一下，顾客消费心理主要有下述几种类型，各种类型对应一定的目标顾客群。

1. 求美心理

这种心理的顾客以追求商品的审美价值和装饰效果为主要特征。具有这种心理的顾客在选购商品时，特别重视商品的造型、颜色、装潢和款式等，以及使用商品所体现出来的特殊气质和个性风格，而对商品本身的价格和使用价值则不太在意。

主要消费对象：城市年轻女性。

2. 求名心理

这种心理的顾客以追求名牌为主要特征。在这种动机的驱使下，顾客购买商品时，几乎不考虑商品的价格和实际使用价值，只是通过购买、使用名牌来显示自己的身份和地位，从中得到一种心理上的满足。具有这种购买动机的顾客一般具有相当的经济实力和一定的社会地位。此外，表现欲和炫耀心理较强的人，即使经济条件一般，也可能具有此种购买动机，这些人是高档名牌商品的主要消费者。

主要消费对象：收入较高者和地位较高者。

3. 求实心理

消费者在选购商品时不过分强调商品的美观，而以朴实耐用为主，其动机的核心是“实用”和“实惠”。

主要消费对象：家庭主妇和低收入者。

4. 求新心理

消费者在选购商品时特别重视商品的款式和眼下的流行样式，追逐新潮，对于商品是否经久耐用、价格是否合理不大考虑。这种动机的核心是“时髦”和“奇特”。

主要消费对象：青少年。

5. 求廉心理

顾客在选购商品时，特别计较商品的价格，喜欢物美价廉或削价处理的商品。其动机核心是“便宜”和“经济”。

主要消费者：老年人和低收入人群。

6. 攀比心理

这种动机以争强好胜、不甘居人后为主要特征。具有这种动机的顾客在购买商品与服务时不是出于对商品与服务的实际需要，而是为了与别人比较，向别人炫耀。这类顾客的购买行为很大程度上取决于其归属的社会群体，具有较大的盲目性。

主要消费对象：儿童和青少年。

7. 爱好心理

顾客以满足个人兴趣爱好为主要特征。在这种购物心理支配下的顾客，由于兴趣爱好、生活习惯或职业需要等，往往对某些商品表现出特别的兴趣，成为这类商品的经常性购买者。这种购买行为取决于个人的购买嗜好。这类顾客对商品具有较高的欣赏水平和挑选能力，一般不受广告宣传的影响，其购买行为具有集中性、稳定性和经常性的特点。

主要消费对象：老年人。

8. 从众心理

女性在购买时容易受到别人的影响。平常总是留心观察周围人的穿着打扮，喜欢打听别人所购物品的信息，而产生模仿心理与暗示心理。如许多人正在抢购某种商品，她们极可能加入抢购者的行列。女性较容易接受别人的劝说，别人说好的，她很可能就下决心购买，别人若说不好，她很可能就放弃。

主要消费对象：女性。

（二）顾客消费心理的变化

顾客每次购买行为的产生、发展直至结束，并不是一件简单的事情，在发生购物行为的整个过程中，顾客为什么买、在哪里买、什么时候买，以及怎么买，都有心理活动的作用，有时心理活动对购买行为的影响是非常微妙的。了解顾客在购物时的心理状况，对把握销售时机、促成销售非常重要。尤其对一些特定的购物环境，顾客会产生一些特殊的心理变化（见图 3—1），所以注意和了解顾客消费心理的变化，是店长在日常销售工作中的重要环节。

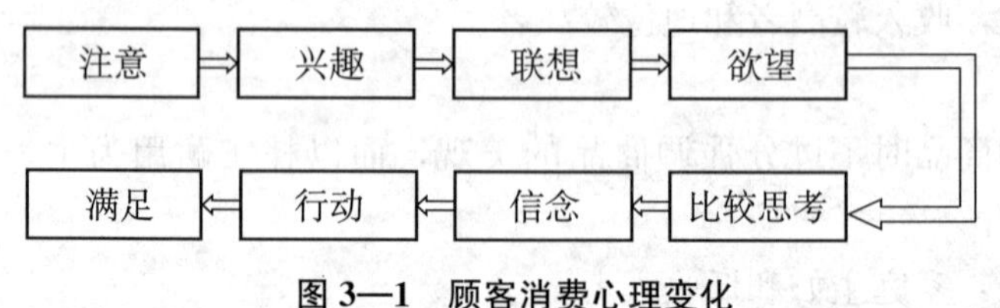

图 3—1　顾客消费心理变化

1. 注意

所谓注意，是指顾客盯着商品看，行走之人眺望店铺或店前橱窗的商品，或者顾客进入店中观看展示箱中的商品，这是购买心理过程的第一阶段。

2. 兴趣

盯着商品看的顾客，有时会因对商品感兴趣而止步，这个时候的兴趣可能是颜色好看、设计特别，或者其他原因引起的。

3. 联想

当手接触到商品，摆弄察看时，顾客不仅产生浓厚的兴趣，甚至开始联想起自己使用该商品的样子。例如，这次旅游如果能穿这件毛衣，一定魅力倍增；这个窗帘如果装饰在我的房间，必定很棒等。

4. 欲望

顾客若将其联想延伸，就是对商品的欲望，可能立刻拿出金钱说“把这个包起来”。

当对某商品有很高的欲望时，会产生“对我来说是最好吗，难道没有更好的吗”这种期待。

5. 比较思考

在处于比较思考的阶段上，顾客总是对挑选商品产生困惑，便有求于良好的建议和指导。假如这个时候店员不对其顺势加以引导，那么顾客将以和家人研究或再看看为由而掉头离去。

6. 信念

经过各种比较思考之后，终于发现自己所需要的，相信适合自己而决定购买。此时顾客的信念有如下两点：

（1）对卖方信赖。卖方知道顾客需要而协助其挑选，顾客对卖方信赖。

（2）信赖制造商。这类商品相当适合自己的喜好，值得信赖。对商品之信赖源于自身的感觉、经验和判断力。

7. 行动

这里所谓的行动，指顾客下定决心购买，具体而言，即把钱交给营业员。此购买行动对卖方而言，是期盼的重要时机。

8. 满足

即使收取了顾客的金钱，销售行为也没有结束。必须将顾客所购物品加以包装，送到顾客手边等，使顾客在购物后有满足感。一般来说，购物的满足感有：为买到好商品而感到满足和使用购买品的满足感。这里的消费心理过程则不包括后者。

相关链接

店长如何抓住顾客的心理

一位店长亲自向一位女士销售一套高档化妆品，这位买主还有些拿不定主意，这位店长立即说：“我们卖场里的这种化妆品只剩下最后一套了，若您放弃的话，那么别的顾客将会毫不犹豫地买下它。”这位女士便马上掏钱出来，买下了这款高档化妆品。

思考：如果你是这位顾客是否也会这样做？

二、细分顾客类型

对顾客进行分类实际上是整合营销的一种。想成功地抓住顾客，就要懂得对顾客进行分类，使他们对自己所提供的服务感到满意。要做到细分顾客，其先决条件是要树立起“顾客至上”的信条，而贯彻这一信条，并非喊一句“欢迎光临”即可，而是要实实在在地让顾客感觉到在该门店中“就是受到了与众不同的待遇”。

（一）细分顾客的意义

1. 目标明确，有的放矢

顾客群体的复杂庞大以及营销资源的相对不足，构成顾客群体的细分基础。如顾客群体中的个体元素、消费习俗的不同，对某类商品、某个品牌的偏好等。通过对顾客的细分，明确目标顾客以及目标顾客的消费方式，集中资源对目标顾客进行营销。

2. 让门店赢得顾客忠诚度

缺乏高忠诚度的顾客对企业的可持续、经济性销售非常不利。对于店长来说，对顾客细分，可以清晰地掌握目标顾客的消费方式，让企业在产品生命周期中锁定目标顾客，并提供有个性、有价值的新产品或者服务，让顾客保持对品牌的忠诚度。

3. 对品牌的“差异化策略”大有帮助

在同质化的产业，如零售业中，由于产品制造元素相近、产品本身差异不大，所以在面对庞大的消费群体实行无差别营销将得不偿失。通过细分，可以清楚掌握目标顾客，为产品提供差异化设计及差异化服务，创造品牌“价值差异”。

(二) 顾客的类型

店长要善于揣摩顾客的心理，认真观察顾客的行为，根据顾客已经表现出来的行为特征对其进行分类，并分析和判断顾客大致的性格，从而提供有针对性的服务。

1. 沉默寡言型

当我们把宣传品递给这类顾客，或者试图跟其交谈时，对方往往会没有任何反应，仍自顾自地看，对这类顾客不妨干脆让其安静地看一会儿，待其较多地停在某一款商品前时，再提出一些柔和的问题，如“您喜欢什么样的商品?”来打开话匣子。要完成对这类顾客的销售，关键看我们能否捕捉到对方的真实意图，但这类顾客几乎都不开口，不可能从其话里打探到什么，这样我们唯一的方式便是“察言观色”，通过对顾客的表情、举动的研究，捕获那些暗藏在其“形体语言”中的信息。

2. 谨慎稳定型

此类顾客多半较理智，不盲目、细心认真、思维周详，往往是内行，很善于提问，也很愿意交谈。对这类顾客态度要沉稳，耐心细致地给他们介绍商品的情况。这类顾客往往是最难也是最容易打动的顾客，若回答让他们满意就可能很快成交，但是让这类顾客满意并不容易，这要看店长的说服力和技巧了。

3. 犹豫不决型

犹豫不决型的顾客在挑选商品时常常难以取舍，一般分为两种：顾客本身完全不懂得抉择；店方模棱两可的答复使其犹豫不决。对这类顾客应亲切地伸出友谊之手，平稳对方心绪，获得对方信任，再问其想法。用夸奖的语气称赞对方，再用最坚决的话语，使其下定决心购买。

4. 豪放爽快型

这类人不喜欢听婆婆妈妈的介绍，因此成功销售的关键就是要抓住重点。店长可以根据实际情况迅速做出推荐，鼓励其购买，再按其偏好做出调整，做到语言干脆、动作麻利、服务周到。

5. 冷淡傲慢性

这类顾客给人的感觉是狂妄自大、瞧不起人，摆出一副高人一等的姿态。对于傲慢的人必须采用“疏导”法，抓住机会展开攻势。

想一想

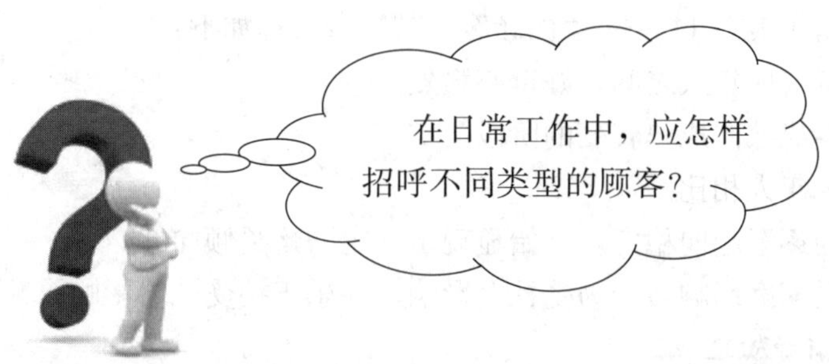

三、分析顾客的消费心理

店长在营业的过程中，不仅要针对顾客的需求，同时还要针对顾客的心理特征来进行销售。如何掌握顾客的消费心理特征，对店长来说是销售成败的关键因素之一。

（一）不同性别顾客群体的消费心理

1. 女性顾客的消费心理

（1）追求时髦。女性在购买某种商品时，首先想到的是这种商品能否展现自己的美丽，能否增加自己的形象美，能否使自己显得更加年轻和富有魅力。

（2）追求美观。女性顾客还非常注重商品的外观，将外观与商品的质量、价格当成同样重要的因素来看待，因此在挑选商品时，她们会非常注重商品的色彩、式样。

（3）感情强烈，喜欢从众。这种心理特征表现在商品消费中便是用情感支配购买行为。同时，她们容易受到同伴的影响，喜欢购买和他人一样的东西。

（4）喜欢炫耀，自尊心强烈。在这种心理的驱使下，女性顾客会追求高档产品，而商品的实用性却在其次，只要能显示自己的身份和地位，她们就会乐意购买。

2. 男性顾客的消费心理

男性对满足基本生活需求的商品并不太关注，而且现在男士专用的商品还相对较少，他们的消费心理，概括起来有以下几点：

（1）注重商品的效用。男性顾客购买商品多为理性购买，而且不易受现场气氛的影响。

（2）决定果断。男性顾客一旦决定购买某种商品，不愿在柜台前长时间挑选，一般态度比较随和，对店员的介绍也比较相信。

（3）购买独立。与女性顾客不同，男性顾客在购买商品时，不喜欢有同伴陪同。在购买时也不大需要别人的意见，较少受他人以及外界信息的影响。

（4）不太注重价格。由于男性本身的攻击性和成就欲较强，所以男性顾客购物时喜欢选购高档气派的商品，而且不愿讨价还价，忌讳别人说自己小气或所购商品“不上档次”。

(二) 不同年龄段顾客群体的消费心理

1. 少年顾客的消费心理

少年顾客是指年龄在 11～14 岁的顾客，其消费心理如下：

(1) 介于儿童与成年人之间，好奇心强烈。

(2) 处于由不成熟向成熟转变的阶段。

(3) 喜欢和成年人相比。

(4) 购买行为逐渐趋向稳定，开始显现出一定的购买倾向性。

(5) 逐渐由受家庭影响转变为受社会影响，并乐于接受社会影响。

2. 青年人的消费心理

(1) 追求时尚和新颖。青年人内心丰富，感觉敏锐，勇于创新，敢于打破旧的传统观念与世俗偏见，易于接受新鲜事物，追随时代潮流。因此，投放市场的新产品或社会流行的某一商品，都会引起他们极大的兴趣和购买欲望，购买动机也会随之形成。

(2) 表现自我和体现个性。青年人喜欢购买一些具有特色的商品，而且这商品最好能体现自己的个性特征，对那些一般化、不能表现自我个性的商品，他们一般都不屑一顾。

(3) 容易冲动，注重情感。青年人一方面表现出果断迅速，反应灵敏，另一方面也表现出感情冲动，草率从事。因此其购买行为具有明显的冲动性特点，不能冷静地分析商品的各种利弊因素，许多人凭对商品的感情与直觉判断商品的好坏、优劣。

(4) 购买行为易受社会因素的影响。商品的社会流行性，直接决定了青年人的购买行为。影视明星、体育明星的发型、服装以至鞋帽，都会成为他们模仿消费的对象，形成旋风式的购买热潮。

3. 中老年顾客的消费心理

(1) 富于理智，很少感情冲动。他们在购物时，会比较仔细，全面评价、综合分析商品与服务的各种利弊因素，再做出购买决策，不会像青年人那样产生冲动的购买行为。

(2) 精打细算。中老年顾客一般都比较节俭，对商品的质量、价格、用途、品种等都会做详细了解，很少盲目购买。

(3) 坚持主见，不受外界影响。中老年顾客在购物时，大多十分相信自己的经验和智慧。他们喜欢凭过去的经验、体会来评价商品的优劣。因此，营业员在进行销售时，不要一味地向他们兜售商品，而应该尊重和听取他们的意见。

(4) 品牌忠诚度较高。中老年顾客购物时一般有怀旧和保守心理，他们对于曾经使用过的商品及其品牌，印象比较深刻，而且非常信任，是这类品牌的忠诚顾客。

任务二　规范服务要求，制定服务标准

钱明在麦当劳店里做了 5 年的店长，熟知麦当劳的黄金准则是“顾客至上，顾客永远第一”。麦当劳提供服务的最高标准是质量（quality）、服务（service）、清洁（cleanliness）和价值（value），即 QSCV 原则：为保障食品品质制定严格标准；按照细心、关心

和爱心原则，提供热情、周到、快捷的服务；制定了必须严格遵守的清洁工作标准；进一步传达麦当劳“向顾客提供更有价值的高品质”的理念。

之后，为了实现创业梦想，钱明离开了麦当劳，回到了家乡，开了家中式快餐店，且准备开始加盟分店。之前麦当劳的经历让他对规范服务要求、制定服务标准异常看重。在自家的连锁中餐馆，钱明就着手制定出相关的服务规范要求和服务标准，并培训店员严格按照操作规范给顾客规范化、标准化的服务，以促进门店业绩，树立门店良好形象。

思考：作为一名店长，应该如何贯彻顾客服务理念，制定出规范化、标准化的服务，并指导店员在日常营业中为顾客提供优质服务？

任务工作流程

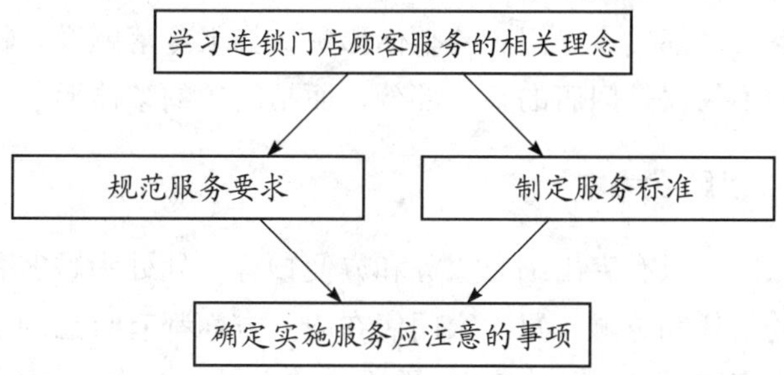

学习要求

通过学习，转变服务理念，根据实际情况制定服务标准。

相关知识

连锁店作为服务人的行业，应以统一规范化的服务最大限度地满足顾客的需要。随着商品同质化程度越来越大，服务领域逐渐成为各大企业进行角逐的战场。谁能为顾客提供越及时、高质量的服务，谁就越可能从众多商场中脱颖而出。

一、转变服务理念

完善连锁门店的服务功能，提高服务质量，改善服务形象，是门店增强竞争力的一项十分迫切的任务。

（一）服务意识：变被动为主动

服务意识的树立，一般都有一个由灌输到理解再到运用的过程，也就是有一个由被动接受到主动地自觉运用的转化过程。现在到连锁门店购物，基本上都能听到如“欢迎光临”、“您好”、“对不起”等礼貌用语，但有些程式化，有一种言不由衷的感觉。因此，说礼貌用语是件容易的事，但把这变成一种意识、一种理念，是一项非常艰苦的“工程”。因为只有发自内心、出于真诚的问候才能让人感受到温暖。

(二) 服务基础：增强商品知识和全局观念

顾客在超市经常会遇到这样的情景：当问到某种商品的性能或如何使用时，门店营业员一问三不知；或者问某种商品放在什么位置，也常常得不到准确的指导。前者缺乏商品知识，后者没有全局观念。

门店要做好服务，每个员工都必须打好服务的基础：一方面，员工对自己管理的商品，不但清楚摆放位置，告知准确，而且明白商品的性能、使用等。如果做不到这一点，顾客的购买热情就会受到影响，并会因购买心情而影响其商品的选购，甚至造成不必要的损失。另一方面，员工必须具备全局观念。所谓全局观念，就是员工要把整个门店作为整体来认识，不仅对自己管辖的范围心里有数，而且对整个门店的布局了如指掌。对每个顾客来说，每一个服务人员都代表着门店的整体形象，如果冷落顾客，特别容易破坏顾客购物的情绪，受影响的不仅仅是门店的某一部分，而是门店的整体形象。

(三) 服务规定：以顾客为本

在市场竞争中，门店只有突出细心服务和方便顾客，处处为顾客着想，为顾客提供方便，才能赢得顾客的信任和惠顾。每一家门店在服务方面都有自己的规定，但有些规定却不尽合理，它体现出来的是“以已为本”，而不是“以顾客为本”。门店是为顾客开的，没有顾客光顾，门店哪有效益？因此，门店在服务规定上一定要以顾客为本，以方便顾客为宗旨，这就是商业服务走向人性化。

想一想

二、规范服务要求，制定服务标准

标准化是连锁经营的一个重要特征。只有连锁企业各分店都按照统一标准，使顾客都能享受到同样规范的服务，才能在顾客心中形成统一稳定的企业形象。要达到服务标准化的目标，必须把服务内容制度化，制定一套符合企业经营的服务标准，严格要求各类服务人员坚决贯彻执行。

（一）对服务人员的基本要求

1. 仪容端庄、仪表整洁

具体要求是仪容和蔼、端庄、大方，服饰整齐、清洁、美观，统一佩戴工号牌，化妆适度、以自然为美。

2. 礼貌待客、热情接待

具体要求是接待语言要规范，不要漠视顾客，要做到平等待客，热情友好。

3. 适当介绍、当好参谋

门店员工应该及时掌握顾客的需求，适时向顾客提供适当服务，不能视而不见、问而不答、答非所问。有时，过分热情会吓跑顾客，因此，热情也要把握度。

4. 细心周到、贴心服务

具体要求是员工要处处为顾客着想，从顾客角度考虑问题，真心为顾客解决困难。

（二）服务用语

1. 基本服务用语

连锁门店常见的服务用语包括“您好”、“欢迎光临”、“请讲”、“对不起”、“请稍等”、“欢迎下次光临”等。

（1）当顾客进入店铺时。应微笑，打招呼：“您好，欢迎光临。”让顾客感受亲切，有宾至如归的感觉。

（2）顾客找不到东西询问时。应微笑：“欢迎光临，请问有什么需要帮忙的吗？”

（3）顾客拿好东西，站在台前时。应使用：“您好，需要结账了吗？”

（4）告知消费金额时。应使用：“先生（小姐），一共是××元，谢谢。”

（5）找零钱时。应使用：“收您××元，找您××元，麻烦您清点一下。”

（6）顾客离去时。应使用：“欢迎下次光临！再见。”

（7）正处理某事让顾客等候时。应使用：“很抱歉，让您久等了。”

2. 应对用语

在遇到一些特殊情况时，相应的工作人员应该仔细斟酌其用语，让顾客感觉到连锁门店非常关注其利益，尽力在为其服务，从而避免顾客满意度降低。

（1）当遇到顾客抱怨时。仔细聆听并加以记录，如果问题严重，不要立即下结论，应请主管或店长出面向顾客解释，其用语为：“是的，我明白您的意思，我会将您的意见呈报给店长并尽快改善。”

（2）当顾客买不到所需的商品时。应向顾客建议“对不起，现在刚好缺货，让您白跑一趟，您要不要先买别的牌子试试？”或“您要不要留下电话和姓名，等新货一到，我第一时间通知您？”

（3）当不知道如何回答顾客询问时。不能说“不知道”，而应该认真地说“请您稍等一会儿，我去查查”。

（4）有多位顾客等待结账，而最后一位表示只买一样东西有急事待办时。对排在第一位的顾客应说：“对不起，能不能先让这位只买一件商品的先生（小姐）先结账，他（她）

好像很着急的样子。”当第一位顾客同意时，应再对其说声“谢谢”。当第一位顾客不同意时，应对提出要求的顾客说：“抱歉，大家都很着急。”

(5) 提供意见让顾客决定时。其用语有：“若是您喜欢的话，请您……”

(三) 设计具体可行的服务标准

由于顾客服务是无形的，因人而异，服务人员总会出于心情、身体状态等原因影响服务时的质量，也会由于每个服务人员的个人素质、经验、训练程度的差异造成服务水平的差异。因此，有必要制定统一的服务标准。许多服务工作是常规性的工作，管理人员是很容易确定这类服务的具体质量标准和行为准则的，而消除服务水平差异的方法也只有通过建立规范化的服务标准。例如，要求“顾客热线电话的总机话务员必须尽快接听电话”，这就是一个具体明确的质量标准，这一标准比要求“话务员必须尽快接听电话”更加具有可操作性和可考核性。

好的服务标准应十分具体简洁，绝不含糊。企业组织规模越大，服务标准应越简单。例如，美国沃尔玛商场的员工被要求宣誓：“我保证，对三公尺以内的顾客微笑，并且直视其眸，表达欢迎之意。”我国许多大商场也对顾客从进门开始，建立了一套怎样接近、怎样打招呼使顾客满意的服务行为规范。

三、实施顾客服务应注意的事项

(一) 服务成本

门店每提供一项服务都需要付出一定的成本，因此，对提供服务项目的数量及水平要视门店承担成本的能力而定。

(二) 顾客需要

门店提供的每一项服务都必须是目标顾客所期望的，弄错了顾客的期望意味着在与顾客无关的活动上投入资金、时间和其他项目资源。

(三) 商品特征

某些商品必须伴随相关的专业服务才能使顾客完成购物，如眼镜店的验光服务、空调的上门安装服务等。如果缺少了这些相关的必要服务，则无法推动商品销售。

(四) 经营特色

企业的竞争优势除了价格，还有服务。在一个以服务为竞争优势的连锁企业里，门店的服务水平必须优于竞争者。

(五) 行业水平

竞争者的服务水平直接影响着门店的服务策略，店长要分析是提供与竞争者一样或更高质量的服务，还是用比较低的商品价格来取代这些服务。

任务三　善用接待技巧，提高顾客回头率

一位女顾客站在首饰专柜前流连已久，千挑万选，初步筛选出三种耳环："这三种看来都不错，依你看，哪一种更合适?"

店员机灵地答道："我看，这种似乎最适合您。"

女士将信将疑："哦? 我看这种经常打广告，你看呢?"

店员反应很快："是啊，那种也很好!"

顾客又指向另一种耳环："这种目前也很流行，是不是?"

店员连连称："的确，这种看起来更美观。"

面对店员的回答，顾客完全失去了选择能力，最后无奈地说："我还是回去先考虑考虑，麻烦您费心介绍。"然后转身而去。

在日常销售中，经常由于销售员一些不专业的销售接待而错失顾客。店长需培训销售员掌握各种接待技巧，了解顾客，促进销售达成，以提高门店营业额。

思考：店长在日常工作中如何培训营业员掌握顾客接待技巧，接近顾客，促成销售?

任务工作流程

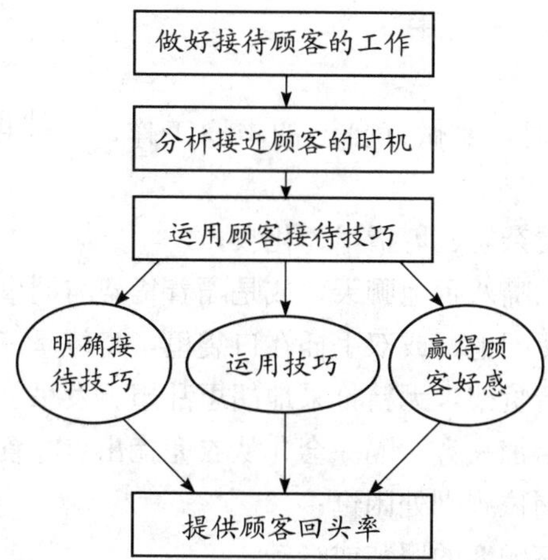

学习要求

通过学习，结合顾客管理知识，运用顾客接待技巧，提高顾客回头率。

相关知识

店铺的营业活动要直接面对顾客，双方能否最终达成交易，不仅取决于店铺所能提供

的产品、服务本身，还取决于店员在接待顾客时的言行与表现，有时候后者甚至能起到决定性的作用。作为店长，在平时一定要对店员加强以下几个方面专业知识的培训。

一、销售前的接待准备工作

准备工作就是等待顾客光顾的准备阶段。以顾客为中心的服务理念，应充分体现在接待顾客的每个环节上，店员应随时做好迎接顾客的准备，抓住接待顾客的最好时机。

（一）保持店面卫生

尽管在营业前这些工作都已经做过了，但是场地的卫生可能因为顾客走动留下泥土、纸屑或果皮等，因此，店员必须利用等待的空闲时间随时保持店面的环境卫生。

（二）整理货品

顾客的光顾，可能会把一些商品弄乱，或者完好无损的商品经众多顾客抚摸受到污损，店员必须利用等待的空闲时间整理商品，认真检查商品的质量，把有毛病或不合格的商品挑出来，并尽可能移至相对隐蔽的位置，以防流入顾客手中，影响店面声誉。

（三）准备其他工作

如果等待的时间较长，店员还可以做一些其他的准备工作，如制作商品标识和一些简单的宣传品；学习充实商品相关知识；注意竞争商品的销售状况和市场活动等。

（四）禁忌事项

店员在等待顾客光临时，要做好自己的本职工作，不要做以下这些与工作无关的事情：

（1）躲在柜台后面偷看杂志、剪指甲、化妆；

（2）几个人聚在一起七嘴八舌地聊天，或是隔着货架与同事大声嬉笑；

（3）胳膊搭在产品或货架上，或双手插在口袋里，身体呈三道弯状；

（4）背靠着墙或倚靠着货架，无精打采地胡思乱想、发呆、打呵欠；

（5）百般无聊地站在店铺一旁，隔一会儿从衣兜掏出点零食放进嘴里；

（6）远离自己的工作岗位到别处闲逛；

（7）以怀疑的眼神观察顾客的服装或行动。

需要注意的是，不论店员在等待时间里做什么准备工作，都只能是销售行为的辅助工作，绝对不能为了做这些工作而忽略自己最重要的职责——接待顾客。

二、分析接近顾客的时机

接近是指对顾客说“欢迎光临”并走向对方。对于店员来说，找准与顾客做初步接触的适当时机，是相当重要也是相当困难的事情。要了解接近顾客的最佳时机，应对顾客进行分类。一般来说，进入购物场所的顾客有以下两类。

（一）有特定目标的顾客

这类顾客是专程来购买某种商品的。他们进来后，很少左顾右盼，而是脚步轻快，径直向某一商品走去。店员应迎合他们的急迫心理，主动接近。

（二）闲逛型的顾客

这类顾客的购物目的并不明确，但如果他们发现合适的商品，就会产生购物动机。这类顾客以女性居多。对于这类顾客，店员切忌立即上前去打招呼，要寻找合适的时机。一般来说，以下是接近顾客的最佳时机。

1. 当顾客停下来时

在店里边走边浏览货架上和橱窗内商品的顾客，突然停下脚步注视某一商品的时候，是店员与其打招呼的最佳时机。如果顾客已经找到某种想要的商品，但没有店员过来招呼，那么顾客可能会走开，继续浏览别的商品。

2. 当顾客主动提问时

顾客主动提问、询问有关商品的情况，说明对此商品已经非常感兴趣了，店员在回答问题时，应详细地展开介绍。

3. 当顾客对某商品感兴趣时

顾客花很长时间只看某一商品，说明对此商品非常感兴趣，这个时候正是打招呼的良机。

4. 当顾客用手触摸商品时

当顾客用手触摸商品或者拿在手上翻看或者来回调试时，表示顾客有需求，欲购买。如果顾客刚刚触摸商品店员就开口说话，不仅会吓顾客一跳，还会使顾客产生误会。因此，店员可以稍等一下，从侧面走过去轻声地招呼顾客。如有必要，店员不妨给顾客一些动作暗示，可以乘机整理一下附近凌乱的商品，然后再伺机与之搭讪。

5. 当顾客看着商品又四处张望时

当顾客注视商品或翻看商品一段时间后，突然把头抬起来四处张望，表示顾客想进一步询问有关某个商品的事宜。店员应立即与顾客接触，再稍加劝说，那这笔交易就有可能成功。

三、善用接待顾客的技巧

接待顾客是连锁门店的一个重要步骤，也是一项很有技巧的工作，这方面做得好，不但拉近了与顾客的心理距离，而且可以尽快地促成交易，所以店长有责任培训员工接待顾客的技巧。

（一）接待的基本原则

1. 三米原则

要求店员在接待顾客距离自己还有三米远的时候就和顾客打招呼、微笑、目光接触。若员工没有注意到这一点，而对顾客不理不睬，可能会失去顾客，所以店长希望店员主动与顾客打招呼。

有时候我们在商场购物时，会碰到一些过分热情的店员，他们会老远就和顾客打招呼，在顾客走进其专柜时，更是尾随而至，寸步不离，且喋喋不休地介绍他们的商品。作为顾客，比较喜欢有一种宽松自由的购物环境供他们观赏和挑选，不分青红皂白的介绍会让顾客感到一种无形的压力而趁早“逃之夭夭”，所以店长还要教导员工切忌“过分热情”，而要保持一定的距离。

2. 面对面原则

店长要让店员知道，当接近顾客时，店员的动作宜迅速而敏捷，同时注意接近顾客时的角度，最好能与顾客面对面，并且能兼顾到商品。

在实际经营活动中，店员接近顾客时不能随随便便任意选择。对于有确定购买目标的顾客，当他们接近柜台、选择商品的瞬间，店员就需立即靠近，热情而又不失礼貌地向对方表示欢迎，征求其购买要求。对于还没确定目标的顾客，不能急于接近，要让顾客在自由随便的气氛下充分选择，当他们考虑成熟、出现购买倾向时，再主动接近他们，帮助顾客坚定购买决心。

（二）运用接待技巧

1. 搭讪与聊天

即店员利用各种机会主动与顾客打招呼，进而吸引顾客注意力到商品上来。实施搭讪接近时应注意：

（1）积极主动。

有的顾客即使没打算买东西，但如果碰到自己喜欢的，也会义无反顾地买下来，因此，顾客没有区别，店员应找准目标与时机，积极热情、充满信心地主动出击，给顾客留下一个好印象。

（2）寻找与顾客的相同点。

人往往乐于接受与自己在某些方面相同的人的意见。顾客在购物时，也愿意找这些人做自己的参谋。如果营业员的某些方面与顾客相同，则无形中会缩短双方的距离。如以下几例服务语言：

- 听口音，您是山东人，我父亲也是山东人；
- 我也喜欢这个颜色；
- 我从前也干过电工；
- 还是实惠点好；
- 您和我妹妹身材差不多，这件挺合适的。

这种方法要求店员有较高的判断能力和攀谈能力，不能牵强附会。

2. 提问接近法

即通过提问题的方式来接近顾客。常见的问题有：

- 您好，有什么可以帮您的吗？
- 您好！您要看些什么？
- 您需要什么？我拿给您看。

- 您想看哪种款式？我可以帮您拿。
- 请问您穿多大号的？

3. 赞美接近法

即对顾客的外表、气质等进行赞美，接近顾客。人们永远爱听好话，只要营业员赞美得当，顾客一般都会表示友好，并乐意与之交流。例如：

- 您的包很特别，在哪里买的？
- 您今天真精神。
- 小朋友长得好可爱。(针对带小孩的顾客)
- 您的眼光真好，这是我们店最新上市的产品。

无论采取何种方式接近顾客和介绍产品，交谈时都要非常谨慎，切忌涉及个人隐私。而且在与顾客交谈的过程中要注意察言观色，根据顾客的表情和反应来调整说话的内容。此外，店员应注意与顾客交流的距离，不宜过近也不宜过远。

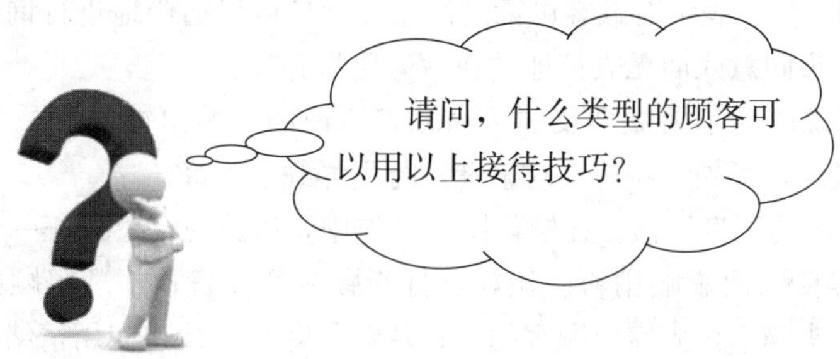

(三) 如何赢得顾客的好感

1. 发自内心的赞美

发自内心的赞美，于人于己都有益。赞美别人是件好事，但并不是一件简单的事。若在赞美别人时，不审时度势，不掌握一定的技巧，反而会使好事变为坏事。正确的赞美方法有：

(1) 赞美要真诚，不要无根据、虚情假意地赞美顾客。

(2) 赞美要因人而异，有特点的赞美比一般化的赞美能收到更好的效果。

(3) 赞美要热情具体，赞美别人千万不能表现得漫不经心，这种缺乏热情的赞美，并不能使顾客高兴。

2. 恰当运用目光进行交流

营业员要把对顾客的关怀和赞赏用眼神表达出来，要学会用眼神与顾客交流，让顾客从店员的眼神中看到自信、真诚与热情。

(1) 目光要真诚、专注、柔和地平视顾客。

(2) 注意注视的区域。店员要调整好注视的位置，目光落在对方额头至两眼之间表示严肃、认真；目光落在对方两眼至嘴之间表示友好、平等，能营造轻松、愉快的氛围。

(3) 避免不当眼神的运用。眼神若运用不当，将会影响店员和顾客之间信息的传递以及感情的交流，而且容易引起误会，甚至带来麻烦。

3. 认真倾听

认真倾听就是要积极主动地听顾客所讲的话，掌握真正的事实，借以解决问题。人都有发表自己见解的欲望，而倾听是店员对顾客的尊重。此外，店员还可从中更多地了解顾客的信息及其真实想法和潜意识。要想销售成功，听应占整个销售过程的70%，而说只占30%，原则如下：

(1) 准备充分。店员应做好倾听顾客的心理准备，要有耐心，对自己销售的商品与服务要了如指掌，要预先考虑到顾客可能会提出什么问题，自己应如何回答。

(2) 态度要诚恳、专注。当顾客说话速度太快或与事实不符时，店员绝不能心不在焉，更不能流露出不耐烦的表情。如果顾客发现店员没有专心听其讲话，就可能对店员失去好感。

(3) 紧随顾客的思路。不要打断顾客，与顾客同喜同忧，紧随顾客思路，谈话时心里想的应该是如何解决问题。

(4) 适当发问。为了表示对顾客讲话的注意，店员可以适当地进行询问，这样适时打断顾客比一味地点头同意或面无表情地站在一旁更为有效。

(5) 对顾客所说的话不要立即反驳。当顾客所说的事情可能对店员的销售造成不利时，也不要立刻驳斥，可先请顾客针对事情进行更详细的解释。

(6) 纠正倾听时的不良习惯。在销售服务工作中，店员应注意纠正一些不良的倾听习惯，以免引起顾客反感而影响销售。比如，打断顾客的发言；不理解顾客；转移顾客话题；贬低顾客；在头脑中预先完成顾客的话；忽略顾客的感情；使用情绪化的言辞；对顾客不耐烦；急于下结论；假装精神很集中，思想却开小差；回避顾客的眼神；不停地抬腕看时间；目光茫然、姿势不自然等。

相关链接

客户满意度调查表

问卷编号：

一、客户基本信息调查

1. 贵公司目前在本实验室做过哪些测试项目：

□ 化学成分分析　□ 物理力学性能测试　□ 材料测试与评价　其他________

2. 您是如何知道本实验室的：

□行业内人士　□网站　□广告　□展会　□客户　□朋友介绍

3. 您主要基于什么原因送样品到本实验室进行测试：

□客户需要检测报告，必须送到第三方检测机构进行；

□送客户指定的检测机构测试前先自己了解一下，做到心中有数；

□企业内部质量控制的需要；

□以上三种情况都有，不同的客户要求不同。

4. 您所属行业：

□矿产业　□冶金　□材料加工　□再生金属　□高校、科研单位

□认证产品　□其他

二、满意度调查（请在相应的栏目中打√）

<table>
<tr><td rowspan="2">项目</td><td rowspan="2">调查内容</td><td colspan="4">您的评价</td></tr>
<tr><td>很满意</td><td>满意</td><td>一般</td><td>不满意</td></tr>
<tr><td rowspan="2">总体印象</td><td>您有检测要求时，与实验室联系，获得服务的方便性</td><td></td><td></td><td></td><td></td></tr>
<tr><td>实验室前台接待或检测人员理解您的检测要求</td><td></td><td></td><td></td><td></td></tr>
<tr><td rowspan="7">服务质量</td><td>工作内容的全面性</td><td></td><td></td><td></td><td></td></tr>
<tr><td>问询答复的及时性</td><td></td><td></td><td></td><td></td></tr>
<tr><td>业务受理与样品流转便捷流畅情况</td><td></td><td></td><td></td><td></td></tr>
<tr><td>实验室人员工作态度、服务意识</td><td></td><td></td><td></td><td></td></tr>
<tr><td>有疑问时总能联系到相关人员</td><td></td><td></td><td></td><td></td></tr>
<tr><td>约定事项有变化时的沟通情况</td><td></td><td></td><td></td><td></td></tr>
<tr><td>办理财务方面手续（收费、寄发票等）的效率</td><td></td><td></td><td></td><td></td></tr>
<tr><td rowspan="4">检测技术</td><td>检测周期时效性</td><td></td><td></td><td></td><td></td></tr>
<tr><td>检测人员对您的样品的相关知识了解程度，及其技术能力、业务素质等情况</td><td></td><td></td><td></td><td></td></tr>
<tr><td>实验室检测仪器设备的先进性，以及对您的检测要求的满足程度</td><td></td><td></td><td></td><td></td></tr>
<tr><td>检测数据的真实性和权威性</td><td></td><td></td><td></td><td></td></tr>
<tr><td rowspan="3">检验报告</td><td>检验报告发放的及时性与报告取得的方便性</td><td></td><td></td><td></td><td></td></tr>
<tr><td>检验报告结果表达的准确性和规范性</td><td></td><td></td><td></td><td></td></tr>
<tr><td>检验报告的格式</td><td></td><td></td><td></td><td></td></tr>
<tr><td>样品处理</td><td>对客户样品的保管与退样处理的满意程度</td><td></td><td></td><td></td><td></td></tr>
<tr><td rowspan="2">投诉处理</td><td>投诉处理的及时性</td><td></td><td></td><td></td><td></td></tr>
<tr><td>投诉处理的结果</td><td></td><td></td><td></td><td></td></tr>
<tr><td colspan="6">您的建议和要求：</td></tr>
<tr><td colspan="6">客户姓名、日期：　　　　联系电话（手机）/传真：
单位名称/通信地址（邮编）：　　　　E-mail：</td></tr>
</table>

四、提高顾客回头率

对于店长来说，有些策略能够吸引回头客的不断光顾，促使店铺销售业绩的稳步提高。

（一）打造让顾客满意的店铺

在当今的经济和社会环境中，市场竞争的范围和激烈程度是前所未有的，在销售商和购买方的博弈中，主导权开始转移到顾客的手中，不从顾客的角度出发考虑问题，不能使顾客满意的店铺，注定要被淘汰出局。顾客在每一次与店铺发生接触时，都会根据自己的感觉对其产品或服务做出评价，该评价将决定其后续购买行为，所以店铺必须重视产品和服务的质量。

（二）举办联谊活动

联谊活动和情感交流活动很有价值，能够满足顾客的喜好，从而加强顾客与店铺的联系。通常，建立顾客与产品、服务、店铺的某种情感依恋的活动效果，主要取决于店铺了解和接近关键顾客的兴趣或情感联系的能力。

（三）组建顾客俱乐部

与联谊活动接近的策略是组建顾客俱乐部。顾客一旦参与购买或承诺按一定数量购买，或者缴纳一定的费用就可自动成为俱乐部成员。店铺组建顾客俱乐部的能力大小取决于产品、服务的特性，但通常更多地取决于店铺的个性和诱导顾客的因素。当店铺能让顾客相信自己能从与其他顾客的交往中获益时，就能组建起顾客团体。在顾客团体中，店铺品牌通常成为联系群体关注的中心。

（四）调动员工积极性

许多人经常去一个店买东西，就是因为那里的店员亲切热情地接待自己。培训员工的亲和力，调动员工的工作积极性，让每个员工都高度热爱自己的店铺，热情对待店铺的每一位客人时，那么店铺在顾客面前就有号召力，自然提升了店铺的竞争力。

（五）回报回头客

采取顾客分级的方式，对忠诚度高的顾客做更多的投资，让他们享受特殊的优惠和更多的好处。比如，许多商家发行自己的 VIP 卡，用于奖励自己的忠实顾客，顾客在持卡购物的时候就可以获得一般消费群体所不具备的优惠。对于具体商品而言，则通常会给予下一次消费的折扣券或者累积购买的特殊奖励。优惠、积分等方式很容易被竞争者模仿，因此，顾客易于受到竞争者类似促销方式的影响而转移购买目标，单纯以经济杠杆是无法打造顾客忠诚度的，必须结合其他方式，创造无法模仿的独特价值。

（六）完善售后服务体系

售后服务是一个很宽泛的概念，它包括对顾客使用产品的指导培训、对产品的跟踪监测、对故障的排除、对产品的设计和质量问题的信息反馈等，涵盖了商品售后的各个方面。购买商品不仅是购买商品本身，而且包括售出商品前后与此有关的所有服务，店铺有义务和责任对其售出的产品向顾客提供优质的服务。完备的顾客服务体系包括售前、售中、售后各个环节的服务实施和衔接，对可能分布在本地、异地、多地区的顾客服务请求及时响应，店铺内服务规范及文档的建立，服务过程的记录，服务监督与投诉系统的建立，服务改进机制的提高等。

相关链接

什么是顾客忠诚度

顾客忠诚度是指顾客因为接受了产品或服务，满足了自己的需求而对品牌或供应服务商产生的心理上的依赖及行为上的追捧。顾客忠诚度是顾客忠诚营销活动中的中心结构，是顾客对产品感情的量度，反映出一个顾客转向另一品牌的可能程度，尤其是该产品在价格上或产品特性上有变动时，随着对企业产品忠诚度的增加，基础消费者受到竞争行为的影响程度将降低。所以，顾客忠诚度是反映顾客的忠诚行为与未来利润相联系的产品财富组合的指示器，对企业产品的忠诚能直接转变成未来的销售。

任务四　合理应对与处理顾客投诉

林慧明是一家连锁酒店的店长，某日正在听取客房部经理有关日前顾客投诉的工作汇报：

前日，一位顾客深夜要求入住该连锁酒店，办理好入住手续后又说不满意要换房间。但当日入住率高，已无同类型房间，酒店服务员建议顾客换其他房型，顾客不同意，要求退房不住了。经客房部服务员查房，顾客已经使用过该房间，卫生间一次性用具包装破损，床上用品也使用过，便要求顾客支付费用。顾客却称没有入住，不肯支付，并与服务员发生争执。由于当时是深夜，影响到了其他顾客，给该连锁店造成不良影响。住房经理赶到现场后事情才得到妥善处理。

林店长听过该汇报后，感觉门店的服务员工作不到位，才使得一场小事惊动了其他顾客，招致投诉，给门店造成不良影响。林店长要求店员一定要熟悉工作守则，根据操作规范严格作业。如果在工作过程中遇到突发事件，应根据自己的能力与经验妥善应对。遇到顾客投诉，应该正确分析顾客投诉的原因，并根据投诉处理流程，秉着让顾客满意的原则，运用各种处理技巧，妥善处理。

思考：连锁门店中常遇到的投诉类型有哪些？针对不同类型的顾客及不同类型的投诉，应该如何运用各种处理技巧，有效解决顾客投诉，提升门店服务？

任务工作流程

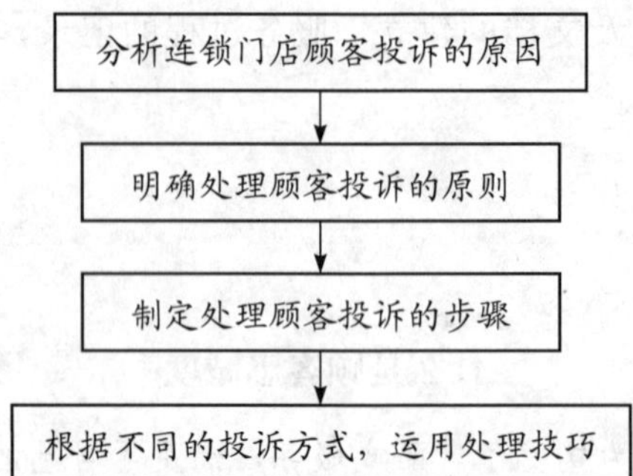

学习要求

通过学习，根据实际情况运用技巧合理妥善地处理连锁门店的顾客投诉事宜。

相关知识

顾客与连锁企业接触的唯一场所就是门店，门店服务不好将使整个连锁企业的形象受损，所以门店对顾客投诉意见的处理非常重要。如何处理好顾客投诉，是连锁门店作业管理中的重要一环。

一、分析顾客投诉的原因

门店希望提供的服务标准、门店能够提供的服务标准、门店实际提供的服务标准、顾客感受到的服务标准、顾客期望得到的服务标准，这五者之间只要有一部分未能配合，顾客投诉就会发生。顾客投诉既是门店经营不良的直接反映，同时又是改善门店销售服务十分重要的信息来源。

（一）商品问题引起顾客投诉

良好的产品质量是提升顾客满意度的直接因素，对服务这种无形产品也是这样。一方面，能否在门店以合适的价格顺利地买到质量合格的商品是决定顾客是否满意的主要标准；另一方面，即使商品的质量没有问题，但如果在使用的过程中，顾客发现使用该商品得到的效果并不像其想象的那样，也会对整个门店的服务不满，进而产生抱怨。主要表现如下：

（1）商品质量不良。如床单经过洗涤后缩水、变皱、褪色；罐头内有异样物；音响的声音有杂音等。

（2）商品标示不全。如毛衣上未标明质量成分；按照商品标示的方法洗涤却褪了色等。

（3）商品污损、破损。如衬衫上有污点；整合包装的玻璃杯中有一个已经破裂等。

（4）价格过高。连锁门店中销售的商品大部分为非独家经营的食品和日用品，顾客对各家门店的价格易作出比较，往往会因为商品的定价较商圈内其他竞争店高而提出意见，并要求改进。

（二）服务不佳引起顾客投诉

（1）应对不得体。如不顾顾客的反应，一味地推荐；只顾自己聊天，不理会顾客的召唤；为顾客提供服务后，顾客又不买了，马上板起面孔；讲话没有礼貌，过于随便，瞧不起顾客，流露出蔑视的口气。

（2）销售方式不当。如强行推销，强迫顾客购买；对商品的相关知识不了解，无法回答顾客的询问。

（3）对收银的抱怨。如少找零钱给顾客；多扫描了商品；多收了顾客的钱；收银速度太慢。

（4）不遵守约定。如顾客依照约定日期前来提货，却发现商品还没有订购；顾客要求改裤腿，过了约定时间还没弄好。

（三）购物环境、设施差引起顾客投诉

（1）缺乏安全感。地板太滑，导致小孩摔跤；人太多，被小偷偷了钱包；扶手电梯突然停运。

（2）购物环境不便利。门店灯光太暗；不通风；夏天空调不够大，太热。

（3）服务设施不合理。存包处太少；没有试衣间。

二、妥善处理顾客投诉的原则

受理及处理顾客投诉并非愉快之事，但应重视投诉，将其看做改进门店对顾客服务的有利机会。处理顾客投诉时应遵循下列原则。

（一）真心诚意帮助顾客

理解投诉顾客当时的心情，同情其面临的困境，并给予应有的帮助，接待好顾客。应表明自己的身份，让顾客产生信赖感，愿意并相信自己能帮其解决问题。

（二）绝不与顾客争辩

无论前来投诉的顾客情绪如何激动、态度如何不恭、言语如何粗鲁、举止如何无礼，接待人员都应冷静、耐心，绝对不可急于辩解或反驳，与顾客争论。即使处理不合理的投诉，也应做到有礼、有力、有节。既要尊重顾客，不让顾客丢面子，又应做出恰如其分的处理。

（三）迅速进行处理

在处理顾客投诉的问题上，与通常的规律相反，时间拖得越长，顾客的怒气越大，处理起来也更加棘手。因此，在处理顾客投诉时，要做“速战速决”的准备，越早着手，就

越可能妥善地化解。

（四）拿出诚意

诚意是打动各种各样顾客的法宝。以诚动人的店铺通常都能在顾客投诉处理中得到良好的结果。

诚意说来简单，做起来并不那么容易，它要求客服人员不但要有坚强的意志，还要不惜牺牲自身的利益。总之，竭尽所能重新争取顾客的信任与好感。

（五）不要希望问题会自动消失

对于顾客的投诉，无论大小，都必须慎重处理。因为顾客之所以提出不满，表示其重视该店。有时，门店无视顾客的投诉，等待问题自动解决，这样将会极大损害门店在顾客心目中的形象。

（六）维护门店应有的利益

处理投诉也不可损害门店的利益，尤其是对于一些复杂问题，切忌在真相不明之前急于表态或当面贬低员工。除非顾客的物品、财产因门店方面的原因招致遗失或损失外，退款或减少收费等并不是处理投诉、解决问题的最佳方法。应弄清事实，通过相关渠道了解事情的来龙去脉，待真相大白后，再诚恳道歉并给予恰当处理。

三、处理顾客投诉的步骤

作为一个现代化的门店，一般都要设立解决顾客投诉的机构并配备专业的人员，有一套完善的顾客投诉解决流程（见图 3—2），既可以更好地解决顾客投诉，又能为门店树立良好形象。

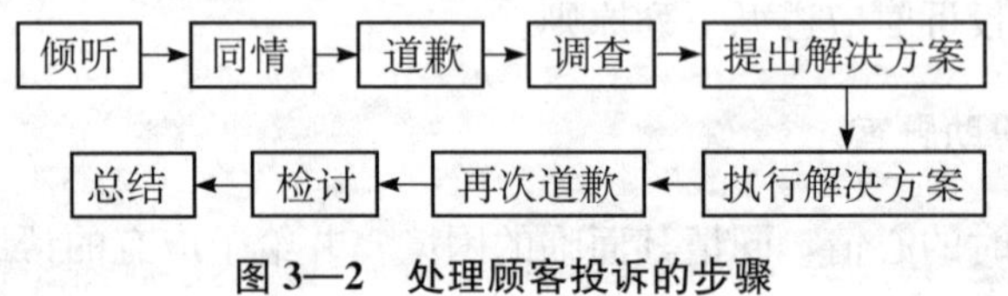

图 3—2　处理顾客投诉的步骤

（一）有效倾听，接受批评

在处理顾客投诉时，要让顾客先把心里想说的话说完，这是最起码且最基本的态度，体现出服务人员对顾客的重视和尊重。否则，将造成顾客的反感。

让顾客充分地倾诉其不满，并以诚恳的态度听完，至少可以让顾客在精神上得到一丝温暖。

（二）换位思考，理解同情

当顾客投诉时，最希望自己的意见受到门店的同情和尊重，店长或店员在接受顾客投诉时，必须从顾客的角度说话，了解顾客因不满所表现出来的失望、愤怒、沮丧，甚至痛苦。在实际工作中，一句体贴、温暖的话，往往能化干戈为玉帛。

（三）巧妙道歉，平息不满

在顾客投诉发生的开始阶段就将其平息，往往能起到事半功倍的效果。巧妙的道歉是平息顾客不满的一个好办法。

一般而言，在顾客投诉初期，他们常常义愤填膺，情绪非常激动，导致措辞过分激烈，甚至伴有恶言恶语。在这样的情况下，首先应当冷静地聆听顾客的全部委屈，全盘了解顾客不满的原因，然后诚恳地向其道歉，用“非常抱歉”、“真是对不起”等话语来稳定顾客的情绪，最后再谈投诉之事，这样问题就比较容易解决。

（四）调查分析，提出方案

店长在受理顾客投诉后，除了调查被投诉的商品的情况是否属实外，还应当尽早了解顾客的希望和店员的一些看法，然后在不损害门店利益和顾客利益的前提下尽可能地按照顾客的希望来处理。

（五）执行方案，再次道歉

处理顾客投诉时，一旦了解了顾客投诉的真正原因，就应尽快着手，方法如下：

（1）耐心听取顾客意见，分析其内心状况。

（2）诚心诚意地道歉。

（3）按规定与顾客进行解释、沟通。

（六）深刻检讨，总结经验

在处理顾客投诉的过程中，应就内部工作上出现的问题进行检查和讨论。

在检讨时应注意：一是许多投诉都是可以事先预防的，一旦发现某些投诉意见经常发生，且具有普遍意义，就必须进行调查，追查问题的根源，制定此类事件的处理方法，并及时做出改进管理及流程的规定，杜绝此类事件再次发生；二是偶然发生或特殊情况的投诉意见，门店也应制定明确的规定，作为再遇到此类事件的处理依据。

四、处理不同形式的顾客投诉的技巧

（一）现场投诉处理

（1）创造亲切、轻松的气氛，以缓解对方内心通常会有的紧张心情。

（2）注意听取顾客的怨言。

（3）态度诚恳，表现出真心为顾客着想的态度，但同时要让对方了解自己独立处理的授权范围，不使对方抱过高的期望。

（4）把顾客投诉中的重要信息详细记录下来。

（5）中途有其他事情时，尽量调整到以后去办，不要随意中止谈话。

（6）在提出问题解决方案时，应让顾客感到有选择，而不是“唯此一法，别无选择”。

(7) 尽量在现场把问题解决。

(8) 不能马上解决问题时，应向顾客说明解决问题的具体方案和时间。

(9) 面谈结束时，确认自己向顾客明确交代了店铺方面的重要信息以及顾客需再次联络时的联络方法、部门或个人的地址与姓名。

(二) 电话投诉处理

电话投诉简单、迅速，顾客在气头上往往会选择电话投诉，具有强烈的感情色彩，而电话投诉时看不见对方的面孔和表情，这都为处理投诉增添了难度。

(1) 说话的方法、声音、声调等要有礼貌。

(2) 善于站在对方立场来想，考虑如果自己在同样的状态之下，会有怎样的心情。

(3) 无论对方怎样感情用事，都要重视对方，不要有失礼的举动。

(4) 除了自己的声音外，也要注意电话周围的其他声音，如谈话声和笑声传入电话里，会使顾客产生不快的感觉。因此，投诉服务电话应设在一个独立的房间，最好在周围设置隔音装置。

(5) 稍微压低自己的声音，给对方以沉着的印象，但不要压得过低使对方觉得疏远。

(6) 如果有可能，把顾客的话录下来，不仅在将来有确认必要时可以用上，而且可以作为提升服务人员的应对技巧、进行岗前培训的资料。

(三) 上门投诉处理

通常不能由电话加以解决，需要处理人员登门拜访的顾客投诉，是性质比较严重、店铺方面责任较大的顾客投诉事件。这种情形对客服人员是严峻的考验。

在上门之前，要慎选处理人员，并做充分准备。最好不要个人前往，以 2～3 人为宜。预先要调查包括对方的服务单位、文化程度、家庭结构及兴趣爱好等各方面的信息。这样有利于与对方的沟通。当进入实质性面谈时，必须抱以轻松的心态，情绪不要过于紧张。

(1) 提前约好时间。如果对顾客的地址不很清楚，应事先问明，以防在登门过程中因找不到确切地点而耽误了约定的时间，给对方留下不良的第一印象。

(2) 注意形象。以庄重、朴素而整洁的服装为宜，着装不可过于新奇和轻浮。如果是女性人员去拜访顾客，注意不要化浓妆，要显得朴素、大方而不失庄重。

(3) 尊重对方。见面时要双手递上名片，以示对对方的尊重。可随身带些小礼品送给顾客，价值不需要太高。

(4) 态度要诚恳。言辞应慎重，态度要诚恳。无论对方有什么样的过激言辞，都要保持冷静，并诚心诚意陈述门店的歉意。但在许诺时不要超越自己的授权范围，以免使对方有不切实际的期望。

(5) 不得无故中断拜访。在登门拜访顾客的情况下，处理人员要预先做好充分的考虑和准备。拜访要达到何种目的应非常明确和慎重，要争取一次拜访就取得预期效果，不要轻易中断拜访。一次不成功拜访的不良影响要远远超过根本不做拜访。另外，在拜访中，不要过多地用电话向上司请示。

(6) 带着解决方案去。登门拜访前，一定要全面考虑问题的各种因素，预先准备一个以上的解决方案供顾客选择，让顾客看到店铺方面慎重、负责的态度，对问题的解决具有至关重要的作用。无论什么时候都不要盲目地仓促上门拜访，这样会使顾客因无谓地浪费了时间而更加不满。

（四）信函投诉处理

1. 要有耐心

(1) 当收到消费者利用信函提出的投诉时，要立即用明信片通知，这样做不但使顾客安心，还给人以比较亲切的感觉。

(2) 为尽可能使顾客方便，客服人员要不惜给自己添麻烦，信函往来中，把印好店铺地址、邮编、收信人或机构的贴纸附于信函内，便于顾客回函。

2. 注意表达清楚

(1) 信函一般采用打印的形式，必须有针对性，如果许多投诉相类似，也可把这些问题综合起来，打印成同一信函分别寄出。

(2) 在表达上通常需要用浅显易懂的文字。

(3) 措辞上要亲切，让对方有亲近感。

(4) 尽量少用法律术语、专有名词、外来语及行业用语，尽量使用结构简单的短句。

3. 进行妥善处理

(1) 由于书面信函具有确定性、证据性，所以在寄送前，切勿由个人草率决定，应与负责人就其内容充分讨论再做决断。

(2) 当顾客通过消费者保护机构书面提出投诉时，更需谨慎处理。因为店铺回函的内容，很可能成为这类机构处理中的一个案例，或作为新闻机构获取信息的来源。

(3) 回函为表示慎重的态度，常以店长的名义寄出，并加盖店铺公章。

4. 进行归类存档

(1) 处理过程中的来往函件，应一一编号并保留副本。把这些文件及时传送给有关部门，使之明确事件的进程与结果。

(2) 把信函寄往顾客时，要把其时间和内容填入追踪表。这样，即使该事件的主要负责人更换，也能够对该事件进程一目了然，并可满足店铺相关人员的咨询需求。

(3) 等到该事件处理完毕时，要在追踪表上注明结束时间，盖上“处理完毕”的印章，并把相关文件、资料存档。

案例分析题

“一致药店”的连锁效应

1995 年 9 月，深圳市医药生产供应总公司首先把二级公司的采购统一起来，成立了总公司采购供应部，规范了购销渠道。1997 年初，又将原属 18 个二级公司的 70 多家药店全部分离出来，成立一致医药连锁有限公司，并首批推出 25 家“一致药店”。从此，“一致药店”招牌的数目在市内不断增加。

“一致药店”连锁经营以“五个一致”和“三项承诺”为理念。“五个一致”包括一致的品牌、一致的价格、一致的品牌、一致的经营管理和一致的服务规范；而“三项承诺”则是绝不出售假劣药品、严格执行国家物价政策、热情接待每一位顾客。

“一致药店”面积大小不等，但是店内一律辟出1/5作为药品超市开架售卖，其余部分作为中药专柜专人服务。药品种类多的门店达到5 000多种，小门店也有2 000多种。

随着店铺数目的不断增多，一致连锁公司在连锁门店达到百家之际，与广州药业股份有限公司、南京医药股份有限公司、重庆医药股份公司、沈阳医药股份有限公司签订关于强强联盟的合作意向书；与山东兖州矿业（集团）有限责任公司合资组建一致兖州医药有限公司；与香港企业合资组建深圳市制药厂头孢原料分厂。在此基础上，建成了目前华南最大的医药配送中心，具有区域联手配送功能，使“一致配送中心”为众多生产企业、连锁药店、集团消费群体提供一系列服务。

以直营连锁为主、特许连锁为辅，并探索与大型超市联营，使“一致药店”迅速低成本扩张，目前，门店总数已达到120家。一致品牌从零售向生产延伸。“一致药店”的门店招牌饰以白底蓝字，药店的标志是一枚变体蓝十字，意味着健康和安宁，又象征着“一致药店”是医药行业的新星和希望之星。而“一致”除了经营中的“五个一致”外，还与“医治”谐音。

思考：

1. “一致药店”的服务理念是什么？

2. “一致药店”如何提高顾客的满意度与忠诚度？

3. 在连锁药店竞争日趋激烈的情况下，“一致药店”应该开展怎样的特色服务以消除目前消费者“看病难”的心理？

项目四
连锁门店商品管理

项目简介

销售要有商品的支持，商品的一条龙管理是连锁门店经营的核心，是店长最基本、最重要的一项工作。高效的商品管理，即商品的进、销、存，包括采购进货、验收入库、定价销售、盘点存货、淘汰退货等环节。在商品管理执行体系中，进货管理和存货管理是店铺货源充足、卖场陈列丰富的基本保障，而商品价格管理、盘点管理则是门店运行过程中保证盈利的关键点。一位优秀的店长，须掌握商品管理中各环节相应的知识和能力，以提高经营能力。

工作流程

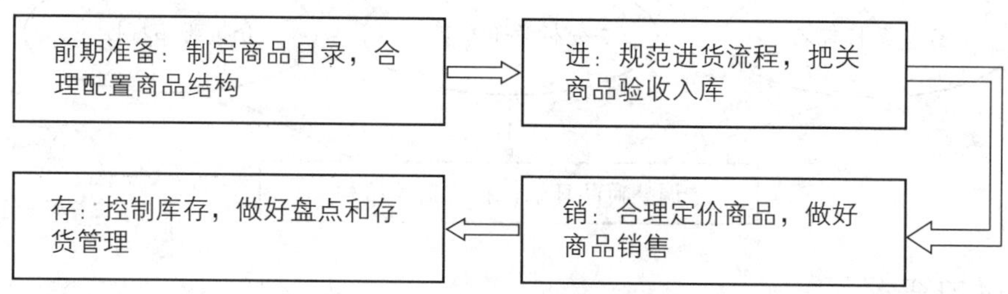

任务一　前期准备：合理配置商品结构

王店长是新城一家连锁超市的店长，这家超市位于新城住宅区，居民占60%，就近大学园区的学生、附近上班的异地青年占40%。超市为适应生鲜潮流，最近开辟了生鲜食品区，引进了水果、蔬菜等生鲜食品。至此，整个超市中生鲜商品占20%，食品杂货占50%，百货占30%。但是调整商品结构后的效果并不理想。经过调查发现，虽然当地居民人口占60%，但当地居民习惯去附近的农贸市场采购便宜、丰富的新鲜蔬果。前来超市购物的顾客中绝大多数是附近的学生以及打工仔，对新鲜蔬菜的需求不大，而生鲜商品因为需求量少，损耗异常严重。而门店面积有限，学生及打工仔热衷的面包、熟食区域因为生鲜的经营而减少了经营面积和种类，可挑选的范围缩减，反而流失了部分的客源。因此，王店长需要调整商品结构，以提高食品销售。

思考：王店长应如何诊断分析商品构成的问题，如何调整商品结构，制定出合理的商品目录？

任务工作流程

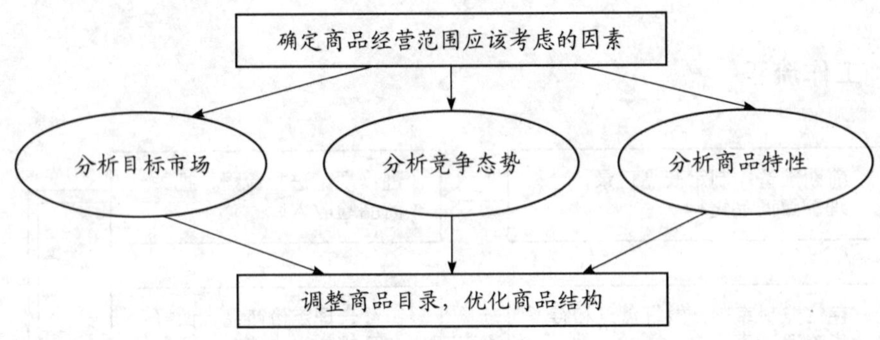

学习要求

能运用连锁门店商品结构调整相关知识对不合理的商品结构进行优化调整。

相关知识

面对琳琅满目、种类繁多的商品，店长常常会感到无所适从，不知道该如何组织商品，造成商品经营毫无特色，货架上充斥着大量周转不灵的商品，资金积压，经营困难。要避免这一现象，店长应该在开业之初，就对商品经营范围有一个科学的规划，设计一个合理的商品结构，形成与众不同的商品组合形象。

一、确定经营范围

商品经营范围一般是在过去采购实绩和销售业绩的基础上，根据市场预测得出的消费需求及变化趋势的有关资料，进行综合分析后确定的。连锁门店店长在确定商品经营范围时，需要考虑以下几个方面的因素。

（一）宏观经济环境

当地产业的发展、经济的增长速度、相关政策的变化等，均能引起商品经营范围的变化，所以，店长必须因地制宜地确定商品经营范围，使之在市场竞争中处于有利地位。

（二）连锁业态特征及规模

确定进货范围，要考虑连锁门店的业态类型、经营规模及经营特点。不同业态的店铺，其商品经营有着不同的分工，专业性店铺在经营本行业某一大类或几类主要商品外，还兼营其他行业商品。店铺经营规模越大，其经营范围越广；反之，则越窄。此外，店铺经营对象以附近顾客为主，还是面向更广阔的市场空间；店铺以高品质商品、高服务水平为经营特色，还是以价格低廉为经营特色，都将对店铺进货范围有重大影响。

（三）连锁门店的目标市场

门店的店址和商圈确定后，其顾客来源基本特征也就确定。目标顾客的职业构成、收入状况、消费特点、购买习惯都将影响门店的商品结构。处于城市中心的门店，要与目标顾客流动性大、消费阶层复杂相适应，经营品种、花色式样应比较齐全。处于居民区附近的门店，消费对象比较平稳，主要经营日常生活品，种类比较单纯。处于城市郊区、工矿区、农业区或者学校集中的门店，则应该根据该地区消费者特殊职业类型形成的特殊需要，在确定进货范围时，充分考虑该地区消费者的共性和个性。

（四）同业竞争者

邻近同行竞争者的状况，影响着门店经营范围的确定。在同一地段，相同业态店铺间，经营特点不宜完全一致，应有所差别，主要体现在店铺主营商品的种类上。店铺只有弄清楚周围竞争者的经营策略、商品齐全程度及价格和服务等状况，才能更好地确定自己的商品经营范围。

（五）商品的生命周期

任何商品都有生命周期，即从进入市场到退出市场所经历的四个阶段：导入阶段、成长阶段、成熟阶段及退出阶段。在信息时代，商品的生命周期不断缩短，新产品不断涌现。店长必须紧跟时代步伐，调整经营范围。一方面，店铺必须跟上该种商品在市场流通中所处的生命周期阶段，一旦该商品达到衰退期，立即淘汰；另一方面，随时掌握新商品的动态，对可能成为畅销商品的新商品，在上市前就列入门店进货计划范围。

（六）商品的相关性

许多商品销售是相关的。例如，小食品可以带动儿童文具的销售。根据商品消费连带性的要求，把不同种类、但消费上有互动性或在购买习惯上有连带性的商品，一起纳入经营范围，将有利于扩大销售。因此，在确定主力商品类别之后，还要考虑辅助商品和连带商品范围。

（七）市场的季节性

一些商品，如服装鞋帽、时令性食品的需求呈现明显的季节性或周期性变化。春夏秋冬四季，每个季节都有自己的特色，都有一些唱主角的商品。一些节假日商品的消费也具有很强的周期性，因此，门店的经营范围应考虑季节的变化，做出适当调整。

二、制定商品目录

当店长确定经营范围以后，还必须将各商品品种详细列出来，形成门店的商品目录。商品目录是连锁门店经营范围的集体化，也是门店进货的依据，是连锁门店管理的一项重要内容。

连锁门店商品目录，包括全部商品目录和必备商品目录两种。全部商品目录是门店制定的应该经营的全部商品种类目录。必备商品目录是门店制定的经常必备的最低限度的商品品种目录。必备目录不包括门店经营的全部商品种类，只包括其中的主要部分。

必备商品目录是按照商品大类、中类、小类顺序排列的。每一类商品都必须明确标出商品的品名和具体特征。由于商品特征不同，消费者选择商品的要求不同，因而确定商品品名和特征的粗细程度和划分标准也不相同。一般情况下，商品特征的多少决定着品名划分的粗细程度，特征简单的商品，如食盐、食糖等，品名可以粗一些；特征复杂的商品，品名可以适当细分。目前，大多门店采用电脑管理，实行单品核算，商品的品名应根据最细小的标准来划分，直至无法划分的程度，以便准确区分每一具体商品。

必备商品目录确定后，再根据顾客的特殊需要和临时需要加以补充和完善，便完成了门店的全部商品目录。

连锁门店的商品目录制定以后，不能固定不变，应随着环境的变化定期进行调整，以适应消费者需求。一般来说，季节性商品需分季调整，非季节性商品按年度调整，做到有增有减。但在调整中要注意新旧商品交替存在的必要阶段，在新商品供应商未稳定前，不可停止旧商品的经营，以免影响消费者的选择。

三、合理配置商品结构

在明确连锁门店经营范围和进货目录后，接下来应该研究哪些商品是主力商品，哪些商品是辅助商品，它们之间应该保持怎样的比例关系，花式品种、质量等级如何分配等。

（一）决定连锁门店商品结构的程序

1. 确定主力商品

生鲜食品是超市的主力商品，其构成比例往往超过50%。

2. 描绘消费对象的轮廓

影响消费者的变数非常多，主要包括：

(1) 地理变数：城市与乡村，省会城市与一般城市，市区与郊区，温带地区与寒带地区，多雨地区与干燥地区，这些地理变数都会影响消费者，甚至改变消费习惯，做商品定位时，必须考虑地理变数。

(2) 人口变数：年龄、性别、户数规模、生命周期、收入、职业、教育、宗教、人种、国籍等因素都将影响消费者的消费习惯。如新社区内大多是新成立的家庭，其年龄层较低，户数规模小，收入与教育水准较高，对商品的要求较偏向品质、鲜度，但对价格可能比较不在意，这些都必须融入到商品观念里，从而形成商品定位。

(3) 心理变数：连锁门店店长必须了解门店所在地附近的状况，随时观察消费对象日常行为特征、消费倾向、生活态度以及对商品及服务的价值观等，逐渐形成自己的商品观念。

3. 推测消费对象的需求

对消费对象的轮廓有鲜明的认识后，就要开始推测消费者的需求。可以通过集体采访、观察法、问卷调查法等方式获得他们的商品定位。

4. 商品定位的形成

消费者的需求随时在变，门店应密切关注，在适当的时机作出调整。商品部门的特征很容易被同业学会，甚至同业还会改掉缺点而做得更好。所以店长只有随时思考“我们要卖的是什么商品”，并随时观察、学习、发现，才能立于不败之地。

(二) 连锁门店商品线的构成

每一类商品就是一条商品线。如男装店里可能有西装、衬衫、领带和袜子等几条商品线。商品群是依照商品观念所集合成的商品群体，是门店商品分类的重要依据。

1. 主力商品

主力商品是指完成销售或销售金额在商品销售业绩中占举足轻重地位的商品。百货商店主力商品的增减、经营业绩的好坏直接影响商店经济效益的高低，进而决定商店的命运。主力商品的选择体现了商场在市场中的定位以及整个商场在人们心目中的定位。主力商品的构成，一般可以考虑以下几类：

(1) 感觉性商品：在商品设计、格调上都与商场形象吻合并要予以重视的商品。

(2) 季节性商品：配合季节的需要，能够多销的商品。

(3) 选购性商品：与竞争者相比较容易被选择的商品。

2. 辅助商品

辅助商品是与主力商品具有相关性的商品。其特点是销售力方面比较好，重点为：

(1) 价廉物美的商品：在商品的设计、格调上可能不太重视，但对顾客而言，却因价格便宜、实用性高受青睐。

(2) 常备商品：此类商品对季节性不太敏感，无论在业态或业种上必须与主力商品具有关联性而容易被顾客接受的商品。

(3) 日用品：不需要特地到各处挑选，而是随处可以买到的一般目的性商品。

3. 附属品

附属品是辅助商品的一部分，对顾客而言也是易于购买的目的性商品。其重点为：

（1）易接受的商品：展现在卖场中，只要顾客看到，就很容易接受而且立即想买的商品。

（2）安定性商品：具有实用性但在设计、格调、流行性上无直接关系的商品，即使卖不出去也不会成为不良的滞销品。

（3）常用的商品：日常所使用的商品，在顾客需要时可以立即指名购买的商品。

4. 刺激性商品

为了刺激消费者的购买欲望，可以在上述三类商品群中选出重点商品，必要时挑出某些单品，以主题陈列方式在卖场显眼处大量陈列，借以带动整体销售。其重点为：

（1）战略性商品：配合销售战略需要，用来吸引顾客，在短时间内以一定的目标数量来销售的商品。

（2）待开发商品：为了考虑今后的大量销售，商店积极地加以开发并与厂商配合所选出的重点商品。

（3）特选商品：以特别组合的方式加以陈列，成为吸引消费者并带动消费者购买欲望的商品。

（三）优化商品结构的依据

1. 商品销售排行榜

大多数连锁门店的销售系统与库存系统都是连接的，后台电脑系统都能整理出门店每天、每周、每月的销售排行榜，从中可以看出每一种商品的销售情况，对滞销商品要调查原因，如果无法改变滞销情况就应该予以撤柜处理。但对新上柜的商品或者某些日常生活必需品，不要急于撤柜。

2. 商品贡献率

销售额高、周转率快的商品不一定毛利高，而周转率慢的商品未必就利润低。没有毛利的商品销售额再高，其作用都有限，毕竟门店要生存，没有利润的商品短期内可以存在，但不应长期占据货架。看商品的贡献率的目的在于找出对门店贡献率高的商品，并使之销售得更好。

3. 损耗排行榜

该指标将直接影响商品的贡献毛利。例如，日配商品的毛利虽然高，但由于其风险大、损耗多，可能纯利不高。对损耗商品的解决办法一般是少订货，同时由供应商承担一定的合理损耗。另外，有些商品的损耗是商品的外包装造成的，应该让供应商及时予以修改。

4. 周转率

商品的周转率也是优化商品结构的指标之一。店长不希望商品积压影响资金流动，所以周转率低的商品不能滞压太多。

5. 新进商品的更新率

连锁门店周期性地增加商品的品种，补充门店的新鲜血液，以稳定自己的固定顾客群体。商品的更新率一般应控制在10%以下，最好在5%左右。另外，新进商品的更新率也是考查采购人员的一项指标。需要导入的新商品应符合门店的商品定位，不应超出固有的价格带，对价格高而无销量的商品和无利润的商品应适当予以淘汰。

6. 商品的陈列

在优化商品结构的同时，应该优化门店的商品陈列，适当地调整无效的商品陈列面。对同一类商品的价格带陈列和摆放也是调整的对象之一。

相关链接

超市如何调整商品结构

A超市集团总店（6 000平方米）位于高校区附近，其5～10千米的潜在商圈客层构成如下：居民占70%、高校学生占30%。然而，根据顾客调查和店长现场观察，在该卖场消费购物的顾客中，学生占60%以上，居民不足40%。

这数据表明什么？其实目前该店遇到了一个典型的商品构成问题：商品结构到底应如何倾斜？应该选择哪类客层为主流目标顾客？

如果门店还是选择居民作为主流目标客层，则在市场调查的基础上，必须对商品构成进行检讨：为什么居民不喜欢我店的商品？

如果该店在检讨自己在商圈内竞争力的情况下，发现既然在争取居民顾客方面争不过竞争店，还不如做好自己既有客层——高校学生。则其可采取的对策有二：

一是重新评估卖场经营面积，因为占商圈潜在客层30%的高校学生可能根本支撑不了这么一个大店，要考虑缩小卖场面积，或采取外租、联营方式引入新的经营项目（如游戏机、快餐店等）。

二是重新定位商品构成，全部商品构成以学生为核心，缩小以家庭主妇为对象的商品构成，扩大学生消费品。如缩小生鲜区中的初级生鲜品（如肉类、水产、蔬菜经营面积），增大生鲜区中的现场加工品、熟食、主食厨房等即食性商品，以商品构成调整呼应目标客层调整。

想一想

1. A连锁超市有各类门店数十家，以总店为例，有效流转商品数达10 000种，日均营业额80万元。在分析商品构成问题时，发现平均5 000个单品实现了40万元的销售额，这表明该超市商品构成有什么问题？

2. 一家超市在分析商品构成时，发现10%左右的商品实现了90%以上的销售，该商品构成有问题吗？

任务二　进：适时适量的采购与进货

王店长经过对目标消费者及竞争店的调查分析后发现，门店所在的小区附近农贸市场的新鲜蔬菜品种繁多，且价格具有竞争力，小区的居民几乎都在农贸市场购买生鲜。而农贸市场里缺少卤味等熟食商品，而这正是附近学生、打工仔市场所需。且校区附近仅有一家高级面包烘焙店，价格相对高，学生和打工仔光顾的较少。因此，王店长决定调整商品结构，取消了生鲜蔬果和肉类的销售区域，取而代之的是熟食销售区和面包区。为了新增的商品，需要找到适合的供应商，根据消费能力采购适量的商品，且熟食和面包的保质期比较短，为了减少损耗，在商品进货数量和时间上要控制得当，减少损耗。

思考：王店长就熟食和面包在选择供应商方面要注意什么？如何与供应商签署供货协议？在订单、进货、验货的过程中又要注意什么？

任务工作流程

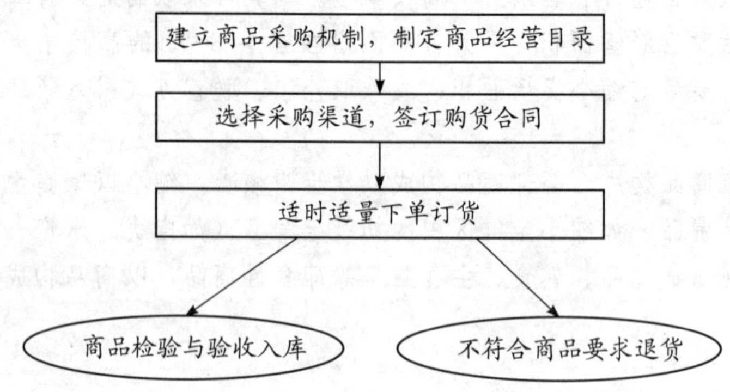

学习要求

能根据门店商品目录选择合适的供应商，拟订并签署供货合同，适时适量下单订货并验货入库。

相关知识

一、商品采购管理

商品采购是门店的主要业务活动之一。为了保证企业采购到适销对路的商品，必须认识采购过程，做好采购业务决策，加强对商品采购过程的监督，确保采购工作圆满完成。

为了科学组织商品采购，门店必须根据自身状况，建立相应的采购机构；根据商品经营范围、品种，形成商品经营目录，确定采购渠道；进行采购洽谈、签订订货合同；做好采购控制；建立采购考核指标体系，完成商品检验与验收活动。

（一）建立采购机构

连锁企业的商品采购机构按是否有专人负责分为两种：一种是正式的采购组织，专门负责商品采购工作。设立正式的采购部门，采购专业化，可以统一规划采购工作，提高工作效率。另一种是非正式采购组织，门店不设立专职采购部门，由销售部负责采购。非正式采购组织便于根据市场商品销售确定采购活动，但不利于采购工作统一控制管理。

此外，按照组织形态分类，连锁门店采购分为中央集权式采购和分权式采购。

1. 中央集权式采购

该模式在连锁企业集中采购的管理模式基础上，设立专门的采购部门，安排专职采购人员统一负责企业的商品采购工作。连锁企业下属各门店负责向总部提出商品采购计划，报告门店内商品陈列及内部仓库的管理和销售工作。

从总部直接进货的优点有：

（1）可以提高连锁企业与供应商采购合同谈判中的竞价能力：连锁企业由于实行中央集权采购制度，进货量大，可获得一定的价格折让，还可以获得有条件退佣及无条件退佣。

（2）可以降低采购费用：连锁企业由于实行中央集权采购制度，只在连锁企业总部建立采购班子，不必在各门店建立自己的采购队伍，从而降低采购费用。

（3）配送体系的建立降低了连锁仓储、收货费用。

（4）可以使通道利润最大化。所谓通道利润，是指供应商为了将商品纳入连锁企业庞大的销售网络而支付给连锁企业的进店费、年节赞助费和促销费等。

（5）可以规范进货行为：困扰连锁企业一个很大的问题是商业贿赂。所谓商业贿赂是指供应商给零售商的采购人员提供现金或有价值的物品以影响其采购决策。

但这种进货方式需要注意的是：

（1）连锁企业在集中采购时，一定要建立采购人员与卖场销售人员良好的沟通关系，完善沟通体系，同时营造非正式沟通的氛围。

（2）由于中国地域广阔，各地区的偏好、消费行为多有不同，采购人员做好共同产品采购的同时，一定要做好地区性商品的采购。

2. 分权式采购

由于一些连锁企业跨区域经营，不同地区消费者的消费习惯有所差异，一些地区性商品如果采用总部统一采购、配送的方式成本过高。因此，根据企业的规模及管理方式的不同，部分连锁企业将全部或部分采购权分散到门店，由各门店在规定的范围内，采用完全分散采购或者部分商品分散采购两种方式直接向供应商采、订购商品。

分权式采购的优点主要有以下几点：

（1）在连锁门店成立之初，采购权委托各门店自行负责，可以精简人力。

（2）采购具有相当的弹性，有很大的市场攻击力。

（3）价格由门店自定，机动性大，有较大的经营自主权。

分权式采购也有其缺点，主要表现如下：

（1）较难发挥大量采购、以量制价的功能。

（2）利益很难控制。

（3）易生弊端。

（4）无法塑造连锁店统一企业形象。

想一想

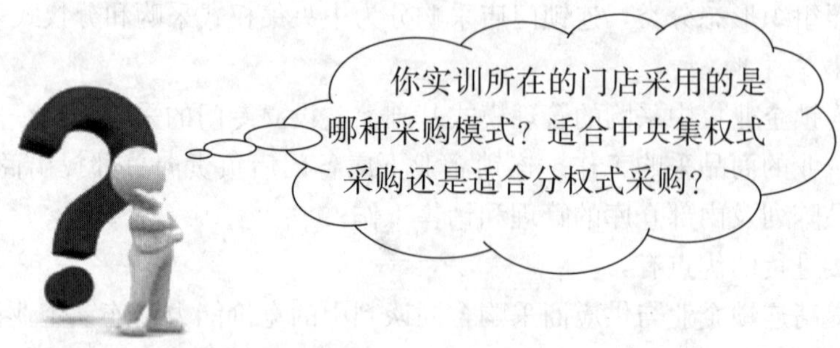

（二）合理选择采购渠道

合理的采购渠道来自畅通的供货渠道。连锁企业的供货渠道主要有三种：一是企业自有供货者；二是原有外部供货者；三是新的外部供货者。

1. 企业自有供货者

有些连锁企业自己设置加工工厂，有些连锁企业设有商品配送中心。这些供货者就是连锁门店首选的供货渠道。

连锁门店按照市场要求，组织附属加工工厂加工或者按样生产，自产自销，既开发了商品货源渠道，又有利于形成企业经营特色。有些商品如时装、鞋帽，市场花色变化快，从外部进货批量大、时间长，不能完全适应市场变化。而从加工厂定做，产销衔接快，批量灵活。有些商场加工定做的时装品牌也有较高的知名度和市场影响，成为吸引客流、扩大销售的有力手段。

2. 原有外部供货者

连锁企业有一些经常联系的业务伙伴，经过多年的市场交往，企业对这些供货商的商品质量、价格、信誉等比较熟悉，对方也愿意跟连锁企业合作，遇到困难能相互支持，成为连锁企业稳定的商品供应者。

连锁门店稳定的外部供货者来自各个方面，有生产商，也有批发商，还有专业公司等。在选择供货渠道时，原有的外部供货者应该优先考虑，既可以减少市场风险，又可以减少对商品品牌、质量的担忧，还可以加强协作关系，与供货商共同赢得市场。

3. 新的外部供货者

由于连锁门店业务不断扩大，市场竞争激烈，新商品不断出现，门店需要增加新的供货者。选择新的供货者是商品采购的重要业务决策，要从以下几方面做比较分析：

（1）货源的可靠程度。主要分析商品供应能力和供货商信誉，包括商品的花色、品种、规格、数量能否按照门店的要求按时保证供应，以及信誉好坏、合同履约率高低等。

(2) 商品质量和价格。主要是供货商品质量是否符合有关标准，是否符合消费者的需求特点，质量档次等级是否符合门店形象，进货价格是否合理，毛利率高低，预计销售价格消费者是否能接受，销售量达到什么水平，该商品初次购进有无优惠条件、优惠价格等。

(3) 交货时间。采用何种运输方式，运输费用有什么约定，如何支付，交货时间是否符合销售要求，能否保证按时交货等。

(4) 交易条件。供货商能否提供供货服务和保证服务，供货商是否同意连锁门店售后付款结算，是否可以提供送货服务、提供现场广告促销资料和费用，供货商是否利用本地传播媒介进行商品品牌广告宣传等。

为了确保货源质量，连锁门店商品采购必须建立供货商资料档案，并随时增补有关信息，以便通过信息资料的比较分析，选择确定供货商。

(三) 采购洽谈

在对供货商进行评价选择的基础上，采购人员必须就商品采购具体条件进行洽谈，连锁门店店长对于涉及门店理论的关键性商品，要及时把关甚至参与到采购洽谈中。在采购谈判中，门店就购买条件与对方磋商，提出采购商品的数量、花色、品种、规格要求，对于商品质量标准和包装条件、商品价格和结算方式、交货方式、交货期限和地点等也要进行协商，完全一致后签署购货合同。一项严谨的商品采购合同应包括以下主要内容：

(1) 货品的名称、品质规格；

(2) 货物数量；

(3) 货物包装；

(4) 货物的检验验收；

(5) 货物的价格，包括单价、总价；

(6) 货物的装卸、运输及保险；

(7) 货款的收付；

(8) 争议的预防及处理。

签订购货合同，意味着双方已经形成交易的法律关系，应承担各自的责任义务。供货商按约交货，采购方支付货款。

(四) 采购控制

控制好采购环节是实现门店经营计划目标的重要手段，控制好采购环节就等于控制住商品流通的起点和源头。作为连锁门店店长，在采购管理环节中，要明确采购控制的目标。

采购计划是达到经营目标的依据，因此在采购计划制定中要控制好经营目标值、市场份额和盈利值、盈利率，一般可以考虑以下两种控制方法：

(1) 采购计划的制定要细化，落实到商品的小分类，对一些特别重要的商品甚至要落实到品牌商品的计划采购量。采购计划要细分到小分类，其意图就是控制好商品的结构，使之符合目标顾客的需求。同时也是对采购人员业务活动给出了一个范围和制约。

（2）如果把促销计划作为采购计划的一部分，在与供应商签订年度采购合同之前，要求供应商提供下一个年度的商品促销计划方案，以便在制定促销计划时参考。必须认识到连锁企业的促销活动实际上是一种对供应商产品的促销动员、促销组合。还必须认识到在制定采购计划时要求供应商提供下一年度新产品上市计划和上市促销方案是制定新产品开发计划的一部分。

（五）建立采购考核指标体系

对采购的控制除了采购计划的控制外，还有与供应商进行交易的制度控制、采购组织机构控制和采购程序控制。在日常的采购管理中，必须建立考核采购员的指标体系，对采购进行细化控制。采购指标体系一般由以下指标组成。

1. 销售额指标

销售额指标要细分为大分类商品指标、中分类商品指标、小分类商品指标及一些特别的单品项商品指标。应根据不同业态模式中商品销售的特点来制定分类的商品销售额指标比例值。

2. 商品结构指标

商品结构指标是以体现业态特征和满足顾客需求为目标的考核指标。如对一些便利店连锁企业的商品结构进行研究发现，反映便利店业态特征的便利性商品只占 8%，公司自有品牌占 2%，其他商品则高达 80%。为了改变这种商品结构，就要从指标上提高便利性商品和自有商品的比重，并进行考核。通过指标的制定和考核可同时达到两个效果：第一，在营运的商品上业态特征更明显；第二，高毛利的自有品牌比重上升，从而增强了竞争力和盈利能力。

3. 毛利率指标

根据门店商品品种定价的特点，首先确定一个综合毛利率的指标，这个指标要求反映连锁企业的业态特征。然后分解综合毛利率指标，制定不同类别商品的毛利率指标并进行考核。毛利率指标是对采购人员考核的出发点，是让低毛利商品采购人员通过合理控制订单量来加快周转，并通过与供应商谈判加大促销力度扩大销售量，增大供应商给予的折扣率，扩大毛利率。对高毛利率商品的采购人员，促使其优化商品品牌结构，扩大品牌商品销售量，或通过促销加大销售量扩大毛利率。门店毛利率的增加，很重要的途径就是通过促销加大销售量，然后从供应商手中取得高毛利率的折扣率。

4. 库存商品周转天数指标

这一指标主要是考核配送中心库存商品和门店存活的平均周转天数。通过这一指标可以考核采购业务员是否根据门店商品的营销情况，合理控制库存，及是否合理地确定了订货数量。

5. 门店订货商品到位率指标

这一指标一般不能低于 98%，最好是 100%。该指标反映的是门店向总部配送中心订货的商品与配送中心库存商品可供配送的比例。这个指标的考核在排除总部的其他部门的工作因素和特殊原因外，主要落实在商品采购人员身上，商品采购人员应该对到位率的高低负责。到位率低就意味着门店缺货率高，必须严格考核。

6. 配送商品的销售率指标

门店的商品结构、布局与陈列量都是采购业务部制定的，如果配送到门店的商品销售率没有达到目标，可能是商品结构、商品布局和陈列量不合理。对一些实行总部自动配送的门店来说，如果配送商品销售率低，可能还关系到对商品最高与最低陈列量的上下限定是否合理。

7. 商品有效销售发生率指标

在门店，有的商品周转率很低，为满足消费者一次性购物的需要和选择性需要，这些商品又不得不备，但如果库存准备不合理，损失就很大。商品有效销售发生率就是考核配送中心档案商品在门店 POS 机中的销售发生率。如果低于一定的发生率，说明一些商品为无效备货，必须从目录中删除并进行仓库清理。

8. 新商品引进率指标

为了保证不同业态模式的连锁企业竞争力，必须在商品经营结构上进行调整和创新，使用新商品引进率指标就是考核采购人员的创新能力、对新的供应商和新商品的开发能力，这个指标一般可根据业态的不同而分别设计。如便利店的顾客是新的消费潮流的创新者和追随者，其新商品的引进力度就要大，一般一年可达60%～70%。当一年的引进比例确定后，就要落实到每一个月，当月完不成下月必须补上。如年引进新商品比率为60%，则每月为5%，如当月完成3%，则下月必须达到7%。

9. 商品淘汰率指标

由于门店面积有限，又必须不断更新结构，当新产品按照考核指标不断引进时，就必须制定商品的淘汰指标，一般商品淘汰指标可比新商品引进率低10%左右，即每月低1%左右。

10. 通道利润指标

连锁企业向供应商收取一定的通道费用，只要是合理的就是允许的，但不能超过一定的限度，以至于破坏了供求关系，偏离了连锁经营的正确方向。客观而言，在连锁门店之间价格竞争之下，商品毛利率越来越低，在去除营运费用之后，利润趋向于零也是可能的，因此，通道利润就成为一些连锁门店的主要利润来源，这种状况在一些连锁企业竞争激烈的地区已经发生。一般通道利润可表现为进场费、上架费、专架费、促销费等，对采购人员考核通道利润指标不应在整个考核指标中占很大比例，否则会把方向领偏，通道利润指标应该更体现在采购合同与交易条件之中。

二、商品进货管理

进货是连锁企业从编制进货计划开始，经过供应商的选择及确定、合同的签订和执行到商品的到货、验收入库的完整业务经营过程。门店进货就是依据订货计划向总部、配送中心或者总部指定的厂商及自行采购单位要货的活动。门店的进货管理包括订货、进货、调拨、收货和退换货等。

（一）门店订货管理

订货是依据采购选择的厂商及商品而进行叫货或添货的行为。订货是商品进销存的起点，其正确、及时、有效性，对门店影响很大，尤其是生鲜食品的定位，尤为重要。

1. 作业流程

连锁门店原则上不承担采购作业，其订货作业流程如图 4—1 所示。

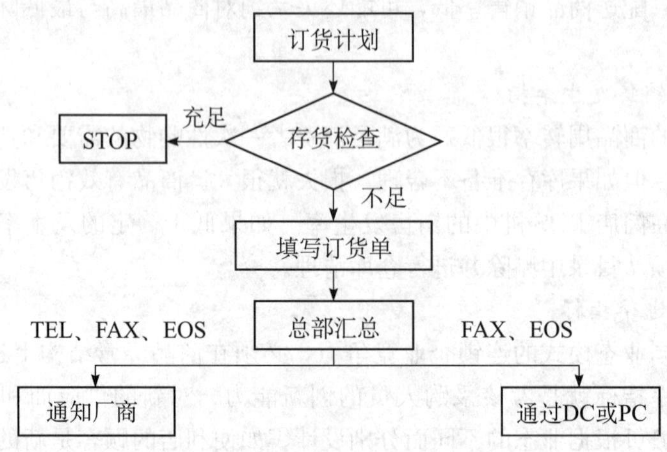

图 4—1　连锁门店的订货作业流程

2. 门店订货工作原则

（1）订货要有计划性：注意适时与适量，门店在每天营业销售时段不可能随时订货，一般总部对各门店规定每天的订货时间。此外，各类商品的订货周期、最小订货量等也都必须事前计划。

（2）订货方式要规范化：订货可以采用人工、电话、传真、电子订货系统等多种方式，发展的趋势是采用 EOS 订货系统。

3. 门店订货管理中的注意事项

（1）存货检查。门店店长应随时注意检查卖场及仓库的存货，若存货低于安全库存量，或出现断码，或遇到门店搞促销，或节假日之前，都必须考虑适量补货。同时，在进行存货检查时，还需检查该商品的存量是否过多，这样就可以早作应对处理。除此之外，在检查存货时还应注意检查现有存货的有效期限和商品品质。

（2）适时补货。门店补货必须注意时效性。门店每天正常营业时间不能进行随时补货，而其总部或供应商也不可能随时接到补货单就随时发货。一般都有固定的时间范围，只要过了时间就算逾期，作次日订单处理。

（3）适量补货。补货量决定也是比较复杂的过程，要求相关人员必须考虑以下因素：商品每日的销售量、补货至送达门店的前置时间、产品最低安全库存量、产品的规定补货单位等。在实际操作过程中，门店店长需要根据自己的经验和实际情况进行补货。表 4—1 为某连锁超市的商品订货单。

表 4—1　　商品订货单

单据编号：　　供应商编号：　　供应商名称：
供应商地址：　　结算方式：　　联系电话：

商品编号	商品条码	商品名称	进价（元）	订货数量
总合计				

制单人：　　审核人：　　审核日期：
相关单号：　　送货地址：
联系人：　　联系电话：

（二）门店进货管理

进货作业是订货后由供应商或配送中心将商品送达门店的作业。进货作业对供应商或配送中心来说就是配送，对门店而言，其重点就是验收。

1. 进货作业流程

连锁门店进货作业流程如图 4—2 所示。

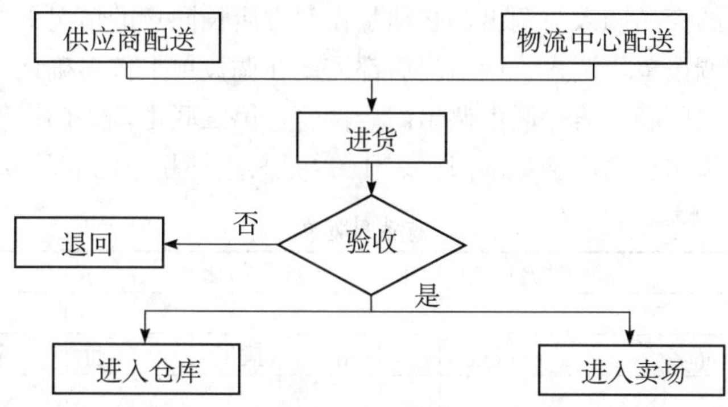

图 4—2　连锁门店的进货作业流程

2. 进货管理注意事项

（1）进货严格遵守时间。进货时间的确定应考虑厂商作业时间、交通状况、营业需要及内部员工出勤时间。

（2）验收单、发票需备齐。

（3）商品整理分类要清楚，在特定区域进行验收。

（4）先退货再进货，以免退掉商品占用店内仓位。

（5）验收后有些商品直接进入卖场，有些商品则进内仓或进行再加工。

（6）拒收变质、过保质期或者接近保质期的商品。

（三）门店间的调拨管理

调拨作业是连锁门店与门店之间，由于某门店临时缺货，供应商或配送中心无法及时送货，而向其他门店借调商品的作业。

1. 调拨作业流程

连锁门店调拨作业流程如图 4—3 所示。

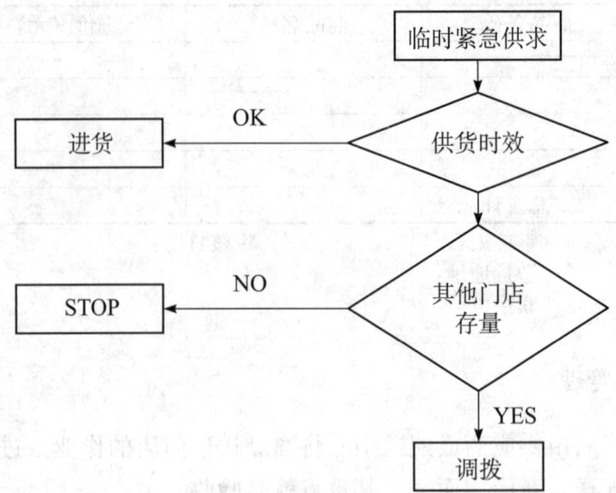

图 4—3 连锁门店调拨作业流程

2. 调拨管理注意事项

（1）门店之间的商品调入与调出，必须是在双方店长同意的情况下进行。

（2）必须填写调拨单，调入、调出门店都需要在调拨单上签名确认。

（3）调拨单一式两联，第一联由调出门店保管，第二联由调入门店管理。

（4）调拨单必须送至总部会计部门。表 4—2 是某连锁超市的商品调拨单。

表 4—2　　商品调拨单

拨出门店		拨出日期	拨入门店		拨入日期	
商品代码	品名	拨出数量	规格	拨出（入）单价	金额	拨入数量
拨出门店	店长：	验收人：		拨入门店	店长：	验收人：

（四）门店收货管理

门店收货即按照进货来源，分为由连锁企业总部配送中心送到门店的商品收货作业和由供应商直接配送到门店的商品收货作业两种。

1. 连锁企业总部配送中心送到门店的商品收货作业

由于连锁企业总部在商品入库时已经进行进货验收，出库时已经查点清楚，所以以总部配送中心配送的商品送到门店后，可以不用当场验收清单，仅由门店验收员盖章及签收即可。有时候店内自行发现数量、品项、品质、规格和订货不一致，直接通知总部查清调补。

2. 供应商直接配送到门店的商品收货作业

（1）收货流程如图 4—4 所示。相应的商品验收单如表 4—3 所示。

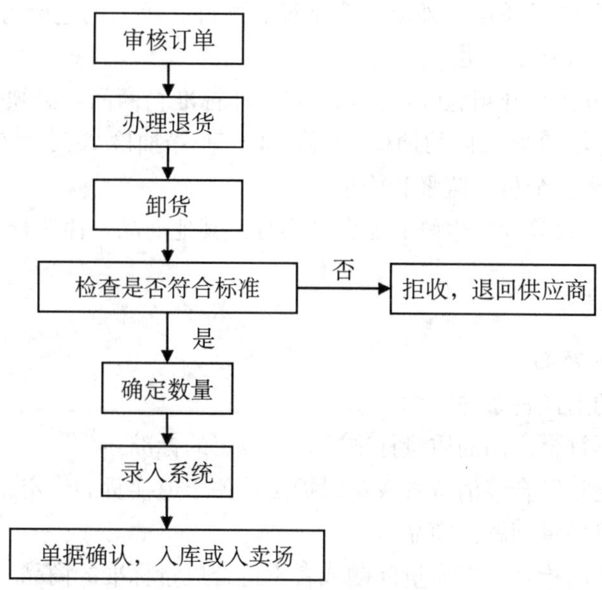

图 4—4　连锁门店收货流程图

表 4—3　连锁门店商品验收单

单据编号：　订单号：　制单日期：
供应商编号：　供应商名称：
结算方式编码：　结算方式名称：

商品编号	商品名称	商品条码	销售单位	进价（元）	订货数量	实收数量
合计						

制单人：　审核人：　审核日期：
验收地：　单据状态：
收货员：　供应商：

（2）收货注意事项。

1）无条形码的商品一律在未收货区内进行处理，按规定贴店内码后，才执行收货程序。条形码在本系统内无效的商品，原则上拒收。收货员必须进行扫描收货，以保证所有条码在系统中有效。

2）单品的送货数量在订单数量的 60%～100%之间浮动，送货品种在订单品种的 50%以上，可以收货，超出范围，原则上可以拒收。

3）检查供应商是否按合同要求提供足够的赠品。赠品和外包装必须符合标准，不符合标准的在未收货区内进行处理，不能现场处理的原则上拒收。

4）收货员必须亲自点数，不允许供应商点数和报数。

5）已经完成收货程序的货物，卡板上的商品必须做记号，协商商品编号，拉到已收货区域内。

6）验货的内容包括保质期、外箱、合格证、配件、单品的包装等，进口商品还要检验是否贴有商检标签和中文说明。

7）验货采用的方式是开箱验收，比如，对于非标准箱商品，必须全部打开，100％验收；对于标准箱商品，20 箱以内的抽检 50％，20～50 箱抽检 20％，50 箱以上抽检 10％。

8）收货过程接受安全员的监督和检查。

9）只有牛奶、豆浆等少数生鲜商品允许换货，其他商品一律执行退货程序。

（五）退换货管理

1. 可以退换货的商品

（1）符合合同的退换货条件。

（2）商品自身不符合商品的质量标准或合同规定的标准。

（3）有质量问题，符合《消费者权益保护法》关于退换货的规定。

（4）顾客投诉有质量问题的商品。

（5）国家质检部门检查出有质量问题或者不符合质量标准的商品。

（6）商品变质，包装破损。冷冻食品解冻后不能食用、超过保质期的。

（7）达到最小的退货金额。

2. 不能退换货的商品

（1）不符合退换货条件的，如在商场销售过程中受损的生鲜商品。

（2）家电类商品的包装、配件、说明书不齐或者损坏的。

（3）陈列的商品。

（4）非供应商原因而产生瑕疵的商品。

（5）除生鲜以外的过期商品。

（6）已经使用过或者已开包装的卫生用品、已使用过或开包装的电池及胶卷等消耗性商品。

（7）不够组合包装的最小包装数量商品。

（8）因顾客或员工因素损坏的商品。

（9）退货的总金额太小，达不到退货的标准。

3. 退换货管理的注意事项

（1）退换货商品的确定。所有的退换货商品必须准确，供应商名称、商品的品名、退换货的数量必须准确无误，退货实行百分之百复查原则。

（2）只有少数商品执行换货程序。如生鲜商品、非换货商品一律不执行换货程序；换货的商品必须是同样的商品，不同的商品不能换货；换货商品的数量不在系统中显示，只在收货的数量中扣减；需要换货的商品在换货时必须与新的进货明显区别放置。

（3）填写退货申请单（见表 4—4）。退货单据上的商品货号、商品品名必须与电脑中的记录一致，数量必须与货物的实际数量相符，不符最小单位者按几分之几单位计算。

（4）必须先退货再收货，安全员在整个退换货过程中要进行监督、检查。

表 4—4　　　　　　　　　　　　**退货申请单**

供应商：　　　　　　　　　　门店：　　　　　　　　　　日期：

货号	品名	数量	单价	金额	退货原因
总计					

店长：　　　　　　　　供应商：　　　　　　　　收货员：　　　　　　　　安全员：

任务三　销：拟订销售计划，掌握销售技巧，制定合理价格

考虑到熟食产品新鲜度特质，门店采取了分权采购的方式，王店长与本地面包制造商玫隆食品公司签署供货合同，由其根据订单向门店配送各类面包，同时派遣一位促销员销售推销面包，以提高销量。为了增加竞争力，在面包的价格策略中，拟采用低价渗透策略。

思考：

1. 对于该促销员，门店在对其培训时涉及的销售技巧有哪些？应该如何提高商品的销售？

2. 什么是低价渗透策略？在有关商品定价策略中还有哪些策略？商品的价格应该如何管理？

任务工作流程

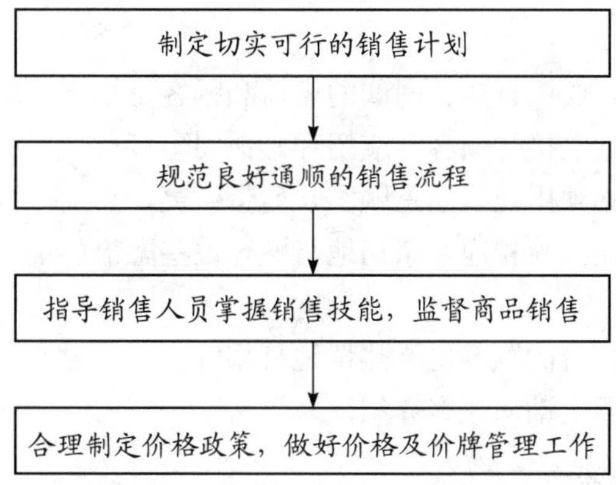

学习要求

1. 能运用销售相关知识对销售员进行培训；
2. 能运用商品价格管理知识为门店选择合适的定价政策。

相关知识

商品管理，即商品的进、销、存，其中商品的销售管理是连锁门店获得盈利的关键，制定切实可行的销售计划，运用规范的销售流程和营业员娴熟的销售技能，通过合适的价格策略将商品最大程度地销售出去，综合商品的毛利率与商品周转率，最大程度地提高商品贡献率，是一个称职店长的首要条件。

一、制定切实可行的销售计划

商品销售计划的主体，是以顾客为导向，通过提供商品或服务，以满足顾客需要，这是制定销售计划的根本出发点。

（1）收集情报，包括内在和外在的情况。

（2）市场定位，即设定目标人群，使客层明确化、市场细分化。

（3）商品分类。

（4）设定价格。

（5）设定标准点存量。

（6）商品的选定。

二、销售流程和技能

我们经常有这样的经验，一走进店铺，立足未稳，服务员就迎上来，问这问那，好不亲热，但我们的购买欲望顿时飞到九霄云外。冷静分析不难发现，由于店员不了解营业的基本规程，结果使得顾客唯恐逃之不及。良好顺畅的销售流程、熟练高超的销售技能是对顾客最好的服务，是店长有效管理商品销售、提高销量的重要环节。

（一）打招呼

（1）当顾客进店时，要用自然、明朗的表情和顾客打招呼，以欢迎顾客。

（2）如果自己不能马上接待顾客，应招呼其他同事接待。

（3）看到顾客时，必须用视线注意顾客，面带微笑，点头致意。

（4）看到熟客时，应笑脸相迎，亲切地与顾客说些融洽的话语，并询问上次购买商品的使用情况。

（5）对经过门店本柜台的顾客也要热情地打招呼。

（6）如有促销活动要主动向顾客介绍。

（二）留意顾客的需要

（1）当顾客看商品时，要将所看到的商品取出给顾客介绍。

（2）当顾客指定要某件商品时，应该点头致意，并马上拿出商品供其挑选。

（3）当顾客对所看商品不满意时，要迅速取出别的商品，并双手拿给顾客看。

（4）顾客希望营业员帮助挑选商品时，要根据顾客的心理做有比较、有选择的推荐。

（5）适当询问顾客的要求，有针对性地给顾客介绍商品，能根据顾客穿着及对商品价格的反应，了解顾客的消费层次，介绍合理价位的商品。

（6）留意顾客在临柜的谈话，了解顾客的需求，为顾客的到来做好准备。

（三）产品介绍

（1）顾客拿到商品时，要运用所学的商品知识，从商品的使用、质量、特点、款式等方面说明它的优越性，积极向顾客推荐，促使顾客试穿/用。

（2）顾客对几种商品对比挑选时，要从顾客的谈话中推测其喜欢什么商品，然后热情介绍，顾客选好合适商品，要以赞美肯定的语气同意顾客的挑选。

（3）到仓库拿货的过程要灵活敏捷，讲求速度，提供最便捷的服务给顾客。

（四）邀请试穿/用

当顾客对某商品表示出兴趣时，应热情邀请顾客进行试穿/用。

（五）试穿/用

采用标准姿势为顾客提供试穿/用服务。

（六）附加推销

做到全面向顾客附加推销；从不同的价位、风格、特价等方面着手；有百试不厌的服务精神。

（七）付款

收取货款时，要再看一遍商品的标签，把价格念出来，让顾客再看看，当顾客购买多件商品时，应当面计算出总价格。

（八）完成售货过程

（1）顾客付完款后，引导顾客留下资料、成为会员。

（2）把包装好的商品双手递交给顾客；顾客离开时，要以感谢的心情向顾客道别："谢谢您的惠顾，欢迎下次光临。"

销售要追求完美，让顾客挑不出任何毛病，唯有本着这样的宗旨和目标，才会有不断的进步。

三、价格制定与管理

（一）制定价格需要考虑的因素

店长在制定价格时除了考虑成本与利润之外，还需考虑竞争态势、市场地位、消费者心理、门店形象及企业策略等复杂因素。

周围环境影响着价格制定，提高敏感性对价格管理至关重要，影响定价的环境因素主要有以下几个。

1. 同行的价格动向

同行举办促销活动时，除非我们采用不同的促销策略，各自吸引不同阶层或不同需要的客层，否则应适度跟进，才能使自己更具竞争力。

2. 季节变化的因素

季节更替会带动商品的变化。如夏季来临，饮料上场；冬季来时，火锅应市。商品计划应该根据季节的变化并借此掌握消费者的需要。要注意的是：季节性商品的推出应该把握时机。因为初期消费者的需求较高，如需求的频度已经降低再推出，销售的契机就丧失。在季节更替时推出商品，销售价格应该酌情降低，借以吸引消费者注意。

3. 气候变化的因素

例如，位于临海的地区，气候变化很大。尤其是在夏季，应该特别注意台风动向。台风前应该准备的商品主要有：电池、蜡烛、矿泉水、速食面；台风后准备果菜鱼肉等商品供应。此时部分商品可以降价销售，以提高门店的形象，至于能够赚取利润的商品，则不需降价。

4. 整体供需情况

当供过于求时，商品只能以一般的价格销售；当需求大于供给时，可适度地调高售价。尤其是生鲜蔬果，常因季节更替或气候变化而产生供需失调。至于其他的商品，因取代性高，较难回复到以往“卖方市场”。

对于消费者而言，价格经常会成为购买商品的参考因素，至于消费者对价格的重视程度如何，则视商品与消费者价值观的差异而有所不同。因此，店长在管理价格时，应该考虑商品给予消费者的整体价值感，包括心理和实质层面都需要加以测试。

消费者的价格意识与价格判断对价格政策的影响主要如下：

(1) 顾客阶层的细化，即在商圈调查时做好“客层定位”。没有一家门店可以满足所有消费者，所以只能根据客层定位，选择最多的客层或族群作为主要服务对象。

(2) 商品层级的决定，即依据“客层定位”所做的“商品定位”。商品定位包含了商品组合，当然也涵盖了商品品质的层级。商品的层级不同，其价格政策自然不同。

(二) 对不同商品生命周期采用不同的价格策略

1. 导入期

商品在导入的阶段较易引起消费者的注意，此时应该以较低的价格出售。如果该项新商品属于“育成商品”，即有意将其培育成明日之星的商品，在初期不可以赚取过多的利润，以免一下子吓跑消费者，等到该商品已经育成到一个阶段，如每天都有相当固定的销售数量后，才可慢慢提高价格。

2. 成长期、成熟期

成长期的商品可以维持一个稳定且适当利润的价格，偶尔可运用促销手段再度吸引消费者的注意。成熟期的商品其定价政策与成长期相同，但须随时注意观察并准备新的替代品，替代品准备好后，在原产品的成熟期末端出清存货，如此回转的速度才会快，消费者也才会有新鲜感。

3. 衰退期

已步入衰退期的商品应在举办促销活动时尽快出清存货，如能收回成本、快速出清就算是赚钱了。消费者对衰退期商品已经没有新鲜感，此时回转率会变慢，可能产生滞销品，所以宁愿出清存货也不要让商品变成滞销品，因为滞销品不但会占据宝贵的货架，且在办理退货时还须付出更多的代价。

想一想

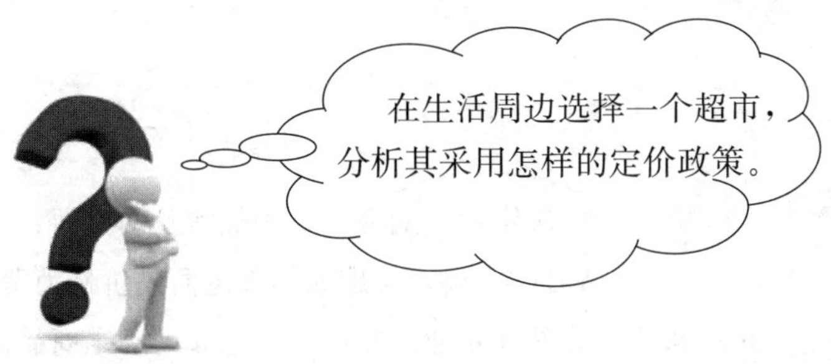

（三）店长如何找出利润目标

随着我国市场经济进一步发展和确立，连锁门店的竞争日趋激烈，在市场上影响价格变动的因素会越来越多。但无论如何变化，门店总要将价格定在成本最大的容许值范围内。门店店长找准定价目标的方法和步骤大致如下：

连锁门店经营的目的是赚取利益，所以其价格制定必须牵涉利益目标，即应找出利润目标。但如何找出利润目标，可以从损益平衡点着手。

损益平衡点＝固定营业费用/（1－变动成本/销售净额）
＝固定营业费用/（1－成本率）
＝固定营业费用/（毛利率－变动费用率）

假设一家400平方米的标准超市，每个月需要30万元的费用，而超市平均毛利率为20％，且变动费用率为0，损益平衡点为：30万元/0.2＝150万元，也就是说该超市每个月要做150万元的营业额才不会亏本。

如果从一个角度来看，一家超市在商圈调查时，估计每个月可以做40万元的生意，且超市估计的费用支出每月需要10万元，则其平均毛利率必须控制在10万元/40万元＝25％才算平衡，即毛利率低于25％就会产生亏损。此损益平衡点需要的毛利率就是我们最简单的定价标准。如果某项商品进货成本是80元，我们预定的毛利率为20％，则该商品的售价应该为100元。

售价＝购入成本/（1－预定销售毛利率）＝80/（1－0.2）＝100（元）

若改成传统的成本加二成的算法，得出来的毛利率可能会降至16.67％，其算法是：

80 元×（1＋20％）＝96 元

其毛利变成：

（96 元－80 元）/96 元＝16.67％

门店店长在为商品定价时，一定要遵循定价目标，碰到竞争或者消费者无法认同这个价格率而必须削价时，一定要想办法提高其他敏感度较低的商品的售价或降低进价以弥补亏损。总之，整体的价格目标高于损益平衡点所需要的毛利率才能获得利润。

想一想

决定价格的因素，一般涉及两方面：一是站在消费者的立场，考虑如何确定商品价格消费者才会购买；二是站在企业的立场，考虑如何确定商品价格才能收回成本并获得利益。这两种立场有其本质的差异，但若能趋于一致，就是最适价格。如果你是一家门店的店长，你在决定商品价格时作何考虑？

任务四　存：规范盘点，控制库存

店长在日常工作中应该充分认识到加强库存管理的意义，其有利于门店资金周转，有利于提高顾客满意度，保证门店以最低的价格为顾客提供需要的商品，有利于门店整体经营和管理水平，能推动门店整体素质的提升。经过一段时间的面包销售，总体销量让王店长满意。不过面包比较特殊，几乎需要做到零库存，即当天到货的面包当天销售，临近营业结束没有销售的面包就做促销处理，以减少损耗。不过，对于门店内其他的商品，王店长还是需要通过定期盘点和仓库管理，掌握库存情况，特别是对促销商品要备足或防止缺货。而对于货架和仓库内滞销的商品，王店长要进行清仓处理，以节省货架和仓库空间。

思考：存货管理中怎样做好畅销商品不缺货，滞销商品及时清理？仓库管理和盘点管理过程中店长的职责是什么？怎样才能有效地管理好库存？

任务工作流程

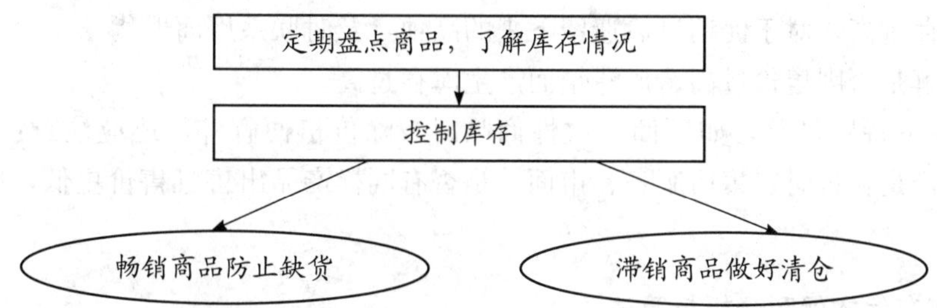

学习要求

1. 能合理有效控制商品库存量，使商品快速回转，促进营业绩效提升；
2. 能从经济效益角度对商品存储进行预测分析，控制商品存储时间；
3. 能组织落实门店全员做好盘点工作；
4. 能控制缺货；
5. 能辨识滞销品并做好滞销商品淘汰、退货处理。

相关知识

存货管理，就是对存货加以管理，通过管理技巧运用，使商品库存量得到有效的控制，能使商品快速周转，促使经营业绩的提升。因此，如何将库存保持恰当的状态，成为重中之重。作为一名店长，应该掌握库存管理的基本技能，确保商品储存的合理数量和合理时间，对于畅销商品，必须确保充足的库存，而对于纳入滞销的商品，应及时加以淘汰，保证仓库空间被合理有效利用。

一、库存管理

（一）库存控制

店长必须注意库存控制，仔细分析高库存的原因。

1. 理想库存

理想库存即能够支持高销售的最低库存量。所谓最低库存，就是没有滞销或多余的库存，一切库存都在预定标准的周转天数内销售完毕。

2. 分析控制库存过高

（1）坚持采购金额预算制。

（2）评估周转天数是否超过标准。

（3）经验判断，巡视卖场发现异常库存进行跟踪处理。

（4）数据报表中获得。

(5) 避免部分商品周转量大，周转天数下降而忽视对滞销品的处理。

(6) 研究订货状况是否合理。

(7) 盘点前发现过多库存应考虑退货，大幅降低库存。

(8) 库存过高，对于促销过后遗留下来的品项，及时联系厂商退货。

(9) 了解是否因售价过高造成滞销而产生库存过高。

(10) 在下特别订单，如厂商一次性商品时，除价格便宜外，还应注意：商品品质、保质期、式样是否过时、售后服务、市面上是否有同样产品出售且售价更低，以免产生滞销存货。

(二) 库存保本保利分析与算法

保本保利分析法是利用商品在销售过程中的进销差价、销售税金、费用之间的关系，将商品储存额或储存量的多少与储存期限的长短盈亏联系起来，从经济效益角度对商品储存进行预测分析，据以控制商品储存时间的方法。

1. 保本期分析

商品保本期可以从商品保本储存期和商品保本储存额两方面分析。

商品保本期，是指商品从购进到销售，不出现经营性亏损的最长存放时间。这里所保的“本”，既包括进行分析时已经发生和支付的商品购进成本、购进费用，又包括进行分析时尚未发生，但必将发生而又必须支付的费用、销售费用等。因此，最长储存期是商品盈亏的分界点。在最长储存期内，能获得一定利润，超过最长储存期则亏损在所难免。

在进行商品保本储存的预测时，必须了解影响商品盈亏的有关因素，以及因素之间的关系。商品售价大于进价称为毛利。毛利减去应缴税金后，如果与发生费用相等，则不盈不亏，即保本，称为保本点。商品储存达到保本点的期限，即商品保本储存期。毛利和税金不随商品储存长短而变动，商品储存期越长，发生费用越多。超过商品储存时间越长，发生的亏损自然越多。

根据以上分析，商品保本储存天数的计算公式是：

商品保本储存天数=（商品毛利－商品固定费用－商品销售税金）/商品日增长费用

根据商品保本储存天数和销售额，可以测算出“商品保本储存额”，其公式是：

商品保本储存额=平均月销售额×商品保本储存天数

例如：假设某种商品毛利额为8 000元，固定费用2 000元，日增长费用60元，则该商品保本期计算方法为：

商品保本储存天数=（8 000－2 000）/60=100（天）

由此我们可以看出，该种商品保本储存天数为100天，即如果该商品储存超过100天，多储存一天就要亏损60元，如果能想方设法在100天内销售出去，就能赚取利润。

2. 保利期分析

商品保利期，是指商品从购进到销售出去能够实现目标利润的最长储存天数，如果商品实际储存天数超过商品保利期，很难实现目标利润。为了实现目标利润，门店应该掌握商品的实际储存期不要超过商品保利期。

商品保利期的预算是在测算保本期的基础上进行的，其计算公式为：

商品保利期＝（商品毛利－商品固定费用－商品销售税金－目标利润）/商品日增长费用

例如：假设某种商品毛利为 10 000 元，固定费用 2 600 元，目标利润为 2 200 元，日增长费用 104 元，该商品的保利期为：

商品保利期＝（10 000－2 600－2 200）/104＝50（元）

由此我们看以看出，商品保利期不可以超过 50 天，超过 50 天则不能实现目标利润，超过 1 天，就少实现目标利润 104 元。因此，必须把商品储存天数控制在 50 天以内才能保证目标利润的实现。

3. 保本保利分析法的运用

门店店长在进行商品管理时，应用保本保利法对所经营的商品进行保本保利期管理策划。保本保利期管理实际是对整个门店进、销、存全过程的管理。

（1）进货。

运用保本保利法合理组织进货，选择最佳进货渠道，提高进货准确率，在组织商品进货之前，以保本期为目标进行测算：一方面测算进货地点对保利期的影响，另一方面确定商品的最大进货量、毛利率和费用率的高低。通过几个进货渠道的比较，以保利期为目标，选择最佳品种、最佳进货地点、最佳进货时机和最佳进货批量。

（2）销售。

运用商品保本保利法指导销售，有计划、有重点地推销商品，设法把商品在保利期内推销出去。如果商品出现了积压滞销，就要设法在保本期内销售处理出去。一旦商品储存早已超过保本期，最明智的做法是尽早处理，减少变动费用支出，变相增加收益。

（3）储存。

通过保本保利管理，调查库存结构，促进商品库存的良性循环。在商品保管账上记录商品的进货时间和保本保利期天数及各自的截止日期，使仓库保管员管理时心里有数。对即将超过保利期限的商品要明显标志，并提前向销售部门做出预报，对即将超过保本期或已经超过保本期的商品及时督促销售部门进行处理。

（三）门店的存货管理

商品存货是流通的停滞和资金的占用，但又是必不可少的环节。由于存货要占用资金和场地，会给店铺带来成本费用的增加，因此，科学的存货管理显得更加必要。门店的存货管理主要包括：存货数量管理、存货结构管理和存货时间管理。

1. 存货数量管理

存货数量与商品流转相适应，是最佳效益点。存货量过大，会造成商品积压，浪费效益；存货量小，会造成商品不足市场推销，影响销售额。商品存货数量管理一般采用保险存量，它是商品数量的下限，低于此限，将会导致积压。

2. 存货结构管理

无论是仓库空间还是资金，都是有限的。如果这些有限的空间和资金取得更大的效益，加强商品存货结构管理是非常重要的。商品存货结构管理的最常用方法是 ABC 管理法。

3. 存货时间管理

加强商品周转等于加快资金周转，自然会提高商业运作效率，这是门店获利的关键，所以应加强存货的时间管理。

（四）缺货控制

顾客的满意度与缺货率成反比。因此防止缺货十分必要。门店店长必须树立“缺货要付出代价”、“缺货影响门店形象”、“缺货导致顾客流失”等观念。

1. 缺货的控制

（1）楼层主管必须对所有正常商品订货进行审核；

（2）楼面主管、经理必须对所有的缺货进行审核，确定是不是真正的缺货；

（3）查找缺货原因；

（4）重点商品缺货，对可代替的类似商品补货充足或进行促销，以减少缺货带来的损失；

（5）对商品缺货立即采取措施，进行追货，重点、主力商品要立即补进货源；

（6）所有缺货商品是否全部有缺货标签；

（7）所有处于缺货状态或准缺货状态的系统库存是否准确；

（8）处理缺货商品报告。

2. 缺货防范管理

（1）事先预防缺货。根据不同的缺货原因制定相应的预防措施：

1）有库存但未陈列的商品应该在营业高峰前补货。

2）没有订货的商品应该加强卖场巡视，掌握库存动态，订货周期尽量与商品销售相适应。

3）订货未到商品应建立厂商配送时间表，确保安全库存，并要求厂商固定配送周期，还要寻找其他货源或替代品。

4）对于销售量急剧扩大的商品，应做好促销前准备工作，每日检查销售情况，据此补充订货，扩大畅销品陈列空间，同时扩大重点商品陈列空间。

（2）事后及时补救，通过“查明原因，分清责任，及时上报，及时补救”等措施做好缺货防止管理工作。

二、商品盘点管理

所谓盘点，就是定期或不定期对店铺的商品进行全部或部分的清点，以确实掌握该期间内的实际损耗。对部分商品进行盘点，称为周期盘点；每年一次对整个门店进行盘点，称为年度盘点。

（一）盘点的目标

盘点是衡量门店经营业绩的重要指标，也是对营运管理的综合考核。盘点的数据直接反映损耗，所以门店年度盈利在盘点结束后才可以确定。盘点的损耗同样反映门店经营上的失误和管理上的漏洞，所以发现问题、改善管理、降低损耗是盘点的工作目标。通过盘点，可以实现以下目标：

（1）门店在本盘点周期内的盈亏状况。

（2）门店最准确的目前的库存金额，将所有商品的电脑库存数据恢复正确。

（3）得知损耗较大的营运部门、商品大组以及个别单品，以便在下一个营运期间内加强管理，控制损耗。

（4）发掘并清除滞销品、临近过期商品，整理环境，清除死角。

（二）盘点的原则

盘点工作是每家门店每个月都要进行的重要工作内容，是店长了解本门店家底的重要途径，是店长进行管理、发现问题、堵塞漏洞的重要手段，是财政部门核算的重要数据来源。盘点的原则如下。

1. 真实

要求盘点所有的点数、资料必须是真实的，不允许作弊或弄虚作假，掩盖漏洞和失误。

2. 准确

盘点的过程要求准确无误，无论是资料的输入、陈列的核查还是盘点的点数，都必须准确。

3. 完整

所有盘点流程，包括区域的规划、盘点的原始资料、盘点点数等，都必须完整，不要遗漏区域、遗漏商品。

4. 清楚

盘点过程属于流水作业，不同的人员负责不同的工作，所以所有资料必须清楚，人员书写必须清楚，货物整理必须清楚。

5. 团队精神

盘点是全店人员都参加的营运过程。为减少停业损失，加快盘点时间，门店各部门必须有良好的配合协调意识，以大局为重，使整个盘点按计划进行。

（三）组织盘点

盘点作业人员的组织，小型门店一般由店长自己或指定专人进行，而中型以上门店一般由营业部指定各班组交叉负责，其工作由电脑部、财务部、采购部派人参加和监督盘点。盘点作业是门店投入最多的作业，所以要求全员参加盘点。由店长负责并落实到各部门和个人。

（四）商品盘点管理流程

商品盘点管理流程如图 4—5 所示。

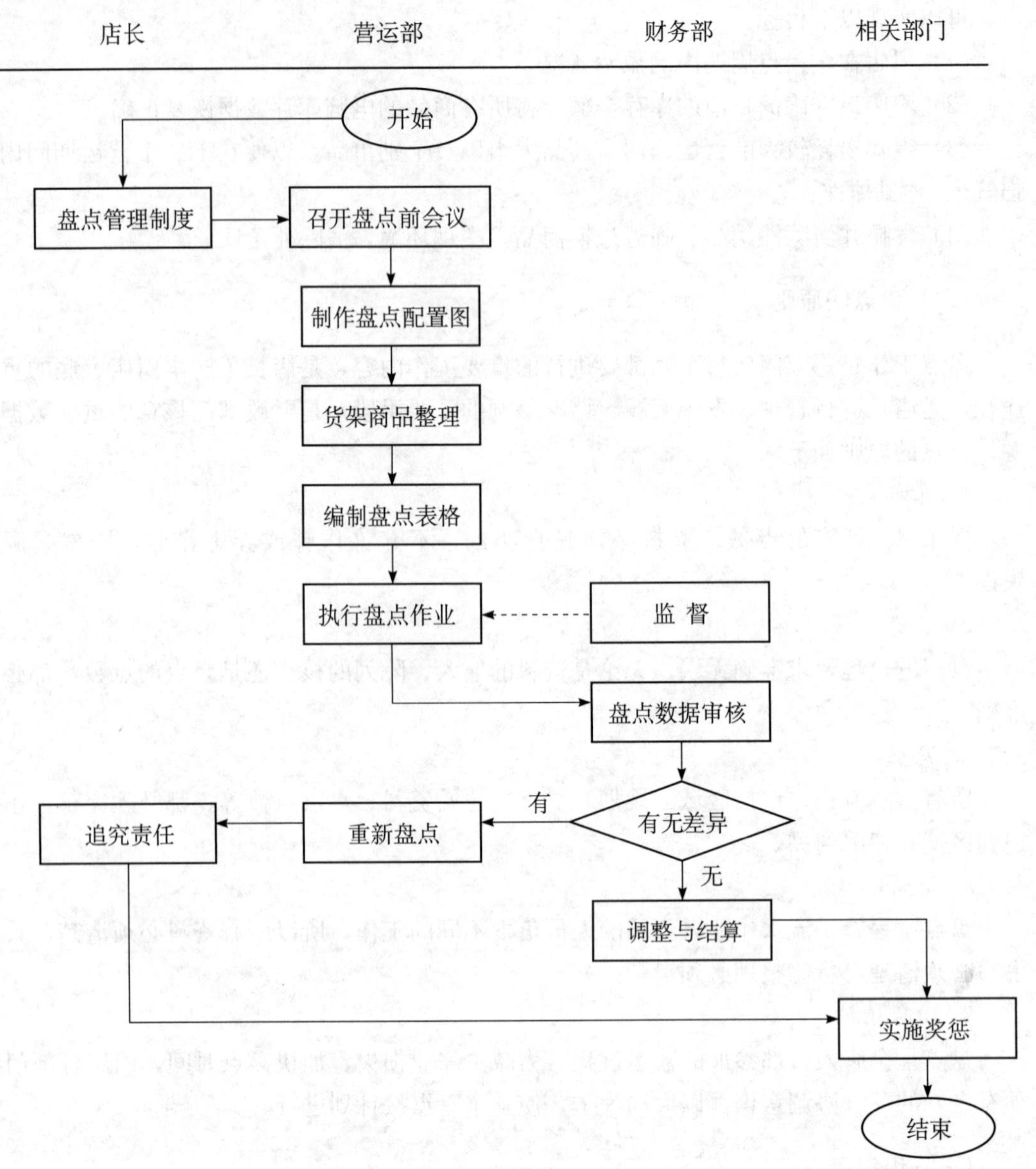

图 4—5 商品盘点管理流程图

(五) 店长在盘点作业中的检查

门店店长在整个盘点作业过程中，主要负责检查监督的工作，需要填写由总部设计的门店商品盘点操作规范检查表（见表 4—5）。该表格填写的基本要求如下：

(1) 每次盘点时必须由店长实事求是地填写，以确保盘点作业的严密性。

(2) 在盘点作业结束后，该表格由店长在店长工作会议上递交。

(3) 门店执行“商品盘点操作规范检查表”的工作情况，将纳入连锁企业总部考核门店的指标中。

表 4—5　　门店商品盘点操作规范检查表

门店：　　　　　　　　　　　　　　　　　　　　　　　　日期：　　　年　　月　　日

<table>
<tr><th rowspan="2">项目</th><th rowspan="2" colspan="2">内容</th><th colspan="2">执行情况</th></tr>
<tr><th>是</th><th>否</th></tr>
<tr><td rowspan="18">盘点前</td><td colspan="2">是否告知直送商品的供应商</td><td></td><td></td></tr>
<tr><td colspan="2">是否提前告知顾客</td><td></td><td></td></tr>
<tr><td colspan="2">区域划分人员配备是否到位</td><td></td><td></td></tr>
<tr><td colspan="2">盘点单是否发放</td><td></td><td></td></tr>
<tr><td colspan="2">是否做好环境整理</td><td></td><td></td></tr>
<tr><td colspan="2">是否准备好盘点工具（盘点机、红蓝圆珠笔等）</td><td></td><td></td></tr>
<tr><td rowspan="6">单据整理</td><td>进货单价是否整理</td><td></td><td></td></tr>
<tr><td>变价单据是否整理</td><td></td><td></td></tr>
<tr><td>销货单据是否整理</td><td></td><td></td></tr>
<tr><td>赠品单据是否整理</td><td></td><td></td></tr>
<tr><td>报废单据是否整理</td><td></td><td></td></tr>
<tr><td>移仓单是否整理</td><td></td><td></td></tr>
<tr><td rowspan="6">商品整理</td><td>货架商品是否整齐陈列</td><td></td><td></td></tr>
<tr><td>不允许上架商品是否已撤出货架</td><td></td><td></td></tr>
<tr><td>是否一物一价、价物相符</td><td></td><td></td></tr>
<tr><td>待处理商品是否专地堆放及有记录</td><td></td><td></td></tr>
<tr><td>通道死角是否有商品</td><td></td><td></td></tr>
<tr><td>内仓商品是否整理</td><td></td><td></td></tr>
<tr><td rowspan="4">盘点中</td><td colspan="2">盘点顺序是否按区位逐架逐排、由左而右、由上而下</td><td></td><td></td></tr>
<tr><td colspan="2">商品清点是否一初点一复点（初点蓝笔，复点红笔）</td><td></td><td></td></tr>
<tr><td colspan="2">复点是否更换负责人</td><td></td><td></td></tr>
<tr><td colspan="2">每一种商品是否已盘点出数量和金额</td><td></td><td></td></tr>
<tr><td rowspan="8">盘点后</td><td colspan="2">盘点单是否全部收回</td><td></td><td></td></tr>
<tr><td colspan="2">盘点单上签字是否齐全</td><td></td><td></td></tr>
<tr><td colspan="2">盘点单上商品数量的单位是否正确</td><td></td><td></td></tr>
<tr><td colspan="2">营业现金、备用金是否清点、登记</td><td></td><td></td></tr>
<tr><td colspan="2">盘点结果是否集中输入电脑</td><td></td><td></td></tr>
<tr><td colspan="2">是否进行正常的营业准备</td><td></td><td></td></tr>
<tr><td colspan="2">是否进行地面的清扫工作</td><td></td><td></td></tr>
<tr><td colspan="2">店长对盘点损益结果是否有情况说明</td><td></td><td></td></tr>
</table>

（六）盘点中应该注意的事项

1. 初点作业注意事项

（1）若在营业中盘点，则先将当日有营业的收银机全部读出“账”。

（2）先点仓库、冷冻库、冷藏库，再点卖场。

（3）若是营业中盘点，卖场内先盘点购买频率较低且售价低的商品。

（4）盘点货架或冷冻、冷藏柜时，要依序从左而右、从上而下。

（5）每一台货架或冷冻、冷藏柜均应视为独立单位，使用单独的盘点表，若盘点表不足，则继续使用下一张。

(6) 最好两人一组，一人点，一人写；若在非营业时间清点，可将事先准备好的粘贴纸拿出，写上数量后，放在商品前方。

(7) 盘点单上的数字要填写清楚，不可潦草，让其他人混淆。

(8) 如果写错数字，要涂改彻底。

(9) 对不同特征的商品的盘点计算方法如下：

1) 规格化商品，清点其最小单位数量。

2) 生鲜商品若未处理，原则以原进货单位盘点，如重量、箱数等；如果已加工未卖出，则以包装进行盘点，如包、袋、盒等。

3) 汽水可乐等桶装商品，则清点糖浆桶，未开封者，视为全额零售价，已开封者半价。

4) 散装而未规格化的商品，以重量为单位。

(10) 盘点时，顺便观察商品有效期限，过期商品应随即取下并记录。

(11) 店长要掌握盘点进度，机动调动人员支援，并巡视各部门盘点区域，挖掘死角及漏盘区域。

(12) 若系营业中盘点，应注意不可阻碍顾客通行或高谈阔论影响正常营业。

(13) 对于无法查知商品编号或商品售价的商品，应马上取下，事后追查归属。

2. 复点作业注意事项

(1) 复点时应先检查盘点配置图与实际现场是否一致，是否有遗漏区域。

(2) 若使用小贴纸方式，则应先巡视有无遗漏未标示小贴纸的商品。

(3) 复点可于初点进行一段时间后即开始进行，复点者须手持初点者已填好的盘点表，依序检查，将复点的数字记入复点栏内，并计算出差异，填入差异表。

(4) 复点者使用红色圆珠笔。

(5) 复点无误后再将小贴纸拿下。

3. 抽点作业注意事项

(1) 抽点者对整体区域的检查应如复点者。

(2) 抽点的商品可选择卖场内死角或者不易清点的商品，或单价高、数量多的商品，并对盘点表上金额较大的商品进行抽查。

(3) 抽点者对初点与复点差异较大的数字，要进行实地确定。

(4) 抽点者必须使用红色圆珠笔。

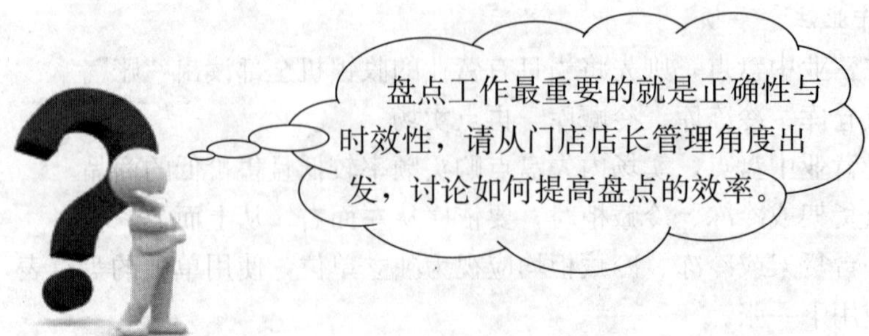

案例分析题

A 连锁超市最近新开了一家大卖场，该店商圈包括一个大型居民区和广东一个典型的城中村：外地大学毕业生到广东找工作时的出租屋集中地。这家门店在生鲜商品经营上遇到了一个麻烦事：生鲜品中初级产品的销售还不错，但是不管怎么调整价格、怎么促销、怎么活性化卖相（生动化），生鲜品中的加工制品，特别是熟食和面包，一直销售很不理想。

这家公司老总特纳闷："我的熟食都是按照家庭主妇的口味制作的啊，而且促销时段也选择在下午 4：00～6：00 的晚市，商品出炉时间控制在 4：00 左右，以让商品新鲜，怎么还是不行?"所以他特别想了解如何来诊断解决这个问题。

当发现某些部门或品类的销售下滑时，我们首先要想到的是：是否该类商品的构成出了问题——顾客想要的没有，不想要的一大堆?

在现场诊断中，当我们问超市的目标顾客是谁时，该门店几乎所有的管理人员都很清楚，是家庭主妇。而当我们问到熟食类商品的核心目标客层是谁时，开始出现五花八门的答案。

其实，只要我们的门店管理人员愿意花些时间在收银台或熟食柜前，观察观察顾客的购物篮，就会发现多数超市里的熟食主流客层并不是家庭主妇，而是以单身人士、学生、双职工等年轻人为主。

从该店商圈分析来看，其熟食的主流目标顾客应是那些到广东寻梦的大学生们，他们住在出租屋里，可能连锅都没有，刚毕业不久，工作非常卖力，每天下班时间基本在6：00以后……在找准该类商品的目标客层——外地大学生群体后，该店的熟食类商品构成与营销可作如下调整：

（1）商品构成以满足广东家庭主妇为核心的"广式口味"，转变成以满足外地大学生群为核心的"全国风味"——湖南风味、四川风味、潮州卤水、东北炖菜……具体操作方式可采取联营抽成等方式，以弥补自身厨师的不足（这一点学学运营好的大学风味食堂就行）；

（2）商品构成以满足家庭主妇为核心的大包装、大克数，转变成以满足年轻人为核心的小包装、即食性包装为主；

（3）商品出炉时间由以满足家庭主妇为核心的下午 4：00 左右，转变成以满足这些年轻人为核心的晚 6：00 左右，以使这些目标顾客一到卖场就能买到新鲜出炉的商品；

（4）时段促销商品调整，由半成品配菜、大包装促销品转化为以即食性小包装促销品为主，免费提供一次性手套服务等。

经过系列商品与营销构成的调整，该店的熟食部由原来的滞销部门成为整个店的领头羊，同时有效带动了其他相关联商品的销售。因此，当我们在抱怨某某品类商品不好卖时，我们有没有设身处地考虑过：该品类的目标客层定位是否本身就错位了，目标客层与商品构成定位本就是双胞胎，一错百错，多米诺骨牌效应由此而来。

思考：

1. 该超市在确定熟食商品结构时犯了怎样的错误？

2. 该超市经营者再次确认正确的目标顾客后，对熟食商品结构采取了怎样的调整改进措施？

3. 作为连锁门店店长，在有关商品结构调整的管理过程中，应该注意些什么？

项目五
连锁门店商品陈列管理

项目简介

商品陈列是连锁门店的“门面”，也是顾客购买商品的“向导”，合理、科学、美观、实用的门店商品陈列可以使连锁门店的卖场更加生动和富有个性，可以更加有效地引导和刺激顾客的消费购买，从而提高门店销售业绩，同时也可以更加有效地改善商品库存，提高商品陈列面，实现门店空间的最大利用。本项目通过介绍商品配置图制作、商品陈列、商品补货等，帮助学生掌握店长在商品陈列管理中的工作职责，并通过卖场氛围营造等知识点学习，让门店在商品销售中取得佳绩。

工作流程

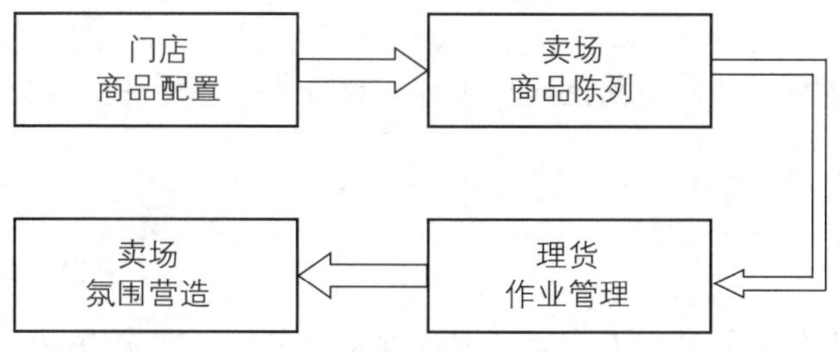

任务一　做好商品配置工作

美佳佳超市的王店长在接到限期进行卖场商品重新陈列的任务后，即刻召集各商品部经理进行开会商讨。会议认为，本店商品的重新陈列，要在自己门店原有的布局与规划上进行优化，尤其要改善原先在商品陈列与管理方面所存在的不足，同时也要虚心吸取周边其他连锁竞争对手的先进设计思路和好的商品陈列经验。王店长要求各部门人员分工协作，按照所给定的工作任务，把门店商品配置的具体工作做好。

思考：应该如何把商品配置工作做好？

任务工作流程

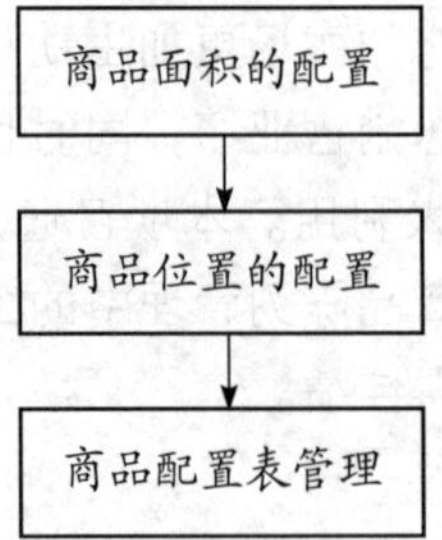

学习要求

能运用门店商品配置的相关知识和技能对连锁门店进行卖场商品配置。

相关知识

在门店商品科学分类的基础上，商品配置首先要进行商品面积的配置，然后是商品位置的配置，最后是商品配置表管理，作为商品陈列的具体依据。

一、商品面积的配置

商品面积的配置就是根据连锁门店的实际陈列面积，对具体商品或某一类商品根据陈列需要进行实际陈列面积的分配。

（一）陈列需要法

陈列需要法就是门店根据某类商品所必需的面积来确定相关面积，服装类和鞋类产品采用这种方法较多。

（二）利润率法

利润率法就是连锁门店根据消费者的购买比例及某类商品单位面积的利润率来确定商品配置面积。零售超市和书店较多采用此法进行商品面积的配置。

（三）消费支出比例法

假设不论什么产品品种，其每一平方米所能陈列的商品项数都相同，那么为满足消费者的需求，卖场各项商品的面积配置比率应与居民消费支出的比率相同。但实际上超市商品结构比与居民消费支出结构比有很大差异，何况各项产品因陈列方法的不同，所需的面积也有很大的差异。但仍需以此数字做基准，做最简单的分配后，再做调整，各部门面积比例如表 5—1 所示。

表 5—1　　商品配置面积分配表

部　门	居民消费支出结构比	超市商品结构比
果蔬	24	12～15
水产	11	6～9
畜产	19	12～16
日配品	9	17～22
一般食品	7	15～20
糖果饼干	7	8～12
干货	10	10～15
特许品	6	3～5
其他	7	6～10

部门的大分类面积分配做好后，应再根据中分类的商品结构比例，进行中分类商品面积的分配，最后再细分至各品项，具体商品面积分配应根据实际情况作相应调整。

（四）参考竞争对手法

在做卖场配置前，可以先找一家竞争对手或是某家经营得很好的门店，了解对方的卖场配置。如果自己卖场较竞争对手门店大，可加以扩充以陈列更多的商品来吸引顾客；如果面积较小，则应先考虑可否缩小其他干货的比例，以增加生鲜食品的陈列面积。在超市经营里，生鲜食品是否经营成功，往往也就决定了超市的成败。

二、商品位置的配置

（一）磁石点原理

在百货商店或超市购物的顾客，基本上是按照“进入店内→走动→在商品前停留→审视→购物”这样一个先后顺序选购商品的。顾客进入超市后，先走主通道，再走副通道，然后走入事先计划购买的商品陈列区，最后走向出口处结账付钱。据观察，有近半数的顾客只走动店内通道的 30％左右。整个购物过程中的商品陈列点称作磁石点，相应的商品也因此被称为磁石商品。在超市卖场的陈列设计中，要特别注意五个磁石点（如图 5—1 所示）的平衡设置，以及磁石商品的构成和摆放。

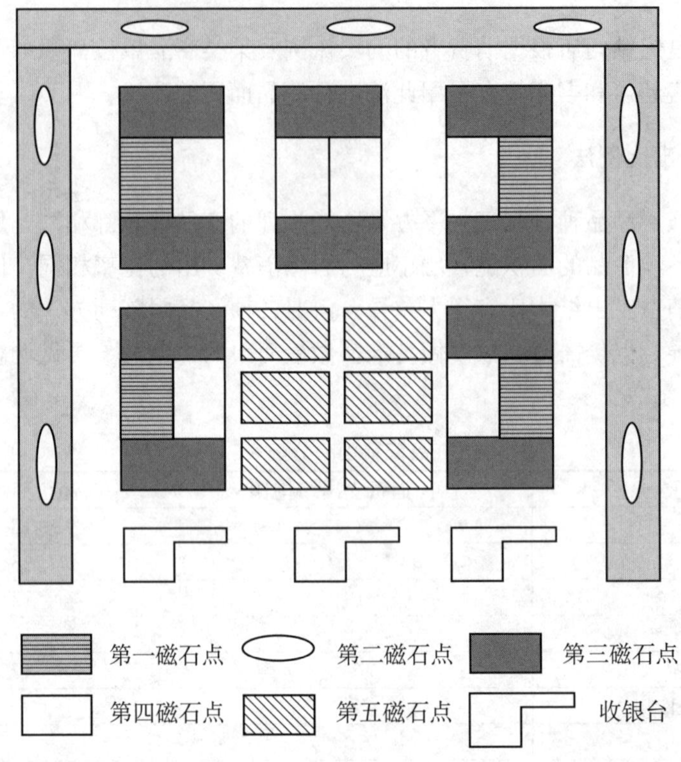

图 5—1　卖场的五大磁石点

1. *第一磁石点*

进入百货商店或超市内的绝大多数顾客，都要通过店内的主道路，因此，主道路两侧的商品展示不仅对销售产生很大影响，而且往往决定商品的整体印象和信誉。主道路两侧的主要位置，我们称为卖场的第一磁石点。第一磁石点商品主要是：顾客消费量大的商品；顾客经常使用、购买频率高的商品；商店极力向顾客推荐的商品。主道路两侧应该陈列什么商品，如何摆放，是卖场管理者应认真加以思考的问题。

超市卖场的主道路，顾客流动量最大，因此在商品展示中要特别注意保持主道路的宽幅不应太小，一般不少于 1.8 米，要保证顾客在选购商品同时不妨碍其他顾客的通行。另外，主道路两侧的陈列切忌使用过多、过密的模特，保证店内良好的通透性。

2. *第二磁石点*

通常穿插在第一磁石点中间，在超市卖场中的主通道入口、尽头或者拐角处，电梯出口等能起诱导顾客在店内通行的位置，称为卖场的第二磁石点。在主道入口或电梯出口处的商品展示，更多的是通过提案式的商品陈列来表现商家的主张或对顾客的诉求，商家注重该处店内主力商品的宣传以推动销售；主道路拐角处及主道路尽头位置，对于有效诱导顾客流动起着关键的作用，因此应力求突出该位置磁石商品的吸引力，尽可能地诱导顾客流向卖场深处。

经验表明，凡是对卖场第二磁石点重视的商家，其经营效果大多非常出色。因此，第二磁石点要尽可能地做到：陈列新商品或者流行商品；陈列季节感强的商品；同时强调陈列商品的色彩和照明的亮度。

3. *第三磁石点*

第三磁石点指的是面向通道的两个端架位置，端架通常面对着出口或主道路货架端头。第三磁石商品，其基本的作用就是要刺激消费者、留住消费者。通常情况可配置如下的商品：(1) 特价品；(2) 高利润的商品；(3) 季节商品；(4) 购买频率较高的商品；(5) 促销商品。端架商品，可视其为临时卖场。端架需经常变化（一周最少两次）。变化的速度快，可刺激顾客来店采购的次数。

4. *第四磁石点*

第四磁点位于卖场的中部，第四磁石商品的目的是诱导顾客向卖场中部货架密集区流动。对于面积较小、陈列线较短的超市来说，第四磁石商品的效果并不明显。在大型超市中，第四磁石商品主要集中于服装、杂货、家庭日用生活品等。第四磁石商品在卖场陈列中有以下特征：突出商品花色品种的丰富性；有意利用平台、货架大量陈列；突出商品位置标牌；在道路两侧设置特价商品 POP 广告。

5. *第五磁石点*

第五磁石点位于结算区域（收银区）前面的中间卖场，可根据各种节日组织大型展销、特卖的非固定性卖场，以堆头为主。

以上卖场五大磁石点的店铺位置、配置要点以及配置商品如表 5—2 所示。

表 5—2　　卖场五大磁石点商品配置

磁石点	店铺位置	配置要点	配置商品
第一磁石点	卖场主道路两侧，顾客必经之地，黄金通道	位置特殊，不必刻意装饰即可达到旺销效果	主力商品、购买频率高的商品、消费量大的商品
第二磁石点	主道入口、拐角、出口等，穿插于第一磁石点中间	有引导顾客走向各个角落的任务，需重点装饰引导	流行、季节性强的商品，色泽鲜艳、容易吸引眼球的商品
第三磁石点	超市中央陈列架两端	卖场中顾客接触频率最高的位置，重点配置高利润商品	特价促销商品、高利润商品、厂家促销商品
第四磁石点	位于卖场中部，或陈列架指向中央区域，引导顾客走向中央	重点以单项商品吸引顾客，要在陈列和促销上刻意体现	热销商品、有意大量陈列商品、广告宣传商品
第五磁石点	位于结算区域（收银区）前面的中间卖场	能够引导顾客集中，烘托门店气氛，展销主体要常变化	用于大型展销、特卖活动或节假日促销商品

（二）商品动线配置

1. *顾客动线设计*

所谓顾客动线，是指顾客在店内的流动路线，又称“客导线”。顾客动线的现实意义在于店方可以有计划地引导店内顾客的流动方向。顾客动线有慢走式、强迫式和引走式等基本形式，其设计要求为：(1) 充分利用商场空间，合理组织顾客流动与商品配置；(2) 顾客从入口进入后，在商场内步行一圈，离店之前必须通过收银台；(3) 避免出现顾客只能止步往回折的死角；（4）尽可能地拉长顾客在商场内的滞留时间，以创造销售机会；（5）采取适当的通道宽度，以便顾客环顾商场，观察商品；（6）尽量避免与商品配置流动线交叉。

2. 商品位置配置

门店商品位置配置要根据实际情况来设计主流动线和配置主力商品。设计主流动线要从中央陈列架的物理性配置、商品群的配置和主力品种的配置等方面来考虑。主力商品的配置要遵循引导顾客到门店最深处去选购商品或尽量延长顾客流动线的原则。一般情况下，让顾客环绕主要通道选购或围绕中央陈列架选购，能够帮助商店取得更高的销售额。

一般家庭主妇每天要买菜，渐渐地大家都有逐次购买每日生活所需的次序，超级市场的动向规划是由商品来导引，当然商品的配置就必须与消费者的购物习惯相符合。据调查，通常消费者到市场的购物顺序是这样的：果菜→酱渍菜→肉类→鱼类→冷冻食品类→调味类→糖果饼干、饮料、速食品→面包→日用品。

依据上述购物习惯，目前国内中小型超市大都呈现如图 5—2 所示的配置。但一些大型超市像物美、世纪联华等，根据自身的经营特色，往往在入口处先设置服装、家电、杂货、生活日用品等购物区，然后才开始将顾客“导入”果蔬等食品区域。

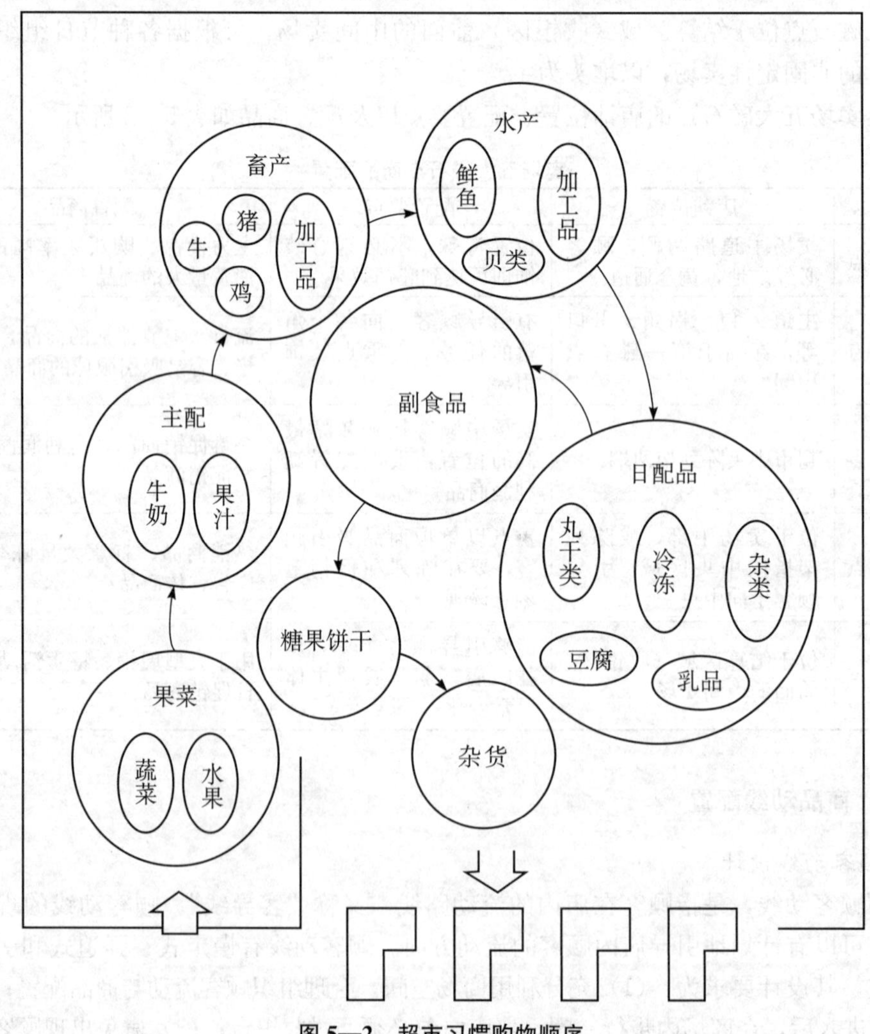

图 5—2 超市习惯购物顺序

此外，商品配置也要注意关联性，落地式货架的两侧部分不得陈列关联性的商品，因为通常顾客是依货架的陈列方向行走，很少再回头选购。所以关联性的商品应陈列在通道两侧，而不适于货架两侧，如图 5—3 所示。

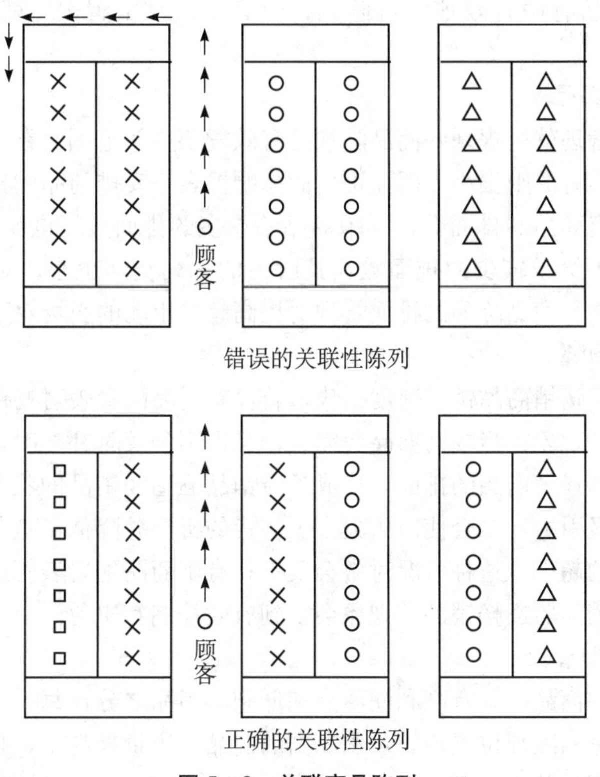

图 5—3　关联商品陈列

三、商品配置表管理

（一）商品配置表的含义

商品配置表的英语名称是“facing”，意思是指对商品货架陈列排面作恰当的管理；日文名称是“棚割表”，“棚”意指货架，“割”则是适当的分割位置，也就是商品在货架上获得适当配置的意思。即把商品陈列的排面在货架上作最有效的分配，以书面表格形式画出来。工作中很多超市企业利用电脑来制作、修改和调整商品配置表，在设定的区域内配置和陈列什么商品，怎样配置和陈列主要是通过商品配置表的运用来具体实施的。

（二）商品配置表的管理功能

1. 有效控制商品品项

每一个超级市场的卖场面积是有限的，所能陈列的商品品项数目也是有限的，为此就要有效地控制商品的品项数，这就要使用商品配置表，从而获得有效的控制效果，使卖场效率得以正常发挥。

2. 商品陈列定位管理

超市卖场内的商品定位，就是要确定商品在卖场中的陈列方位和在货架上的陈列位置，这是超市营业现场管理的重要工作，如不事先规划好商品配置表，无规则进行商品陈列，就无法保证商品有序有效地定位陈列；而有了商品配置表，就能做好商品的定位管理。

3. 商品陈列排面管理

商品陈列排面管理就是规划好商品陈列的有效货架空间范围。在超市商品销售中，有的商品销售量很大，有的则很小，因此可用商品配置表来安排商品的排面数，即根据商品销售量的多少来决定商品的排面数，畅销商品给予多的排面数，也就是占的陈列空间大；销售量较少的商品则给予较少的排面数，其所占的陈列空间也小；对滞销商品则不给排面，可将其淘汰出去。商品陈列的排面管理对提高超级市场的卖场效率具有很大的作用。

4. 畅销商品保护管理

在有的超市中，畅销商品销售速度很快，若没有商品配置表对畅销商品排面的保护管理，常常会发生这种现象：当畅销商品卖完了，又得不到及时补充时，就易导致较不畅销商品甚至滞销品占据畅销商品的排面，形成了滞销品驱逐畅销品的状况。这种状况，一会降低商店对顾客的吸引力，二会使商店失去了售货的机会并降低了竞争力。可以说，在没有商品配置表管理的超市，这种状况时常会发生；有了商品配置表管理，畅销商品的排面就会得到保护，滞销品驱逐畅销品的现象会得到有效控制和避免。

5. 商品利润控制管理

超级市场销售的商品中，有高利润商品和低利润商品之分，每一个经营者总是希望把利润高的商品放在好的陈列位置销售，利润高的商品销售量提高了，超市的整体盈利水平就会上升；而把利润低的商品配置在差一点的位置来销售，来控制商品的销售品种结构，以保证商品供应的齐全性。这种商品利润控制的管理法，就需要依靠商品配置表来给予各种商品妥当贴切的配置陈列，以达到提高商店整个利润水平的目的。

6. 连锁经营标准化管理

连锁制的超市公司有众多的门店，达到各门店的商品陈列的一致是连锁超市公司标准化管理的重要内容，有了一套标准的商品配置表来进行陈列一致的管理，整个连锁体系内的陈列管理就比较易于开展，同时，商品陈列的调整和新产品的增设，以及滞销品的淘汰等管理工作的统一执行，就会有计划、有蓝本、高效率地开展。

（三）商品配置表的制作与修正

商品配置表的管理，可分成新开店商品配置表的制作和已开店商品配置表的修正两种情况来进行。

1. 新开店商品配置表的制作

新开店商品配置表的制作，是一个新的超级市场卖场商品管理全新内容的开始，一般可按以下程序进行：

（1）商圈与消费者调查。商圈调查主要是弄清新店属地的市场容量、潜力和竞争者状况。消费者调查主要是掌握商圈内消费者的收入水平、家庭规模结构、购买习惯、对超市商品与服务的需求内容等。经过这两项调查，新店的经营者就可开始构思新店要经营什么样的商品。

(2) 商品经营类别的确定。在进行了对消费者的调查后，就要提出新开设的超级市场的商品经营类别，由采购部会同门店人员共同讨论决定每一个商品大类在超市门店卖场中所占的营业面积及配置位置，并制定出大类商品配置图，当商品经营的大类及配置完成后，采购人员就要将每一个中分类商品安置到各自归属的大类商品配置图中去。

(3) 单品项商品的决定。完成了商品大类和中分类的商品配置图之后，就进入制作商品配置表的实际工作阶段，就是要决定单品项商品如何导入卖场。

此项工作分三个步骤进行：第一个步骤是收集每一个中分类内可能出售的单品项商品资料，包括单品项商品的品名、规格、成分、尺寸、包装材料和价格；第二个步骤是对这些单品项商品进行选择，挑选出适合超市门店商圈消费需要的单品项商品，并列出商品台账；第三个步骤是把这些单品项商品做一个陈列面安排，并与门店周围的商店作出一个比较优势的分析，在分析的基础上对单品项商品作必要的调整，并最后决定下来。

(4) 商品配置表的制作。商品配置表是决定单品项商品在货架上的排面数，这一工作必须遵循有关商品陈列的原则，运用好商品陈列的技术。如商品配置在货架的上段、中段还是下段等，还须考虑到企业的采购能力、配送能力及供应商的合作等诸多因素，只有这样才能将商品配置好。商品配置表的制作是一项艰苦的工作，也是一项实践性和操作性很强的工作，需要采购人员认真钻研，在制作商品配置表时，采购人员应先作货架的实验配置，达到满意效果后，才最后制作商品配置表，因此采购部门要有自己的实验货架。由采购部门制作的商品配置表下发至新开设的超市门店后，门店将依据这些表格来订货、陈列，并只要在货架上贴好价目卡就可营业。

2. 已开店商品配置表的修正

任何一家超级市场新开之后，商品的配置并不是永久不变的，必须根据市场和商品的变化作调整，这种调整就是对原来的商品配置表进行修正。商品配置表的修正一般是固定一定的时间来进行，可以是一个月、一个季度修正一次，但不宜随意进行修正，因为随意进行修正会出现商品配置凌乱和不易控制的现象。

商品配置表的修正可按如下程序进行：

(1) 销售情况统计分析。超级市场不管是单体店、附属店还是连锁店，必须每月对商品的销售情况进行统计分析，统计的目的是要找出哪些商品畅销，哪些商品滞销。配备POS系统的超市会很快统计出商品的销售情况，没有配备POS系统的超市则要从商品的进货量和库存量中去进行统计。

(2) 滞销商品的淘汰。经销售统计可确定出滞销商品，但商品滞销的原因很多，可能是商品质量问题，也可能是销售淡季的影响、商品价格不当、商品陈列不好，更有可能是供应商的促销配合不好等。当商品滞销的原因清楚之后，要确定滞销的状况是否可能改善，如无法进行改善就必须坚决淘汰，不能让滞销品占住了货架而产生不了效益。

(3) 畅销商品的调整和新商品的导入。对畅销商品的调整，一是增加其陈列的排面，二是调整其位置及在货架上的段位。对由于淘汰滞销商品而空出的货架排面，应导入新商品，以保证货架陈列的充实量。

(4) 商品配置表的最后修正。在确定了滞销商品的淘汰、畅销商品的调整和新商品的导入之后，这些修正必须以新的商品配置表的制定来完成。新的商品配置表的下发，就是超市门店进行商品调整的依据。

(四) 商品配置表制作的技术要领

超级市场的经营与传统零售业不同，其技术含量较高，在商品配置表的制作上就充分体现了技术性要求。日本的超市经营业者总结出许多商品配置表制作的技术要领，掌握了这些要领将会较容易地制作出商品配置表来。

1. 决定每一个中分类商品的陈列排面

在规划整个大类商品的配置时，每一个中分类商品所占的营业面积和陈列排面数要先决定下来，这样才能进行单品项的商品配置。例如，膨化食品要配置高165cm、长90cm、宽35cm的单面货架三座，这样决定后，才能知道可配置多少单品项商品。

2. 商品陈列货架的标准化

超级市场所使用的陈列货架应尽量标准化，这对连锁的超级市场尤为重要。使用标准统一的陈列货架，在对所有门店每一分类的商品进行配置规划时，只要1种（最多3种）商品配置表就可进行全部的商品配置与陈列管理，不至于出现一个门店一种配置或一种陈列的现象。

3. 单品项商品的资料卡设立

每一个单品项商品都要设立资料卡，如商品的品名、规格、尺寸、重量、进价、售价、供货量等，这些资料对制作商品配置表是相当重要的。

4. 设置商品配置实验架

商品配制表的制作必须要有一个实验阶段，即采购人员在制作商品配置表时，应先在实验货架上进行试验性的陈列，从排面上来观察商品的颜色、高低及容器的形状是否协调，是否对顾客具有吸引力，缺乏吸引力可进行调整，直至协调和满意为止。

5. 特殊商品采用特殊的陈列工具

对特殊陈列的商品不能强调货架的标准化而忽视了特殊商品特定的展示效果，要使用特殊的陈列工具，这样才能展示特殊陈列商品的魅力。在超级市场的经营中，最近几年出现了这样的趋势，消费者对整齐划一和标准的陈列感到有些乏味，因此，用特殊陈列工具配置特殊商品，可以增强卖场的活性化，改变商品配置和陈列的单调感。

6. 单品项商品的陈列量与订货单位的考虑

一般来说，由配送中心送配货的超级市场其卖场和内仓的商品量是日销售额的1.5倍，对每一个单品项商品来说也是如此，即一个商品平均日销量是12个，则商品量为18个。但每一个商品的陈列量还须与该商品的订货单位一起进行考虑，其目的是减少内仓的库存量，加速商品的周转，每个商品的陈列量最好是1.5倍的订货单位。如一个商品的最低订货单位是12个，则陈列量设定在18个，该商品第一次进货为2个单位计24个，18个上货架，6个进内仓。当全部商品最后只剩下货架6个时，再进一个订货单位12个，则商品可以全部上货架，而无须再放进内库，做到内仓的零库存。一个超市的商品需要量与日销售额的比例关系是该店销售的安全保有量。而单品项商品的陈列量与订货单位的比例关系，则是在保证每天能及时送货的条件下的一种零库存配置法。可以说，我国的超级市场由于受交通条件和配送中心配送能力制约，目前还做不到这一点。因此内仓的商品量可适当增加。

7. 商品配置表的设计

商品配置表是以一座货架为制作的基础，一张配置表代表一座货架，货架的标准视每个超市的场地和经营者的理念而定。商品配置表格式的设计，只要确定货架的标准，再把商品的品名、规格、编码、排面数、售价表现在表格上即可。也有的把商品的形状画到表格上，但这些必须借助于电脑来设计，其投资也就相对较大。

任务二　连锁门店商品陈列

王店长及部门经理在综合各方面因素完成其门店的商品配置之后，接下来他们就要开始着手准备如何将商品进行具体化、生动化陈列。首先要了解商品陈列的基本原则和基本类型，然后还要掌握商品陈列所需的具体方法和基本技能，在此基础上再根据商品配置表的设计，对门店商品进行具体陈列。如何对连锁超市的生鲜商品以及日配品进行艺术化陈列，是吸引顾客消费的重要手段，也是连锁门店商品陈列的一个重点。

正如法国谚语所说：即使是水果蔬菜，也要像一幅静物写生画那样艺术地排列，因为商品的美感能撩起顾客的购买欲望。

思考：店长如何根据经营目标要求和商品特点需要指导商品陈列？

任务工作流程

学习要求

能运用门店商品陈列的相关知识和技能对连锁门店进行卖场商品的生动化陈列。

相关知识

商品陈列作业是指理货员根据商品配置表的具体要求，将一定数量的、标好价格的商品，摆设在规定货架的相应位置。合理地陈列商品可以起到展示商品、刺激销售、方便购买、节约空间、美化购物环境等重要作用。据统计，店面如能正确运用商品的配置和陈列技术，销售额可以在原有基础上提高10%。

一、商品陈列的基本原则

连锁门店的销售中，不仅要让顾客能清楚地了解什么样的商品在什么地方，更要让商品的陈列能达到商品本身向顾客最充分地展示自己的效果，因此商品陈列非常重要，其所遵循的基本原则如下。

（一）分区定位原则

所谓分区定位，就是要求每一类、每一项商品都必须有一个相对固定的陈列位置。商品一经配置后，商品陈列的位置和陈列面就很少变动，除非因优化商品结构而修正。

（二）易见易取原则

所谓易见，就是要使商品陈列容易让顾客看见，一般以水平视线下方20度点为中心的上10度下20度范围为容易看见的部分；所谓易取，就是要使商品陈列容易让顾客触摸、拿取和挑选。商品在货架上显而易见，在做到易见的前提下还须易取。

与此关系最密切的是陈列的高度及远近两个问题。(1) 陈列高度。依陈列的高度，可将货架分为三段：第一，中段为手最容易拿到的高度，男性为70～160厘米，女性为60～150厘米，有人称这个高度为黄金位置，一般用于陈列主力商品或公司有意推广的商品；第二，次上、下段为手可以拿到的高度，次上端男性为160～180厘米，女性为150～170厘米，次下端男性为40～70厘米，女性为30～60厘米，一般用于陈列次主力商品，其中次下端须顾客屈膝弯腰才能拿到商品；第三，上下端为手不易拿到的高度，上端男性为180厘米，女性为170厘米以上，下端男性为40厘米以下，女性为30厘米以下，一般用于陈列低毛利、补充性和体现量感的商品，上端还可以有一些色彩调节和装饰陈列。(2) 陈列远近。有关远近的问题，是指放在前面的东西要比放在后面或里面的东西容易拿到手，为使里面的商品容易拿取，常用的办法是架设阶层式的棚架，但要考虑到其安全性，以免堆高的商品掉落下来。

（三）丰满陈列原则

货架上的商品必须要经常、充分地放满陈列。俗话讲“货卖堆山”，货架、地堆、端头上的商品必须丰满陈列。商品不丰满，会降低货架空间利用率，导致仓库库存压力增大；商品不丰满，容易给顾客留下这些是“卖剩下来的商品”的不好印象；商品不丰满，影响了商品自己的表现力，影响销售。尤其是地堆、端头等特殊陈列的商品更要丰满，这些特殊陈列犹如超市的画龙点睛之笔，是超市的亮点。

（四）先进先出原则

即在库存管理中，按照物品入库的时间顺序整理好，在出库时按照先入库的物品先出库的原则进行操作。这条原则最先是在库存管理中提出来的，因为物品都是有一定保质期的，如果不按照这一原则，可能造成很多物品过期。但是在操作过程中最重要的一点是如何进行物品存放规划，使管理人员能够很清楚、方便地找到不同时期的物品。

（五）垂直陈列原则

垂直陈列与横式陈列相对而言，是指将同一品牌的商品或者同一规格类型的商品沿上下垂直方向陈列在货架的不同高度的层位上。因为人在挑选商品时的视线往往上下移动较横向移动方便，所以垂直陈列可满足顾客的方便性，又能满足商品的促销效果。同时货架的不同层次对商品的销售促进作用很大，垂直陈列可使各商品平等享受到货架不同的层次，不至于某商品占据好的层次而销量很好，而其他商品在比较差的层次销量很差。

垂直陈列的方法有两种：第一种是完全垂直陈列，对销量大，或包装大的商品从最上一层到最下一层全部垂直陈列；第二种是部分垂直陈列，采用主辅结合陈列原则，将四和五层或二层和三层垂直陈列。

（六）关联陈列原则

随着货架上陈列的商品不断地被销售出去，就须对商品进行先进先出的补充陈列。即在通道两侧，或同一通道、同一方向、同一侧的不同组货架上陈列相互关联的商品。

（七）主辅结合原则

根据周转率和毛利率的高低可以划分为以下四种商品：第一种是“高周转率、高毛利”商品，这是主力产品，需要在卖场中很显眼的位置进行量贩式陈列；第二种是“高周转率、低毛利”商品；第三种是“低周转率、高毛利”商品；第四种是“低周转率、低毛利”商品，这类商品将被淘汰。

主辅陈列主要是用高周转率的商品带动低周转率的商品的销售，顾客购买频率高属于高周转率商品，但这类商品毛利非常低，所以要引进一些同类商品增加卖场销售额。

（八）季节变化原则

在不同的季节将应季商品以量贩式陈列在醒目的位置（端头或堆头陈列），其商品陈列面、量较大，并悬挂 POP 海报，吸引顾客，促进销售。像啤酒、饮料、服装等有明显的季节性，要根据不同的季节及时作出陈列调整。

二、商品陈列的主要类型

（一）分类陈列

分类陈列即结合商品组织表，相同类别的商品陈列在一起，因为合理的商品分类会充分考虑到顾客的需求和选购的便捷性及陈列管理过程中的各种情况。按照商品分类的原则，对商品进行分类陈列并进行管理，是连锁门店最普遍的一种陈列方法。一般分食品区干货商品、非食品区商品、生鲜区商品进行大类划分，并进行相应的分类陈列。

(二) 主题陈列

主题陈列也称展示陈列，即在商品陈列时借助商店的展示橱窗或卖场内的特别展示区，运用各种艺术手法、宣传手段和陈列器具，配备适当的且有效果的照明、色彩或声响，突出某一重点商品。展示陈列必须明确打出一个主题，吸引顾客的注意力，使其产生购买冲动和强烈的购买欲望。因此，展示陈列的商品往往是配合某些节日或具有时间性和主题性等方面而作出的精心选择，尤其是新开发的商品，更是展示陈列的重点，如新款化妆品、工艺小礼品、装饰品等。

(三) 促销陈列

促销陈列是零售企业结合某一特定的事件、某一时期、某一季节、某一节日对促销商品进行专门陈列。如情人节巧克力销售专柜、夏季的纳凉商品专柜等。

(四) 样品陈列

样品陈列即将商品样品直观地呈现在顾客面前，便于其观看、触摸的陈列方法。适用于此种陈列方法的商品要求不易变味腐烂，颜色、形状、容量易理解。通常可以使用各种各样的样品陈列柜，如图 5—4 所示。

(a)

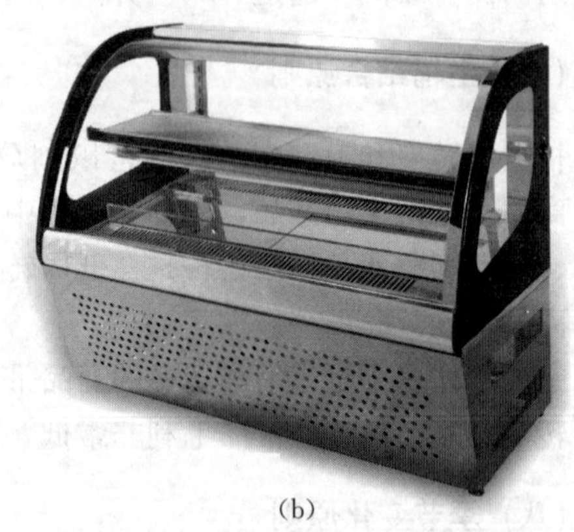

(b)

图 5—4 样品陈列柜

(五) 季节商品陈列

在季节变换时，零售超市应相应地按照季节变换，随时调整一批商品的陈列布局。一般来说，商店内的商品不可能都是应时应季商品，因此应做到不同商品的不同面积分配和摆放位置。一般应时应季商品应多占卖场面积，并摆放在靠近入口、通道边等显眼的位置上，而淡季商品则适量地陈列，以满足部分消费者的需求，即使是那些没有季节性的商品，也应经常从商品颜色、大小、式样等方面进行交换陈列。季节商品陈列主要强调一个

“季节性”，要随着季节的变化而提早调整，及时更换。陈列场所要与周围出售商品的部位、环境相协调，陈列的背景、色调要与陈列商品相一致。

（六）综合配套陈列

综合配套陈列也称视觉化的商品展示。近年来，由于消费者生活水平日益提高，消费习惯也在不断变化。为了能和消费者的生活相结合，并引导消费者提高生活质量，零售超市应在商品收集和商品陈列表现上运用综合配套陈列法，即强调销售场所是顾客生活的一部分，使商品的内容和展示符合消费者的某种生活方式。目前，综合配套陈列在日本、欧美国家的超市已得到很普遍的应用。在展开视觉化的商品展示时，首先要确定顾客的某一生活形态，再进行商品的收集和搭配，最终在卖场上以视觉的表现塑造商品的魅力。

三、商品陈列的基本方法与技术

（一）商品陈列的基本方法

在超级市场中，为了方便顾客的选购，90％以上的商品都实行开架式陈列。超市中的开架式陈列按照商品摆放的具体形式可分为以下几种。

1. 集中陈列法

集中陈列法就是把同一种商品集中摆放在一个地方的方法。这种方法是超级市场商品陈列中最常用的方法。

图 5—5 中的皮革护理用品分为鞋油和皮革护理用品，鞋油里分为液体、膏体和铁盒，其品牌集中陈列。

图 5—5　皮革护理用品的集中陈列

2. 整齐陈列法

整齐陈列法是将单个商品整齐地堆积起来的方法。只要按货架的尺寸确定商品长、宽、高的排面数，将商品整齐地排列在货架上就可完成陈列。实例见图 5—6。

3. 随机陈列法

随机陈列法是将商品随机堆积的方法。与整齐陈列法不同，随机陈列法不用讲求陈列造型或图案，所占的陈列作业时间很少。实例见图 5—7。

图 5—6　整齐陈列法

图 5—7　随机陈列法

4. 兼用随机陈列法

这是一种结合整齐陈列和随机陈列两种方法而使用的陈列方法，其功能也同时体现以上两种方法的优点，但是兼用随机陈列法所配置的位置不同于随机陈列法，与整齐陈列法一致。

5. 盘式陈列法

盘式陈列法实际上是整齐陈列法的变形，它不像整齐陈列法那样将商品从包装纸箱中一件一件取出，再整齐地堆积起来，而是将包装纸箱底部以上的 2/3 部分剪掉，以底为盘，以盘为单位，将商品一盘一盘地堆上去。

6. 端头陈列法

所谓端头，是指双面的中央陈列架的两头。端头的陈列质量，关系到成功连锁店形象。实例见图 5—8。

7. 岛式陈列法

在超级市场的入口处，中部或者底部不设置中央陈列货架，而配置特殊陈列用的展台，这种陈列方法就称为岛式陈列法。实例见图 5—9。

图 5—8　端头陈列法

图 5—9　岛式陈列法

8. 窄缝陈列法

在中央陈列架上撤去几层隔板只留底部的隔板形成一个窄长的空间进行特殊陈列，这种陈列就叫窄缝陈列。

9. 突出陈列法

突出陈列法也称为突出延伸陈列法，是指在超级市场的卖场的中央陈列货架的前面突出来一部分，用以陈列特殊商品的方法。

10. 悬挂陈列法

悬挂陈列法是指将扁平形、细长形等无立体感的商品悬挂在固定的或可以转动的装有挂钩的陈列架上的方法。实例见图 5—10。

图 5—10　悬挂陈列法

11. 展示陈列法

展示陈列法是超市在货架上只陈列一个样品，其余商品放在下面的柜子里或附近的仓库里，或将一些贵重的小件商品锁在玻璃柜内展示的方法。

12. 比较陈列法

超级市场把相同的商品，按不同规格、不同数量予以分类，然后陈列在一起，或者不同品牌的相同商品陈列在一起，称为比较陈列。

（二）商品陈列技术

商品陈列从不同角度出发，其技术要领非常之多，在此主要介绍定型技术和排列技术两种。

1. 定型技术

定型陈列又称向上立体陈列，其要点如下：

（1）所陈列的商品要与货架前方的“面”保持一致；

（2）商品“正面”要完全面向通道一侧；

（3）避免使顾客看到货架隔板或货架后面的挡板；

（4）陈列的高度通常是使所陈列的商品与上段货架隔板保持 2～3 毫米的距离；

（5）商品间的距离一般为 2～3 毫米；

（6）陈列商品时，要核查所陈列的商品是否正确，并安放价格板、宣传板、POP广告等。

2. 排列技术

卖场商品的排列技术主要有以下几类：

（1）垂直排列。同类商品从上到下排列在货架同一垂直面，便于顾客“一目了然”。

（2）水平排列。多种商品在货架同一层面依次从左到右横向排列。

（3）组合排列。上层为垂直排列，下层为水平排列组合的量贩型排列。

（4）“沟”形排列。在纵向上排列出“沟”状结构的排列。

（5）三角排列。排列成三角形状，突出“廉价”感的排列。

（6）点式排列。通过特卖品的点式配置，提高卖场回游率。

（7）新奇排列。通过令人惊奇的排列突出商品，以招揽顾客。

任务三　理货作业管理

有一天中午，店长正在门店食品区域帮助计货，忽然听到卖场那头传来阵阵的嘈杂声，起初店长没太在意，后来，声音越来越大，当中还不断传来骂声，店长才发觉事态严重，立即赶过去了解发生了什么事情。原来是店里新来的理货员在打扫卫生时，不小心用拖把撞到顾客的脚，那位顾客坚持说理货员的动作是故意的。由于该位理货员是新手，顿时不知所措，也不知该如何处理，只是一再向顾客表示，自己是不小心，不是故意的，但是那位顾客仍然非常生气，对着这位新来的理货员大骂，指责他怠慢顾客，态度傲慢，做错事又不承认。店长在了解整个事情的经过后，便先把那位理货员支开，然后向顾客道歉，并向顾客说明该名理货员刚来，经验不足，遇到事情难免会手忙脚乱。由于店长的态度相当诚恳，顾客又嘀咕了一阵子，终于渐渐地消了气。事后，店长也告诫这位理货员，或许有时顾客真的是无理取闹，但身为连锁门店的一员，一定要摆出低姿态，尽量让顾客感受到被尊重，才能减少摩擦。

思考：理货员的工作职责是什么？店长如何管理门店理货工作有序进行？

任务工作流程

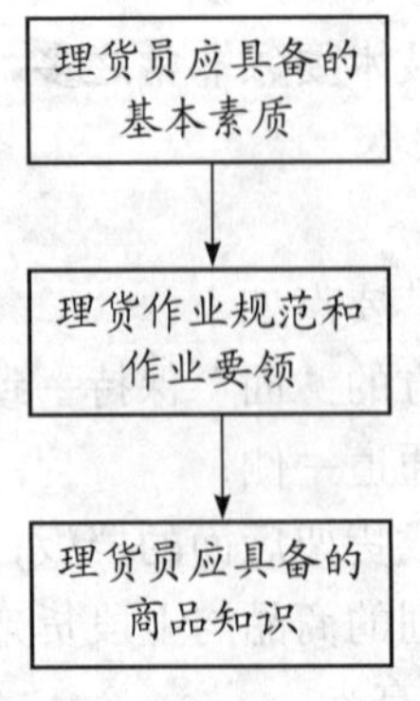

学习要求

能运用理货作业管理的相关知识和技能对连锁门店进行卖场商品的理货、领货、标价、补货等具体理货作业和管理。

相关知识

在门店中，理货员是不与顾客进行直接交易的销售人员，理货员主要的服务方式是间接服务，但是仍有很多机会与顾客接触。可以说，理货员工作的好坏，是影响销售额的重要因素。理货工作主要包含理货、领货、标价、补货等具体内容。

一、理货员的职业意识和岗位职责

（一）理货员的职业意识

理货员是指在敞开式销售的连锁门店内，通过理货活动，依靠商品展示与陈列、POP广告、商品标价、排面整理、商品补充与调整、环境卫生、购物工具准备等作业活动，与顾客间接或直接地发生联系的工作人员。理货员的言行举止直接体现了门店的服务质量和水平，也影响了门店经营业绩的好坏，因此，理货员要有很强的职业意识，主要如下：（1）顾客意识；（2）目标意识；（3）形象意识；（4）品质意识；（5）成本意识；（6）合作意识；（7）问题意识；（8）规范意识。

（二）理货员的岗位职责

1. 理货岗位职责

（1）掌握商品陈列原则和方法，正确进行商品陈列，保证商品安全；认真执行商品配制表定位陈列规范，做好商品的货架陈列、落地陈列及冷柜的陈列。

（2）熟悉自己责任区商品的名称、规格、用途、产地、保质期限、消费使用方法；根据理货要求，每天及时做好责任区的商品、货物整理工作。

（3）密切注视商品销售动态，及时补充商品，记录所经营商品的缺货情况，及时制定补货计划；及时提出订货建议，保证商品种类、数量丰满，避免商品的脱节、滞销积压。

（4）遵守超市仓库管理和商品发货的有关规定，领货时应该认真清点，防止短缺、遗漏，查看商品有效期，防止过期商品上架销售，并及时对收货商品进行标价。

（5）正确掌握商品标价知识，标好各类商品价格。

（6）搞好货架与通道责任区的卫生，定期对商品和货架进行清洁。

（7）对顾客的合理化建议要及时记录，并向门店店长汇报。

（8）服从门店管理人员关于轮班、工作调动及其他工作的安排；协助做好商场安全保卫工作，随时注意设备运行状态，若有异常，立即通知当班经理。

想一想

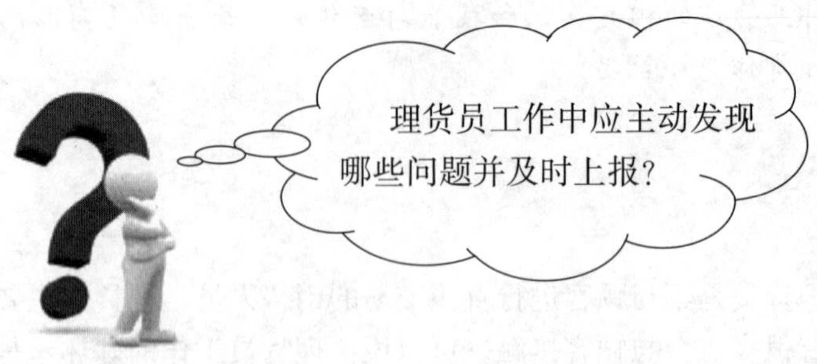

2. 理货工作守则

(1) 每天营业前，卖场、通道应保证通畅，商品应丰富、饱满、清洁、一货一签、货签对应；

(2) 每天销售高峰前后，须进行全面的理货；

(3) 货架商品杂乱时，需做理货；

(4) 一般理货时，遵循从上到下、从左到右的顺序；

(5) 理货区域的先后次序是：促销区→端架→货架；

(6) 理货商品的先后次序是：DM 商品→促销商品→主力商品→易混乱商品→一般商品；

(7) 理货时，必须将不同商品分开，并与其价格标签的位置一一对应；

(8) 理货时，须检查商品包装，条形码是否完好，缺条码则需迅速补贴，破包装的商品要及时修复，商品缺货标签应正确放置；

(9) 理货时，每一个商品都有其固定的陈列位置，不能随意更改排面；

(10) 商品不满陈列位置时，应及时补货；

(11) 确保商品陈列的位置符合商品配置表和陈列图；

(12) 确保商品陈列符合安全原则；

(13) 核实检查商品的标签、包装、保质期是否合格，确保货架无破损包装商品；

(14) 确保商品的价格标签正确、干净和完整；

(15) 顾客遗弃的商品要及时收回、归位；

(16) 退货商品、破损等待修复及索赔的商品，不能随意留在销售区域，必须置于指定地点。

相关链接

标价“位置”知多少?

一般来说，超市内所有商品的价格标签位置应是一致的，这是为了方便顾客在选购时对售价进行定向扫描，也是为了方便收银员计价。我们常常发现在收银处，收银员不断翻弄商品寻找商品价格标签的现象，这就是标签打贴位置的不一致造成的，其大大降低了收银速度。标签的位置一般最好打贴在商品正面的右上角（因为一般商品包装其右上角无文字信息），如右上角有商品说明文字，则可贴在右下角。但有几种特殊商品标签的打贴位置应该注意：

（1）罐装商品，标签打贴在罐盖上方；

（2）瓶装商品标签打贴在瓶肚与瓶颈的连接方；

（3）礼品则尽量使用特殊标价卡，最好不要直接打贴在包装盒上，因为送礼人往往不喜欢受礼人知道礼品的价格，购买礼品后往往会撕掉其包装上的价格标签，由此可能会损坏外包装，破坏了商品的包装美观，从而导致顾客的不快，这是理货员特别要注意的。

（4）商品价格调整时，如价格调高，则要将原价格标签纸去掉，重新打价，以免顾客产生抗衡心理。如价格调低，可将新标价打在原标价之上。每一个商品上不可有不同的两个价格标签，这样会招来不必要的麻烦和争议，也往往会导致收银作业的错误。

二、理货作业规范和要领

（一）理货作业流程

理货员每天的作业内容可分为营业前、营业中、营业后三个阶段，见表5—3。

表5—3　理货作业内容

作业时间	作业内容
营业前	打扫责任区域内的卫生；检查劳动工具；查阅交接班记录
营业中	巡视责任区域内的货架，了解销售动态；根据销售动态及时做好领货、标价、补货、上架、货架整理、保洁等工作；方便顾客购货，回答顾客询问，接受友善的批评和建议等；协助其他部门做好销售服务工作，如协助收银、排除设备使用故障；注意卖场内顾客的行为，用温和的方式提防或中止顾客的不良行为，以确保卖场内的良好氛围和商品的安全
营业后	打扫责任区内卫生；整理劳动工具；整理商品单据，填写交接班记录

理货作业时的主要工作流程见图5—11。

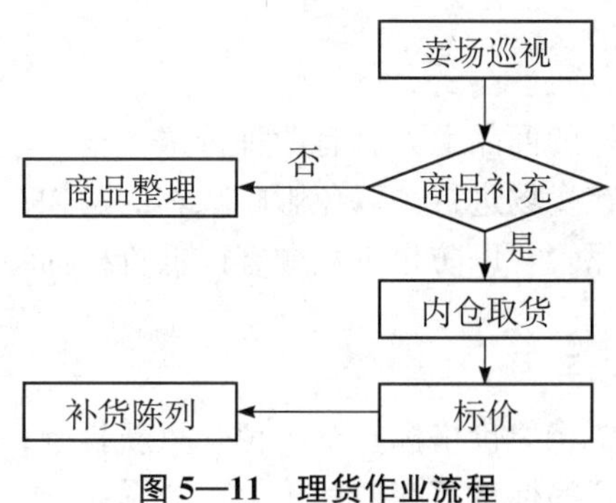

图5—11　理货作业流程

（二）理货作业要领

1. 理货作业要领概述

（1）商品是否有灰尘；

（2）货架隔板、隔物板贴有胶带的地方是否弄脏；

（3）标签是否贴在规定位置；

（4）标签及价格卡售价是否一致；

（5）POP 广告是否破损；

（6）商品最上层是否太高；

（8）展柜之间是否间距适中；

（9）商品陈列是否做到先进先出；

（10）商品是否做好前进陈列；

（11）商品是否接近报警器；

（12）商品是否有破损、异味等不适合销售的状态存在。

2. 领货作业要领

超市在营业中，陈列在货架上的商品在不断减少，理货员的主要职责就是去内库领货以补充货架。领货的注意事项如下：

（1）理货员领货必须凭领货单；

（2）理货员要在领货单上写明商品的大类、品种、货名、数量及单价；

（3）理货员对超市内仓管理员所发出的商品，必须按领货单上的事项逐一核对验收，以免商品串号和提错货物。

对大型综合超市、仓储式商场和便利店来说，其领货作业的程序可能不反映在对内仓方面，而是直接反映在对收货部门和配送中心的送货人员方面。一旦完成交接程序，责任就完全转移到商品部门的负责人和理货员的身上。

3. 标价作业要领

（1）价格标签的类型及内容：

1）货架价格标签；

2）价格牌；

3）POP 广告；

4）价格吊牌。

（2）标价作业应注意事项：

1）打价前要核对，同样的商品上不可有两种价格；

2）标价作业最好不要在卖场进行，以免影响顾客的购物；

3）价格标签纸要妥善保管，以防止少数顾客以低价格标签贴在高价格商品上。

（3）变价作业要领。

变价时的标价作业如下：

1）商品价格调高，则要将原价格标签纸去掉，重新打价；

2）如价格调低，可将新的标价打在原标价上，如图 5—12 所示。

(a)

(b)

图 5—12　价格标示

4. 商品陈列作业要领

(1) 根据商品陈列配置表，做好商品陈列的定位化；

(2) 商品陈列位置要准确、整齐；

(3) 商品陈列要符合先进先出要求；

(4) 商品陈列一般要遵循从左到右、从上到下顺序；

(5) 商品价格标签位置要正确做到前进陈列，新的标价打在原标价上。

5. 补货作业要领

补货作业是指理货员将标好价格的商品，依照商品各自既定的陈列位置，定时或不定时地将商品补充到货架上去的作业。定时补货是指在非营业高峰时对货架商品进行补充；不定时补货是指只要货架上商品即将售完，就立即补货。

补货作业流程如图 5—13 所示，先进行卖场巡视，发现缺货后，立即寻找库存并领取需要补缺的货物，补充完商品后，要及时在相应的商品上打上条码，并及时整理排面，然后进行现场清理，清除纸箱、垃圾等。

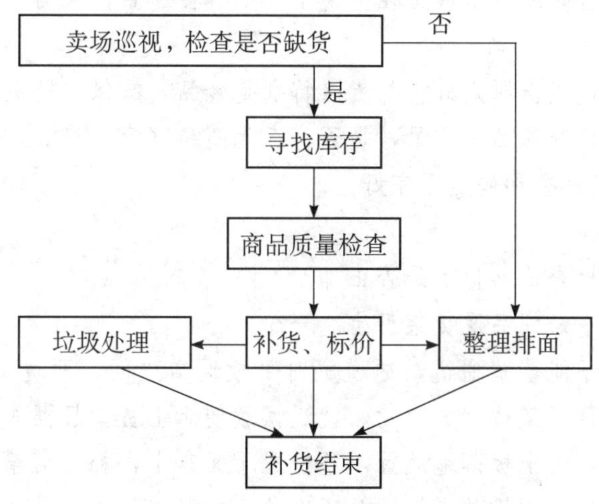

图 5—13　补货作业流程

补货作业要领如下：

(1) 先检查核对欲补货陈列架前的价目卡是否和要补上去的商品售价一致。

(2) 补货时先将原有的商品取下，然后打扫陈列架（这是彻底清洁货架里面的最好时机），将补充的新货放在里面，最后将原有的商品放在前面，做到商品陈列先进先出。

(3) 对冷冻食品和生鲜食品的补充要注意时段投放量的控制。一般补充的时段控制量是在早晨营业前将所有品种全部补充到位，但数量控制在预定销售额的40%，中午再补充30%，下午营业高峰到来之前再补充30%。

(4) 其他事项：1) 商品缺货和非营业高峰期、营业结束后必须进行补货；2) 补货商品次序：促销品项→主力商品→一般商品；3) 严格按照连锁企业总部所规定的补货步骤进行补货；4) 补货以补满货架及端架、促销区为原则，注意整理商品排面，以呈现商品的丰满；5) 根据商品陈列配置表，做好补货商品陈列的定位化。

(5) 补货时的特殊情况处置。

1) 库存不足。当商品库存不足、无法补满陈列位置时，采取纵向向前排列的方法，使商品看起来相对充实。但不允许将商品置于库存区不进行补货而采取向前拉排面的方法进行补货。

2) 缺货。正常销售的商品由于缺货而导致空位，应放置缺货标签，同时维持其原有的排面。但不允许随意挪动价签位置或拉大相邻商品的排面以遮盖缺货。

相关链接

理货员补货作业的注意事项

一、补货前

(1) 补货前准备好所需工具如刀子、胶带、存储标签、笔等。

(2) 当商品缺货但又无法找到库存时，必须先通过对系统库存数据的查询进行确定，确实属于缺货时，将暂时缺货卡放置在货架上；如有在途量，及时催单；如无待收，及时上报主管追单。

(3) 商品需按先进先出原则进行补货（特别是食品，有保质期限制的商品）。

(4) 补货前必须检查商品的质量，是否为三无商品（无生产日期、无产品合格证、无生产厂家）、外包装以及条形码是否完好。

二、补货中

(1) 补货时必须检查价格标示是否正确。

(2) 补货时必须清洁商品及货架卫生。

(3) 补货时商品不能堵塞通道，通道宽时可放通道中间，两边留出通道供顾客行走、购物；通道较窄时可靠货架边摆放货物，就近摆放便于上货，且摆放整齐。

(4) 缺货补货时，将卡板落地放置，不能置于叉车上，补货后第一时间将叉车卡板送回收货部，不允许在通道内堆放卡板，且不准将卡板竖直放置。

(5) 拆箱时，封箱胶带不离纸箱，商品上完货后，纸箱必须拆开拆平，竖直存放于未上货整箱商品与货架之间或放在上货车的存纸箱处，当只剩一箱货未上货时，应先将拆平的纸皮送往收货部废纸箱处，再上最后一箱货，从而避免拆平纸箱平铺于地面。

（6）补货时，不能随意更改陈列排面及陈列方式，按照价格标签所标示陈列范围补货。

（7）当某种商品缺货时，不允许用其他商品填补。

三、补货后

（1）货架商品补满后，第一时间处理通道的存货及垃圾，存货归库存区，封箱并贴存储标签，垃圾及时清理。

（2）卡板及叉车及时放收货部。

（三）理货员应具备的商品知识

1. 蔬果质量管理要求

（1）蔬果质量管理的首要工作是保鲜，其关键是做好温度管理和湿度管理，实行低温管理，以抑制呼吸作用、蒸散作用、发芽、微生物活动、过熟、发酵作用。

（2）每天早上开始营业之前，以及下午营业高峰来临之前要对蔬果进行鲜度检查。

（3）加工处理能够增进蔬果的商品价值。如洗净后再予冷藏，用塑袋、保鲜膜包装保鲜，用托盘包装，按颗粒大小、品质好坏分级包装等。

（4）注意事项：蔬果进货时要尽早降温，避免急剧的温度变化，叶菜类要直立保管，有切口应朝下，设立生鲜库，温度为5℃，湿度为95％，最好不用纸箱，而用硬质容器，应避免冷风直吹蔬果。

2. 肉类商品特性

（1）慎选原料厂商及成品供应商，并以冷冻、冷藏方式运输贮存原料、半成品与成品，运输的车辆须保持清洁。

（2）肉品处理室的温度要加以控制，一般可在12℃～18℃，并且加工处理要迅速，以免肉品中心温度上升。

（3）肉品表面不宜长时间受冷气吹袭，分装原料肉时需要以保鲜纸包装后再贮存或销售。

（4）要控制展示柜的温度，冷冻柜的温度应控制在－18℃以下，冷藏柜的温度应控制在－2℃～0℃。

（5）加强作业场所、作业人员、作业设备的清洁卫生管理工作，以减少商品受污染而带菌，使鲜度下降的几率。

（6）营业前、营业中、打烊时均应检查肉品鲜度，可以通过闻味道，看颜色、组织弹性、表面状态等办法检查肉品质量。

3. 产品标识

（1）产品应当具有标识。

（2）产品标识应当标注在产品或者产品的销售包装上。

（3）产品标识所用文字应当为规范中文。

（4）产品标识应当清晰、牢固、易于识别。

（5）产品标识应当有产品名称。

(6) 产品标识应当有生产者的名称和地址。

(7) 国内生产的合格产品应当附有产品质量检验合格证明。

(8) 国内生产并在国内销售的产品，应当标明企业所执行的国家、行业、地方标准或经备案的企业标准编号。

(9) 产品标识中使用的计量单位，应当是法定计量单位。

(10) 实行生产许可证管理的产品，应当标明有效的生产许可证标记和编号。

(11) 根据产品的特点和使用要求，需要标明产品的规格、等级、数量、净含量、所含主要成分的名称和含量以及其他技术要求的，应当相应予以标明。

(12) 限期使用的产品，应当标明生产日期和安全使用期或者失效日期。

(13) 使用不当，容易造成产品本身损坏或者人体健康和人身、财产安全的产品，应当有警示标志或者中文警示说明。

(14) 性能、结构及使用方法复杂、不易安装使用的产品，应当根据该产品的国家、行业、地方标准的规定，有详细的安装、维护及使用说明。

任务四　卖场氛围营造

从圣诞到元旦前后的十多天里是各大连锁超市的黄金购物季节，店长要求员工精心布置，以店堂内外到处洋溢着迎接圣诞和新年的喜庆的氛围来迎接广大顾客。根据店长指示，客服部安排圣诞老人在卖场入口跳舞、敲鼓。入口处高高矮矮的圣诞树样式有数十种之多，再配上各种各样玲珑别致的彩灯、小挂饰，显得光彩夺目；圣诞贺卡、铃铛、彩色蜡烛、圣诞树等商品摆满了货架（见图5—14），充满了喜庆、愉快的氛围。特别是充满了传统特色的龙灯、虎子等新年礼品也让顾客早早感受到了龙年元旦的气息。同时，店内布置与商品配置、促销商品陈列紧密结合，突出商品展示效果，加大宣传，制造亮点，刺激顾客购买欲望，为抢抓节日销售奠定坚实的基础。

思考：店长应该如何指导门店营销氛围的营造以促进销售？

图5—14　圣诞促销场景

任务工作流程

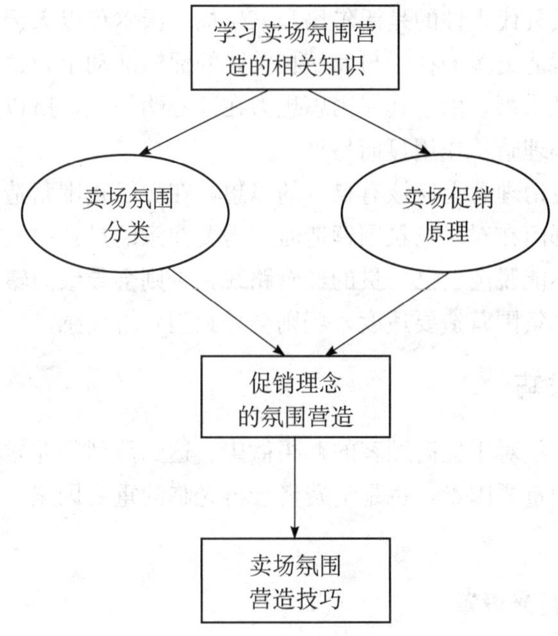

学习要求

能运用卖场氛围营造的相关知识和技能对连锁门店进行卖场氛围的个性化营造。

相关知识

门店卖场的活动氛围营造工作得当与否能影响顾客的消费欲望，举办一场活动，除了一个完美的促销方案和强有力的执行之外，还需要重视现场活动氛围的营造。

一、卖场氛围营造与促销理念

（一）氛围分类

在卖场氛围营造过程中，从氛围目的方面可将氛围营造分为两大类型：一类为环境氛围，另一类为促销氛围。环境氛围更多的是让顾客感受到购物的舒适，是一种纯粹的为舒适购物而提供的心理暗示，这种营造和商品关联性不大，对商品销售刺激力不强，更多地运用在为顾客提供强大心理愉悦暗示上，典型的作品有季节性吊旗、季节性色块、局部的季节性商品的氛围烘托。促销氛围本质上是对商品陈列的一个补充，是对促销活动在卖场内的一种提醒，其作用在于对公告中的促销活动与卖场陈列面上的商品，搭建起一座对顾客有所刺激的桥梁，提醒作用远大于暗示作用。

（二）促销理念

目前在国内零售行业中，促销理念大体分为两类：一类强调商品价格，另一类强调购物环境。两类理念下最具代表性的是沃尔玛和家乐福。沃尔玛以天天平价为促销思想的根本点，其促销氛围的营造更多的在于与商品相关联的促销活动上，也就是上面所提及的促销氛围营造上。而在家乐福，由于其促销思想力在开心购物上，所以其对卖场环境的氛围营造近乎于夸张，其心理暗示作用显而易见。

连锁零售企业在促销理念上应该有自己的思想，在卖场氛围营造上要在一定程度上体现其促销理念。企划部门在对卖场氛围营造时，需要注意的是：（1）时刻谨记促销理念诉求，门店促销始终都不能脱离自己一贯的经营路线，否则会导致南辕北辙。（2）摒弃华丽夸张的环境氛围制造，氛围营造要适度，否则会导致消费者反感。

二、卖场氛围营造技巧

连锁门店的卖场气氛对于提高顾客的购买欲望、达到盈利是非常重要的。营造卖场气氛，是购物环境优美的重要因素，也是消费者会再光临的重要因素。营造卖场气氛，应做到如下几方面。

（一）要做好卖场灯光设置

（1）卖场灯带必须整齐划一，成一条直线。

（2）百货、食品区域以白炽灯管为主，日化区形象柜及货架顶部灯管必须予以强化，家居玻璃制品货架必须安装灯管。

（3）生鲜区根据不同的商品分别以绿色、红色、蓝色调为主。生鲜操作间必须安装防爆门及灭蝇灯。

（二）做好卖场音乐的播放

（1）晨曲：以清新为主，主要播放迎宾曲。

（2）销售高峰期：以欢乐、热烈乐曲为主。

（3）销售间歇期：以通俗乐曲为主。

（4）送宾：以舒缓、怀旧为主，主要播放送宾曲。

（三）做好商品群特色的挖掘、开发以及宣传

如日化区以形象柜作为展示手段，可配以录音、录像进行店内广播造势，以带动整个区域的销售；服饰区以时装模特造型为主，展示潮流；洋酒、红酒以酒廊、酒吧等表现形式做陈列道具，以提高商品档次等。

（四）做好促销活动

如做好商品试吃、试喝、现场演示、专人促销等，请专人说明商品及商品功能，减少顾客疑虑，可以增加购买力。

（五）做好生鲜现场秀

包括："现烤"、"现炸"、"现包"等各种现场示范；热烈的喊卖（一般用在生鲜水果上，可吸引顾客注意进来看看，只要人一多就会有顾客冲动购买，达到销售的目的）；生鲜制品试吃、试饮、试用；精肉现场处理、分割或烹调；活鱼的现场宰杀；高级厨师现场配菜及食品营养成分的现场宣导……

（六）其他

（1）大量堆陈：大量的堆陈有量的感觉，会吸引顾客注意，顾客可联想到"便宜"。

（2）明显的价格牌：越大越清楚的价格牌，会让顾客产生越便宜的感觉。

（3）吸引人的价格：吸引人的价格，并非牺牲很多毛利，甚至亏本，而是让顾客第一眼看到商品的价格，觉得"物超所值"，其中可能牺牲毛利，也可能有很多毛利，完全看哪一个价格点上最适合。

（4）热烈的选购人潮：顾客是好奇的，只要有人围一堆，就会有人想要进来看，因此可利用可用人力，先围一堆假装选购，待真正顾客围上来，货场人员才渐渐离开，让这一堆顾客吸引另一批顾客上门（尤其是花车、花篮的特卖）。

营造连锁门店卖场气氛，可以从经营的各个阶段入手，各个击破。只要用心去发现，每位店长都可以找到适合自己门店卖场气氛的营造方法。

案例分析题

家乐福卖场的动线设计

卖场规划的主要工作是门店内部的布置。有些卖场是多层的，如家乐福，门店上下两层，进入卖场后先是随扶梯上二楼，然后才能下一楼交款，不能直接在一层购物，这样的目的在于将顾客在卖场内的逗留时间延长，以便有更多的机会向顾客展示商品。卖场的设计就是本着这一目的，要让顾客在门店内的滞留时间最大化。

超市的规划设置仍是通过将高购买率、最吸引顾客的商品或区域放在门店的最深处或主要的通道上，以便吸引顾客完全将门店光顾一遍。

在家乐福二楼主要是展示一些非食品的商品。从二楼卖场入口进入的最右边是家电（如电视机、空调、电扇等）和手机售卖区。在卖场中部主要划分为四部分：音像制品（书籍、DVD 等）、家居用品（睡衣、拖鞋等）、日常用品（电池、水杯、饭盒等）、衣物（有品牌和无牌子的成衣、内衣）。在卖场的最靠后的左手位置主要是卫生洗化用品等，如皂类、卫生纸、牙刷等；中间位置主要是 10 排左右的落地货架，主要放置化妆品（如洗发水、洗面奶等类似品）；最右边（即最里面）主要是品牌化妆品的销售，有醒目的品牌标志。

一楼食品类布局如下：熟食、生鲜、速冻等最吸引顾客的区域设置在门店的最内部，一方面靠近后场的作业区，另一方面还可以吸引顾客走遍全场。果蔬区一般被认为是高利润部门，通常的布局是满足顾客的相关购物需求，安排在肉食品的旁边。由于奶制品和冷冻品具有易融化、易腐蚀的特点，所以一般被安排在顾客购买流程的最后，临近出口，同时奶制品和冷冻品通常在一起，这样有利于设备的利用。烘焙品的主力商品是面包，销量大、毛利高，大多被安排在第一货架和靠近入口的地方，这样不仅会刺激高价位的面包的出售，而且会避免顾客遗忘。杂品部分主要在超市卖场的中央，采取落地货架形式，布局为纵向陈列，这样顾客就可以透视纵深。

还有一项商品规划的设置就是一般部门的设置规划本着防盗防损的目的，一些丢失率较高的商品会专门安排在一些特定的角落，例如，口香糖总是在收银台前，化妆品总是在门店内醒目的地方。

思考：

1. 分析家乐福卖场布局的模式。
2. 结合你所熟悉的连锁超市，分析它们在卖场商品陈列方面有何异同。

项目六
连锁门店促销管理

项目简介

在连锁企业的经营过程中，由于其门店数目的不断增加和其他竞争对手的不断加入，竞争日趋激烈。于是，促销成为连锁门店经营管理的一项常规内容。一项新奇、实惠和有效的促销活动，会增强门店与顾客之间的信息沟通，使顾客对本店及所经营的商品和提供的服务产生偏爱，增加购买，从而不断提高本店的竞争实力。本项目通过各种促销策略介绍及促销计划、实施、评估等操作管理全过程的学习，帮助学生掌握促销技能，使店长能通过各种促销手段有效使用及管理，提高门店商品销售，树立门店良好形象。

工作流程

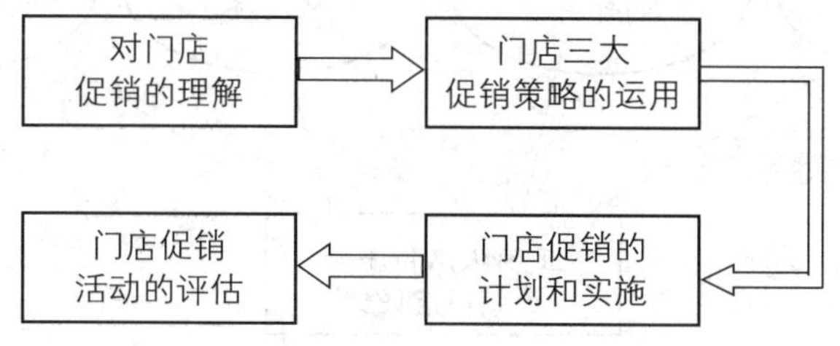

任务一　正确认识连锁门店促销

店长要确保促销活动实施的品质，为顾客提供最好的服务，达成促销效果，首先必须对连锁门店的促销活动有正确和全面的认识。浙江好新鲜连锁超市杭州城西店非常重视门店促销活动，除了像五一、国庆、圣诞、元旦、春节这样的重大节假日外，还经常在双休日、端午、七夕、重阳以及周年店庆等节假日开展一系列的促销活动。店长章俊要求企划部全面负责策划，除了要有一个周全的年度促销计划之外，还要对每年所有的重大节假日有促销预案。章店长首要的任务就是要让全店相关部门及员工都对门店促销有一个全面和正确的认识。

思考：章店长应该如何让大家能够正确认识连锁门店促销？

任务工作流程

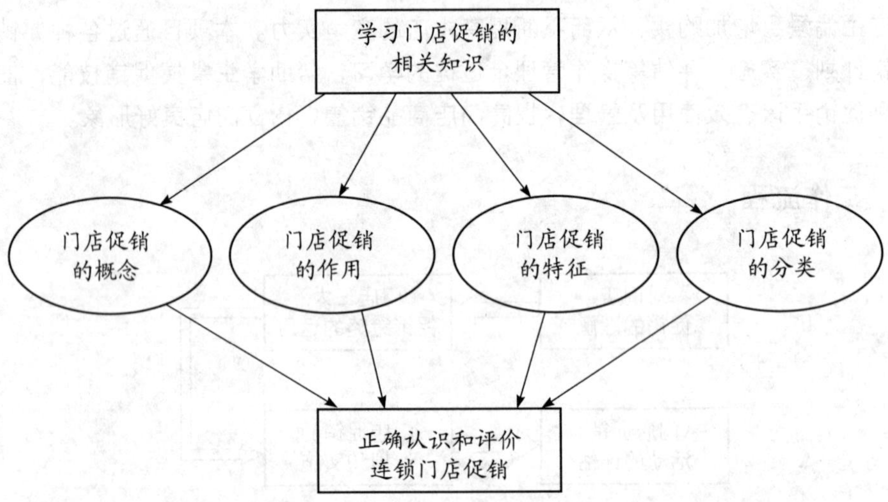

学习要求

能运用门店促销的相关知识对连锁门店的促销有初步认识和正确评价。

相关知识

促销活动是连锁门店营造店内购物气氛的卓有成效的手段之一。连锁门店通过各种方式的促销活动，更能使顾客直接感受购物乐趣，通过营造一种独特的销售气氛，促使顾客购买更多的商品。

一、门店促销的概念

连锁企业门店促销是指连锁企业通过在卖场中运用各种广告媒体和开展各种活动或者宣传报道，向顾客传递有关商品及服务信息，引起顾客购买的行为活动。它是门店经营过程中不可缺少的重要组成部分，能在竞争不断激烈的环境下，促进业绩快速提升。促销活动贯穿于连锁企业门店的整个销售过程，其本质是沟通信息、赢得信任、激发需求、促进购买和消费。其最终目的是实现销售，扩大销售，因此促销活动有别于连锁企业其他的营销活动。促销应该是一种有着特定的企业内涵、产品内涵和明确的创意构思的活动。

从特征和目标来说，促销活动一般是一种短期活动，通常是为了解决某个特殊的交流问题。促销是一种在规定的时间内，向特定的接受者提供具有特殊意图的活动。这种活动，无论是什么形式，都要比正常情况下产品或服务所提供的利益要高得多。由于促销越来越多实现了销售额，促销也就成为连锁企业提升营业额的主要手段。为了提高竞争优势和销售业绩，一个连锁门店会不间断地开展各种各样的商品促销活动，因而从另一层面上来看，促销对连锁门店来说又具有一定的“长期性”。

二、门店促销的作用

连锁企业门店的促销作用主要体现在以下几个方面：

(1) 传递门店商品信息。通过促销活动时发放、张贴的宣传品，传达促销商品的各种信息，有利于顾客了解门店服务项目的内容、价格以及优惠方式等方面的信息。

(2) 唤起顾客的购买动机和购买欲望。促销可以凭借各种促销工具和宣传用品来吸引顾客，使他们停留下来，进而对促销内容产生兴趣，形成购买动机。

(3) 促进门店业绩提升。促销活动必将对门店业绩产生极大的帮助，在一些连锁企业门店中，促销额会高达销售额的70%～80%。

(4) 促使顾客建立消费习惯。顾客在享受促销的服务之后，如果觉得满意，就会再次进行消费。这时，虽然门店已经不再进行促销活动，但由于顾客已经有了满意的心理感受，还会重复消费，建立对某商品、某服务的消费习惯。

(5) 有效抵制竞争对手的促销活动。当竞争对手开展大规模促销活动时，如果不及时采取相应的应对措施，往往会将好不容易获得的顾客拱手让给竞争对手，使自己处于不利的竞争地位。

(6) 塑造良好的企业形象。促销活动的设计不仅是站在企业的角度去思考，更要结合顾客的角度去进行活动设计，以达到顾客满意的效果。而顾客满意的达成也将带来企业形象的提升，保持与顾客间良好的关系。

三、门店促销的特征

连锁店的促销活动一般以广告、公共关系、营业推广为主，其中广告和营业推广的效果最为显著，其门店促销活动主要有以下特征。

(一) 统一性

统一性是指连锁店不论有多少分店都采用统一的商号、统一的装修布置，提供统一价格的同样商品，这是由连锁店统一化经营的要求决定的。统一开展促销活动可以极大地节约促销费用，一次活动、一个广告使所有分店利益均沾。促销的统一性原则在广告上体现得最明显，广告的设计、发布由总部统一负责策划，世界各地的分店都可以同时做宣传。在公关活动、营业推广方面，统一性体现在公司总部负责策划一些统一的、大型的活动，但这些活动并不是所有分店同步开展，根据各分店的地理位置、经营状况分期分批地开展或决定不予开展。

（二）目的性

从经济效益的角度看，最成功的促销是以最少的投入获得最大盈利的促销。要达到这一效果，连锁门店在开展促销活动时必须有很强的目的性，当产生一个新的促销构思时，必须明确开展这一活动能达到什么目的，这个目的对商店来说是否重要。连锁门店促销活动的目的一般有：（1）树立形象，扩大影响；（2）宣传商品，引导消费；（3）诱导消费，刺激购买。

（三）心理性

促销的目的是让顾客购买更多的商品，而顾客的购买行为，总是在一定的消费心理支配下进行的。不同的消费心理带来不同的消费行为，促销活动只有迎合了顾客的某种心理才能收到预期效果。顾客购买商品时的心理特征一般有以下几种：（1）求廉心理，追求商品价廉物美；（2）求实心理，追求商品的实用性；（3）求美心理，追求商品的美学价值；（4）求名心理，追求名牌、高品位商品；（5）求异心理，追求商品与众不同。

（四）创意性

为使门店取得良好的促销投资回报，促销人员必须运用创造性思维，使促销方案富有新意、创意，即运用创造性想象进行促销策划，并运用创造性思维寻求方案变异，突出个性。在进行促销方案策划及实施的过程中，不要过多地注重形式，也不要仅凭策划者或执行者的主观感受，而要以获得消费者的良好看法和行为作为创意性促销的标准，抓住时机，以引人注目的形式展示连锁门店及其经营商品的特色，强化其竞争优势。

四、门店促销的类型

（一）根据促销方式分类

1. *店头促销*

连锁门店的店头主要指门店卖场中的堆头和端头，是卖场形象的“指示器”。堆头是指在展示区、通道和其他区域做落地陈列的商品，也称“堆箱”；端头是指卖场中通道两侧陈列货架的两端，也称“端架”。店头促销是门店的一种形象促销活动，主要表现形式有三种：特别展示区、堆头陈列和端头陈列。这三者都是消费者视觉最直接接触的地方，陈列在这些地方的商品通常属于促销商品、特别推荐商品、特价商品和新产品。

2. 现场促销

现场促销是指门店在一定期间内，针对多数预期顾客，以扩大销售为目的所进行的促销活动，实际上属于连锁门店内的“营业推广”活动。现场促销通常会结合 POP 广告、人员现场演示等其他促销活动，直接达到提高销售额的目的。顾客在销售现场，面对琳琅满目的商品，不但可以任意浏览和挑选，还有专人说明和示范，再加上各种方式的打折优惠，其购买的可能性及购买量都会大幅度提高。

3. POP 广告促销

POP（point of purchase）广告，原意为售点广告，是指门店为了在销售现场促进顾客即时购买行为的产生而进行的所有广告活动。广义的 POP 广告是指在商业空间、购买场所、零售商店的周围、内部以及在商品陈设的地方所设置的所有广告物，如商品牌匾、店面装潢和橱窗、充气广告、条幅、店内装饰、招贴、海报、服务指示、广播、电子视频等广告。狭义的 POP 广告仅指在购买场所和零售门店内部设置的展现专柜，以及在商品周围悬挂、摆放与陈设的可以促销商品销售的广告媒介。

（二）根据促销主体分类

1. 供应商促销

供应商促销是指供应商在一些指定的零售商店或连锁门店、超级市场上针对其出售的商品所展开的促销活动。其促销的方式多样，有针对商品贴特殊、醒目标识的折扣、优惠、特价或者赠送，也有自己派促销人员进入现场的演示、试吃、赠送或喊卖。

2. 连锁机构促销

连锁机构促销即由连锁机构总部统一安排或某一门店独立开展的促销，其形式灵活多样。

（三）根据促销主题分类

良好的促销主题往往会为企业的促销活动起到画龙点睛的震撼效果，所以应针对整个促销内容拟订具有吸引力的促销主题，抓住顾客的需求和市场的卖点。一个好的主题促销活动可以成为一个好的市场卖点，创意是关键。主题性促销活动的类型如下。

1. 开业促销

这是门店促销活动中最重要的一种，它只有一次，而且与潜在顾客是第一次接触，顾客对门店的商品、价格、服务、氛围等印象，将直接影响其日后是否再度光临，所以经营者通常全力以赴，希望能通过促销活动给顾客留下一个好的印象。开业当日的经济效益也非常可观，可达日常平均业绩的 5 倍左右。

2. 周年店庆促销

这种促销活动的重要性仅次于开业促销，因为每年只有一次，供应商大多会给予较优惠的条件，以配合促销活动，故促销业绩往往可达日常平均业绩的 1.5～2 倍。

3. 例行性促销

这通常是为配合节庆假日、民俗节日及地方习俗而举办的促销活动。一般而言，门店每月会举办 1~3 次例行性促销活动，以吸引新顾客光临，并提高老顾客的购买品项及金额。通常其业绩可比非促销期间提高二三成。

4. 竞争性促销

它往往发生在商圈内竞争店密集的地区。由于各式业态兴起，加上各分店有时距离太近，彼此客层商圈重叠情况严重，所以面对竞争点采取周年店庆促销或特价促销活动时，通常企业会相应推出针对性、竞争性的促销活动，以免营业额下滑。

5. 主题事件促销

此类促销活动特别强调特定事件或突发事件的时机掌握，若掌握得当，常常会提高门店知名度及业绩。特定事件或突发事件，往往因为出乎意料，没有准备，使门店难有敏锐的反应。主题事件促销的做法通常如下：经常关注并及时掌握社会及商圈内有关事件及新闻，并研究其对门店经营及消费者购物心理的影响；若发现良好的促销主题，则应立即确定促销的商品及营业部门，在最短的期限内推出促销活动以抢夺先机，塑造门店的经营特色和差异化服务。

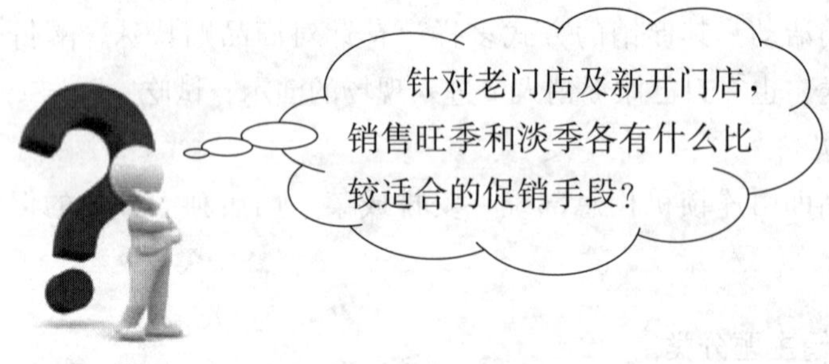

任务二　掌握连锁门店促销的基本策略

市场营销学中的促销策略一般包括广告策略、人员推销策略、营业推广策略和公共关系策略，在连锁企业实际促销策略的运用中，广告策略、营业推广策略和公共关系策略的结合运用最为常见。超市中的人员推销往往指店内营业员的商品介绍及其他服务等，且这些服务工作往往与营业推广结合在一起。也有一些产品的厂商自己派促销员进场搞促销活动，如在春节前的礼品促销时期，卖场要对其进行有序管理，统一规范。店长张亮需要企划人员充分了解连锁门店促销的常用基本策略，即广告策略、营业推广策略和公共关系策略，在此基础上熟练掌握各策略技能并娴熟运用，这样才能更好地开展门店内各项促销活动。

思考：连锁门店促销有哪些基本策略？如何掌握其策略运用技能？

任务工作流程

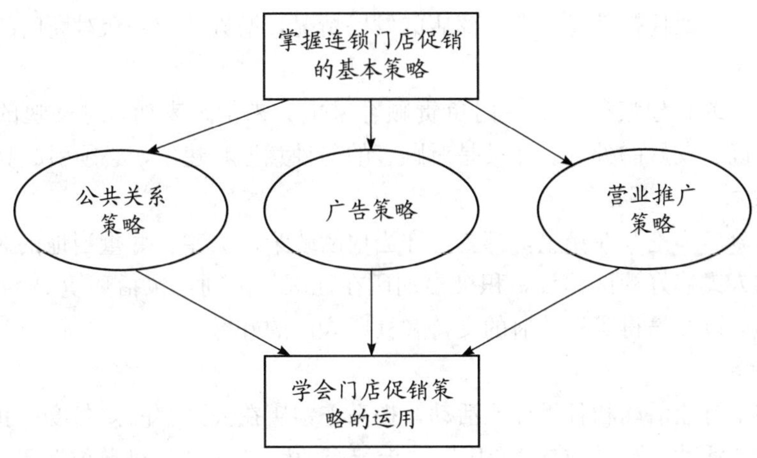

学习要求

能运用连锁门店促销策略的相关知识和技能，选择和组合连锁门店促销方式。

相关知识

连锁门店促销策略主要有公共关系策略、人员推销策略、广告策略和营业推广策略。因为人员推销策略在连锁门店促销中往往与店内其他活动，特别是营业推广活动紧密联系结合，所以本章不再单独介绍。另外三种促销方式具有不同的特点、优劣势和适用范围，必须结合门店本身特点和市场实际来进行选择。

一、公共关系策略

连锁门店经营的成功不仅取决于自身的努力，还取决于社会和顾客的支持，要获得多方支持，连锁门店就必须与社会各界建立良好的关系，树立良好的门店形象。连锁店开展公共关系活动的主要目的是：树立企业形象，增强企业信誉；加强企业同内、外部公众的联系，了解社会各界对企业的看法，增进理解，提高企业美誉度；运用各种传播手段影响社会公众的意见，引导消费；取得政府、社会团体的支持和协作。

（一）连锁门店的主要公关活动方式

1. 搜集和听取意见

搜集和听取社会公众对连锁店的经营宗旨、经营战略、经营范围、商品、服务质量、服务态度、服务项目等方面的意见。具体做法很多：可以派公关人员通过询问、座谈、现场观察等方式搜集第一手资料，然后加以分析总结，也可以搜集新闻媒介对商店的报道或评价，即第二手资料。

2. 传播信息

商店公关人员通过撰写各种报告、新闻稿，商店编辑印制各种手册、刊物、宣传材料等，随时向社会广泛传播信息，介绍商店的发展情况，增进社会公众对商店的了解。

3. 处理投诉

由公关人员或其他接待人员专门负责顾客来电、来信、来访，对反映的情况进行迅速、礼貌、准确、友好的处理。尤其是对顾客的各种意见和建议，必须引起高度重视。

4. 社政支持

连锁店的分店不论开在哪里，都要遵守当地的政策、法律，尊重当地的风土人情，积极帮助当地的人民搞好社区建设，积极参加所在社区的活动，包括环境卫生清理、集资、赞助、选举等，以此赢得当地政府的支持和社区人民的好感。

5. 参加评比

积极参加本行业活动和各类评比活动，提高连锁店在公众中的知名度。我国经常开展各行各业的评比活动，如“信得过商店”、“十佳企业”、“××先进单位”等，获得这些荣誉称号会增加社会公众以及投资者对商店的好感和信心。

6. 媒体参与

即借助新闻界扩大自身的影响。连锁门店可以举办新闻发布会、记者招待会，吸引新闻界人士对商店的注意，通过他们向社会广泛传播商店的信息。

7. 社会公益

积极参加社会公益活动，在力所能及的情况下热情赞助希望工程、残疾人基金会等各类福利事业，期望获得社会的认同并回馈社会。

8. 大型活动

连锁店通过策划或举办各类文艺、体育、竞赛、娱乐等大型公共关系活动，如组织文艺演出、卡拉 OK 大赛、球类比赛、智力竞赛、征文比赛等，把企业与社会公众密切联系起来，缩短双方距离，提高连锁店的知名度。

（二）公关活动的原则和技巧

随着传媒手段的现代化，市场竞争的激烈化，连锁企业的公关活动也越来越多样化和技巧化，但要切实取得最满意的效果，必须遵循一定的原则：（1）统一规划，连锁企业必须对公关活动进行统一规划，以形成合力。（2）系统谋划，充分发挥整体作战策略，从而实现整体大于各部分之和的效应。（3）主题明确，公关活动的主题是公关活动的灵魂与中心，它必须简洁、明了，针对不同的对象，要确定不同的主题，选择不同的重点。（4）把握心理，正确把握公众心理，因势利导。（5）富有特色，每一次公关活动都应力求办得新颖别致，富有特色。（6）量力而行，如果人力和财力一时达不到应有的需要程度，就不要盲目上马、好大喜功，以避免最后出现不可预料的结果。（7）讲求效益，提高企业公关经济效益是公关策划的重点，也就是说要以较少的公关费用，去取得最佳的公关效果。（8）伦理道德，门店在公关活动中要遵循和贯彻伦理道德行为准则。

任何一个企业都必须充分认识公关活动在企业生存与发展中的重要作用，同时在开展公关活动中还必须注意方法、讲究技巧，以收到好的效果，达到预期目的。为此，企业开展公关活动时应该注意以下几点：(1) 公关活动与其他策略相结合。连锁门店的公关活动应当与商品信息发布、店内现场促销、主题促销、广告等促销手段结合，选用训练有素、技艺超群的公关或营销人员对公众或者用户做宣传，使人们乐于接受并且确信他们所发布的商品功能、价格和销售服务等信息。(2) 关注竞争对手并与之合作。在公关实务和其他销售业务中与同行合作，以求利益分享，而尽量避免产生矛盾或冲突，造成两败俱伤。(3) 克服急功近利心理和短期行为。公共关系活动不同于一般的生产和销售工作，它的效果很难在短期内显现出来，企业必须克服急功近利的心理和短期行为。(4) 认真评价公关效果。公关活动的每一步骤都是十分重要的，必须认真对待，其中应该特别引起重视的是效果的评价。要做出客观准确、合乎逻辑的效果评价，必须以市场状况及公众印象的改善为尺度，而这又建立在广泛收集公众反馈信息的基础之上。

二、广告策略

广告即广而告之，是商品促销手段中最受重视、应用最普遍的一种。广告能有效地唤起顾客注意，引发兴趣，启发欲求，最后导致购买行动。很少有不做广告而成功的企业，正如美国一位广告家所说“想推销商品，又不做广告，犹如在黑暗中向情人暗送秋波”，这个比喻深入浅出地道出了广告的作用和价值。

(一) 广告的种类

根据广告媒体和形式的不同，广告可以分为以下几种。

1. 媒体广告

互联网、电视、电台、报纸、杂志是当代广告的五大媒体，这五大媒体发行、传播范围广，影响力大，是比较理想的广告形式。五大媒体各具特点，所以商店可酌情选择采用。例如，报纸广告影响广泛，时间性强，并能对固定顾客反复宣传，大多用于商品展销、季节商品推销、优惠竞销以及开业或周年纪念促销活动。电视广告兼有视觉、听觉效果，色彩丰富，声像结合，说服力强，覆盖面广，效果好；但所需费用较高，制作复杂，一般由连锁公司总部统一策划，用于商店形象的宣传。

2. 招牌广告

招牌广告是商店店面结构的组成部分，包括店徽、牌匾、模型等不同形式。每家连锁商店的各个分店都必须使用同样的招牌广告，如美佳连锁超级市场门前的红底黄字巨幅招牌，各分店完全统一。其他连锁店如美国加州牛肉面大王、必胜客、肯德基等都使用了统一的招牌广告，以求能够给消费者留下深刻的印象。

3. 路牌广告

路牌广告是指在商店建筑物附近或交通枢纽地段设置巨幅广告路牌，宣传本店经营范围和重点商品，以吸引路人进店参观选购。

4. 招贴广告

招贴广告是指连锁店印制统一的彩色招贴画在店外招贴，作为海报，介绍商店经营范围或者介绍新产品、名特产品。连锁门店采用较多的是DM，现在通常都通过邮递或者特派方式直接放入居民小区的信箱内。连锁店不主张各分店搞不规范的、形式各异的招贴广告，因为这样做会影响商店的整体形象。

5. 交通广告

交通广告指利用流动的公共汽车、火车、轮船、本公司的运输车辆的车身做广告，向过路行人、旅客、游客反复宣传。由于交通工具流动性大，广告要做得醒目，易于快速分辨，适合于店名、商号的宣传。

6. 灯光广告

在店堂外面装饰彩色霓虹灯、灯箱，组成文字图案和店名，在夜晚一目了然，既容易吸引顾客注意，又美化环境，渲染商店气氛，起到装饰、广告的双重效果。灯光广告要求做到每家分店统一规范。

7. 橱窗广告

橱窗是商店的缩影，人们在路过商店的短暂瞬间通过橱窗了解到店名、经营范围、商品品种等信息。橱窗的陈列关系到商店给顾客留下的第一印象，人们可以把路过的几家商店的橱窗加以比较，选择认为合适的地点购物。设置橱窗广告时要着重突出本店的经营范围和经营特色，让顾客一看便知商店是卖什么的；还要注意灯光、装饰品的运用，力求美观，给顾客留下美好的印象；各分店基本整齐划一，加深在顾客心目中的印象。

8. 口头广告

在商店内部，通过营业员、服务员口头宣传或商场有线广播，介绍商品和服务项目，容易吸引顾客注意，引导消费，激发购买欲望，实现立即购买。

9. 包装广告

连锁店可以印制统一的包装袋、包装纸、礼品袋，上面印刷店名、经营范围、地址等广告，在销售过程中免费提供给消费者。这些包装品应有一定的使用寿命，使顾客愿意保存，起到反复宣传的效果。

10. POP 广告

POP 广告即购买时点广告，是指那些设置在销售现场的宣传物，通过现场宣传，刺激消费者产生购买需求，当场购买商品。由于 POP 广告布置在商店内外，顾客既能看到广告宣传又能见到实物，印象深刻，感召力强，效果比较理想。其主要形式有：店堂内悬挂的布旗、纸旗、横幅、条幅，张贴的彩色海报、标语，摆放的告示牌、宣传黑板，散发给顾客的商品传单（DM），放在餐桌上的桌牌、卡片，店外悬挂的横幅、彩旗、标语，以及其他特殊广告物等。

（二）广告的作用

广告宣传是运用各种手段向消费者、厂商企业和各类社会机构提供各种商品、服务等情报信息，传播企业形象，扩大知名度，促进销售的一种方法。广告宣传的目的是通过向消费者乃至全社会推荐商品，引起人们的兴趣，刺激人们的购买欲望，最终实现对消费者的商品销售，同时，树立企业形象，提高企业在公众中的认同感。广告宣传的作用主要体现在四个方面。

1. 信息传达

消费者在购物之前一定要了解商品的性能、质量和价格等信息，经过思考判断才会做出购买决定。消费者在哪家商店购买商品，在很大程度上取决于其对企业的认同感。广告宣传就是向消费者传达这些信息的有效手段。在现代社会中，由于行业、企业、产品的快速发展，市场竞争复杂多变的特点日益突出，生产者、经营者与消费者之间的信息沟通对于企业的生存与发展显示出越来越关键的作用。

2. 艺术感染

广告宣传一般来讲都有一个艺术性很强的载体。比如，街头的巨型广告，多数采用色彩鲜艳、构图完美的人们生活的场景或商品的图案，再配上各种醒目的宣传文字。电视广告多采用动感极强的画面配上动听的音乐和有感染力的解说，给观众视听两种信息齐全的、立体的、艺术化的感受。艺术性较强的广告可以引起消费者的注意，产生特别的宣传效果。

3. 诱导消费

以现代市场营销学的观点看广告宣传，其艺术性强仅仅说明它具有吸引人们观看的魅力，但千万不能忽略它的实用性——扩大销售，增强认同感。如果商品促销广告没有达到扩大销售的目的，就不是好广告。促销性广告本身的价值，就在于向消费者介绍企业、宣传商品、扩大销售。

4. 传播消费新观念

一般来讲，消费是一种目的性很强而且受意识影响的社会行为，它受民族、地域、经济、文化等因素的影响较为深刻，也受到传统观念的制约。有时一定的社会阶层表现出消费观念的趋同性，有时在某些商品的消费上人们又极力表现自己独特的个性，因此广告不断地向消费者宣传新商品，宣传消费新观念，可以在一定程度上改变人们的传统消费观念，推动社会的文明进步。

（三）广告的实施步骤

1. 制定广告计划

广告策略必须有明确的目标，制定广告计划包括广告费用、广告策划、广告设计、媒体选择以及广告效果评价等方面。一般来讲，连锁企业做广告宣传前，要征得各分店的参与和认可，特别是特许连锁和自愿连锁体系，总部和各分店要有严格的广告支持协议。

2. 广告计划的实施

连锁门店可以根据自身实力和能力自己制定广告计划，或者制作有关的广告内容，也可委托专门的广告公司帮助实施。

3. 广告效果的测定

根据促销的目的性原则，广告实施结束后要进行效果测定，测定广告是否达到了预期的目的、收到了应有的成效。广告效果测定是个较为复杂的问题，主要有两种方法：

（1）测定广告的宣传效果，这种测定以能吸引多少顾客以及顾客的反映为衡量标准，主要从对广告注意率的测定、对广告记忆的测定、向顾客询问测定、仪器测定几个方面进行。

（2）测定广告的经营效果或销售结果，通过定期对销售数据的统计来评估相应的广告效果。

相关链接

广告策划之“5M”

1. 广告要完成的任务（mission）

这是要求连锁企业要正确确定广告的目标，有了目标就有了方向，有了活动的准则。连锁企业广告的目标有两个：一是提升企业的形象，这更多的是总部所考虑的问题，也就是说，总部在实施广告策略时，一般不搞具体的产品广告，而是尽可能地突出企业共同的特征，以加深消费者的印象；二是促进产品的销售，这是各分店的着眼点，但是它仍然需要总部结合各分店的具体促销活动进行统一的如品牌优势、服务优势、价格优势等广告宣传，特别是在分店刚开始运行时，这一点显得更为重要。

2. 使用多少资金（money）

确定广告预算是十分重要的，企业应本着“少花钱，多办事”的原则，对广告资金进行精确而严格的预算。一般来讲，处于发展初期的连锁企业，为了提高知名度、建立起品牌优势，广告预算应该大一些。而对于快速发展的连锁企业，应将广告预算同销售额同比例增长。当连锁企业进入成熟期，品牌优势已经建立起来以后，可以适当地削减广告预算，但广告预算必须保持较高的弹性，特别是当竞争优势受到挑战时，应及时进行反击。这时，就应大幅度提高广告预算，进行强势营销。连锁企业的广告预算是按各分店销售额的百分比来提取的，这个比例一般为 3%～5%。这样就可以保证广告费有稳定的来源，也有利于各分店进行财务控制和管理。

3. 要向公众传递什么样的信息（message）

广告活动的有效性远比广告花费更为重要。连锁企业希望传递给消费者的信息必须集中而明确才能收到较好的效果，要在公众心目中产生过目不忘的印象。

4. 使用什么媒体及相应的形式（media）

连锁企业在选择主要媒体类型时，必须结合自身实际和媒体的特点来进行。媒体的选择要与企业的整体营销计划的进度相一致，与各分店结合起来，同时考虑季节性、时尚等因素的变化，特别是要充分抓住一些突发事件、偶然事件所产生的有利于企业经营的影响和机会进行广告宣传，这样可能会起到事半功倍的效果。在网络时代，广告传播可以通过多种方式来进行，日益发展的 Internet 为广告的传播提供了一种更新颖、更快捷的方式，具体有以下几种：(1) 利用自己的网站来发布广告，这是一种最常见的方式；(2) 在他人的网站上发布广告；(3) 使用旗帜广告交换服务网络，这些网络以加盟者之间互惠互利、互为免费为原则，开展广泛的旗帜广告交流活动；(4) 利用其他媒体发布广告，通常是在传统广告中加入一条类似于企业地址之类的 Web 网址，以将人们吸引到自己的网站上来；(5) 电子邮件广告；(6) 使用新闻组发布广告，在 Internet 日趋商业化的今天，新闻组中已经产生了许多专门交流商业信息的讨论组，发布广告信息。

5. 如何对结果做出评估（measurement）

广告活动的评估是指对广告前、广告中和广告后的广告沟通效应和连锁店的效应做出评价。由于广告效果具有滞后性、隐含性、累积性等特点，要测定广告的效果是比较困难的，对网络广告的检测与评估可以通过三种方式进行：(1) 通过访问统计软件随时监测，企业可以随时了解在什么时间、有多少人访问过载有广告的页面，有多少人通过广告直接进入到自己的网站等。(2) 通过查看客户反馈量，可由在线提交量和广告投放后电子邮件是否大量增加来判断广告投放的效果。(3) 通过广告评估机构进行评估，对传统媒体广告沟通效应的评估主要可以使用5个直接评分法，该方法要求顾客依次给广告打分，其评分用来估计广告的注意力、可读性、认知力、影响力等方面。具体如下：1) 广告吸引读者注意力程度如何 (20分)；2) 广告激起读者进一步细读的兴趣程度如何 (20分)；3) 广告的中心内容和其利益交代得是否清楚 (20分)；4) 特定诉求的有效性如何 (20分)；5) 广告激起行为的可能性如何 (20分)。

想一想

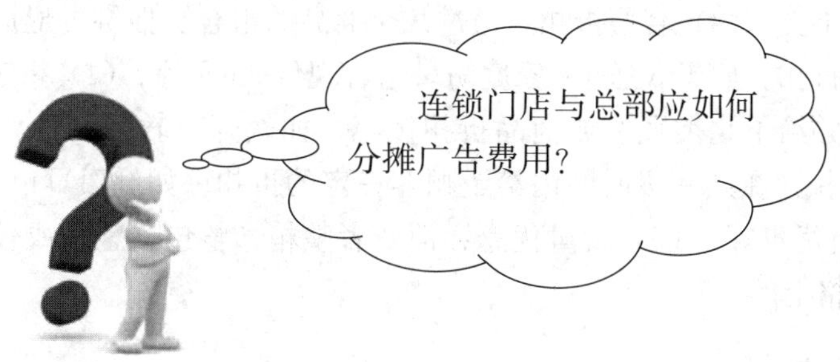

三、营业推广策略

营业推广是除广告、公共关系以外又一种行之有效的促销方法。它没有固定的统一形式，是根据连锁店的经营特点、经济实力、消费心理特点、市场需求变化等因素来设计的，其形式灵活多样，不断翻新。营业推广经常在销售现场实施，直接刺激了现场购买，针对性很强，尤其是对增加销售具有快速、显著的效果。

(一) 有奖促销

有奖促销是指企业设立若干奖品，顾客达到一定购买量后可获得奖券，然后由企业按期公布中奖号码，中奖者持券兑奖。这种奖励一般为现金，对消费者刺激力度较大。我国法律已明确规定，最高奖励不得超过人民币5 000元。有奖销售总的宗旨是买得越多，中奖机会越大，这是目前我国最常见的一种营业推广方式。

(二) 赠品促销

赠品促销即顾客在消费后可以得到一份同类的商品或其他礼品的促销方式。连锁企业可以设计一些带有企业形象标志的小礼品，比如钥匙链、小卡通玩具等，在新店开业或消费者购买一定数量商品时免费赠送。

赠品促销的常见策略有：(1) 同类商品赠送策略。顾客购买某商品后，赠予该商品同品类或相关联的商品。如买一箱饼干另送一个小盒装。(2) 礼品的赠送策略。顾客购买某商品或购物达到一定要求后，赠予顾客指定的礼品。如一次性购物满 280 元送食用调和油 1 瓶等。赠品促销的常见方式有低值买赠促销、阶段买赠促销、指定买赠促销、特定买赠促销、买一赠一促销等。

（三）折扣促销

折扣促销指门店通过对部分商品降价销售，从而达到刺激、吸引顾客消费的促销手段。购买越多可以获得越多的折扣优惠，以刺激大量购买，日常生活用品常采用这种方法。例如，购买 3 袋洗衣粉可赠送 1 袋，也就是说以 3 袋洗衣粉的价格可以买到 4 袋洗衣粉。

常见的折扣促销方式有：（1）直接折扣：采取直接降价的方式，给予顾客价格优惠，吸引顾客消费。如原价 100 元，现价 95 元等。（2）间接折扣：顾客购买一定商品或一定金额以后，按比例享受其他商品的折扣或赠送抵用券。如购买洗发护发套装 1 盒，可 5 折优惠购买护手霜 1 支。（3）套餐折扣：通过几个商品的组合、捆绑，形成套餐，在顾客购买后给予一定的折扣。如买 5 送 1、家庭防暑组合现价 35 元等。（4）指定折扣：指定某部分顾客或商品，并给予此类顾客或商品折扣优惠。如教师节教师购物凭教师证 9 折优惠等。（5）时段折扣：在某一段时间内给予顾客一定的折扣。如健康早市（6～8 点）98 折优惠、周末 98 折优惠等。（6）批量优惠：消费者整箱、整包、整桶或较大批量购买商品时，商店给予价格上的优惠。

（四）打折优惠

打折优惠是指在不同的季节、节假日等时间内，以低于商品正常售价出售的商品，使消费者获得实惠，特别是在购买旺季，或换季时使用较多。通过一种或数种商品的让利甚至赔本销售，吸引大量顾客，刺激连带购买，追求总体销售额的增加。这种方式规则简单、易于操作，所以应用较为广泛。通常采用设置特价区或节假日、周末商品打折等方式。

（五）返还货款

返还货款是指每日或节假日选择一名幸运顾客，将其购物的货款全部返还，刺激顾客踊跃购买。在幸运顾客的选择过程中要保证公平、机会均等。

（六）优惠券（卡）

优惠券（卡）是持有者在购买特定商品时可凭优惠券（卡）享受特别折扣。优惠券（卡）的发送对象可以是由店方选择的知名人士，也可以是到店铺购物次数或数量较多的熟客。对购买数量达到一定金额的顾客也可以发放购物优惠券（卡），持优惠券（卡）购物可以取得一定比例的价格优惠。优惠券（卡）最好在连锁店的各分店同样有效。

（七）抵用券

向消费者提供抵用券，以在下次购买时作现金抵价。抵用券促销的常见方式如下：（1）定额抵用券促销，设定固定面值，按公司要求依据情形发放给顾客，以鼓励顾客消费的促销活动。如现在办理会员卡，赠送 12 元抵用券一份等。（2）指定活动抵用券促销，由公司发放或由供应商协助发放，为促进指定活动的开展与指定商品的销售而定的促销形式。如凭此券购买大米，可抵 10 元等。

（八）现场展示

对于顾客不太熟悉的新产品，除了广告宣传外，连锁店可以设置专柜现场展示，演示商品的功能、使用方法，解答顾客提出的询问，制造活跃的购物气氛，激发顾客对新产品的兴趣。商品展示人员可以由连锁店自派，也可以由厂家选派。

（九）现场制作表演

现场制作表演是指连锁企业请经过专门训练的营业员等在现场表演其制作方法，现做现卖，使顾客了解产品的结构和工艺流程，产生信任感，激发购买的兴趣和欲望。这种表演应有一定的技巧性、示范性和教学性，如果能让顾客从中学到一定的技术窍门，得到快乐，那么效果会更好。当然，这种方法主要适用于制作设备简单、工艺不太复杂的工艺品或某些特殊商品。

（十）免费品尝和试用

免费品尝和试用，即在店堂里设专人对进店的顾客免费赠送样品、纪念品、试销品及各种小物品，让顾客现场品尝和试用。对相关的顾客群体进行直接赠送，或在顾客的购买达到一定数量后，赠送其一定的赠品，如购买额满 100 元后，赠送一个新品试用装。这种促销方式通常在连锁店统一推出新产品或老产品改变包装、品位、性能时使用。其目的是迅速向顾客介绍推广商品，争取顾客的认同，打开销路。

（十一）以旧换新

连锁店与厂家联合，对本店出售的某种商品以旧换新，新旧商品差价较大的，可由顾客补交一定数额的价款。这种方式不仅刺激了消费，加速了商品的更新换代，而且提高了连锁店和该品牌的市场占有率，不失为促销的一个良策。但这种方法的应用有一定的局限性，只有那些与厂家关系密切的连锁店可以使用，如苏泊尔高压锅曾经对购买高压锅的顾客进行以旧换新的促销活动。

（十二）交易印花

连锁店统一印制一批印花，在销售过程中赠送给顾客，当购买者手中的印花积到一定数量时，可以向任何一家分店领取一定数额的现金或实物。这种方法可以吸引顾客长期购买本店的商品。联华超市曾经采用这种方法，每购买一定金额的本店商品即可获得相应数量的小印花票，顾客积累到一定数量，即可到该店换取相应礼物，如 10 张小票可以得到一本柯达相册，25 张小票可以得到一个玩具熊。

（十三）特价包装

特价包装是连锁店常用的一种销售折让方式。例如购买 10 升的食物油，油桶上标明

2 升免费字样，这表明商店向顾客赠送了 2 升，收的只是 8 升食物油的价钱。又如包装有 20 支彩笔的商品袋，注明 10 支免费，包装有 12 个刮胡刀架的商品袋，注明 6 个免费。还有一种组合型包装，把两件相关的产品合包在一起，如牙膏和牙刷，刮胡刀架和刀片，铅笔和卷笔刀等，并标明免费的内容。

（十四）积分活动

积分活动即顾客在消费后得到积分，并凭该积分获得一定奖励的促销活动。积分促销折算方式要简单可行，一目了然，活动时间设置合理，操作时要一切以方便顾客为原则，方便顾客获得积分并享受奖励。积分促销容易建立起顾客多次购买的行为，以培养顾客忠诚度，但是整个活动时间长，需要持续吸引顾客参与，对新顾客的影响力较小，对宣传效果的要求较高。

积分活动促销的常见方式有：(1) 积分抵现金：顾客购物后，凭积分抵扣部分货款的促销方式，如 20 分抵 1 元等。(2) 积分换购：顾客在指定时间，凭积分可直接兑换指定商品或享受特别折扣的促销方式，如“10 分换购 100 粒深海鱼油 1 瓶”、“原价 32 元，现价 12 元＋300 分”等。(3) 积分兑换礼品：顾客在指定期限内，凭积分可直接兑换指定礼品的促销方式，如 1 000 分兑换美的电风扇 1 台等。(4) 双倍积分商品：顾客在指定期限内，购买指定商品可以获得双倍积分的促销方式，如现在购买食用油一桶，获双倍积分等。

（十五）游戏促销

游戏促销即利用顾客喜欢新鲜、刺激的游戏方式鼓励顾客参与的促销活动。或者通过精心设计与产品有关的智力测验题，通过现场或媒体征求正确答案，并对获奖者给予一定奖励。

游戏促销的常见方式有：(1) 比赛促销：举办相应的比赛活动，对于优胜者给予优惠或其他奖励的促销活动。如书法大赛前 3 名可获得 500 元奖金、报名参加象棋大赛获 20 元抵用券等。(2) 游戏促销：举办游戏性的活动，对于参与者根据活动的表现或成绩给予一定奖励或优惠。如飞镖定折扣、你想几折就几折等。

（十六）会员促销

会员促销即设立会员制度，对新老顾客给予“会员”特别待遇。企业可在多种方式上开展各种会员活动，常见的有：(1) 新会员见面礼：对成为新会员的顾客给予一定的奖励或赠送礼品、抵用券。如首次购物免费办理会员卡，送相应积分等。(2) 会员大抽奖：对久未交易会员发送中奖信息，鼓励其回归消费；对重点会员发送中奖信息，提高其忠诚度；对新会员发送中奖信息，提高其参与程度。如会员大抽奖，幸运会员可免费获得 12 月份抵用券 12 元等。(3) 会员专享特价：设立只有会员才能享受的商品折扣价格，体现会员权益，强化会员忠诚度。如××牌大米原价 76 元，会员专享特价 70 元等。(4) 会员健康俱乐部：将相同需求的顾客组织在一起，开展相关的健康活动。

以上列举的这些方法，是目前较为常见的营业推广方式。事实上，营业推广具有很大的灵活性和针对性，可以从发展中不断探索出新的更有效、更适用的方式。在实施营业推广的过程中，连锁店要在坚持促销原则的基础上，有计划、按部就班地进行，先要制定方案，然后实施，最后进行评估、总结。

任务三　门店促销活动的计划与实施

某些连锁门店在新品上市时，一开始就大搞常规促销，迅速推出买几赠几的优惠消费措施。但事后对活动策划方案进行分析，结果发现与连锁店的初衷大相径庭，因为连锁店的想法是想通过买几赠几让消费者迅速接受新产品，让产品销量取得一个突破，但其结果呢，消费者不仅会对此类的活动无动于衷，不去进行尝试购买，还将对新上市的产品的价格及质量表示质疑。这显然是促销活动在计划之前就缺乏充分考虑，没有有效地将促销产品与促销时间、促销方式、活动告知等相关因素结合起来，也缺乏对促销活动实施的有效组织。

连锁门店店长非常清楚所有门店促销活动的实施必须有明确的促销计划，还要有对促销计划组织实施的执行、控制和考核制度。只有这样，才能保证一项促销计划达到期待的目的。

思考：应该如何保证促销计划的正确制定和实施？

任务工作流程

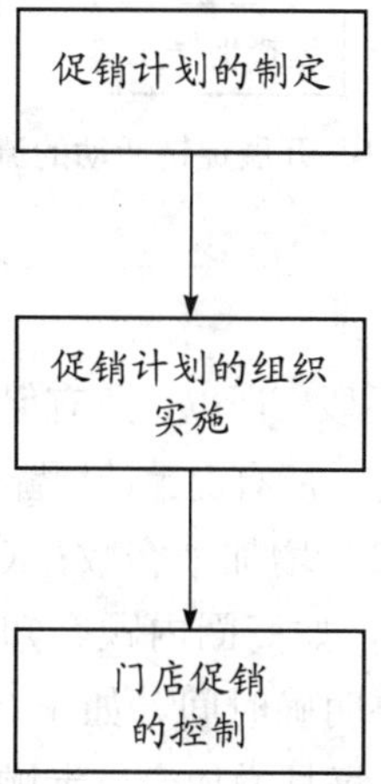

学习要求

能运用门店促销活动设计和实施的相关知识和技能，制定具体的连锁门店促销计划并进行组织实施。

相关知识

没有充分准备的促销计划、实施方案和考核方法，就不能保证一次促销活动的实际成效。

凡事预定而后动，计划是一切活动的关键。

一、促销活动的计划

所有的促销活动的实施必须有明确的促销计划。“不打没有准备的仗”，促销计划中必须明确本次促销活动的宗旨、实施的目标、实施的地点、费用的预算明细、活动的时间表、参与的人员、活动的细则、楼面的协调支持等内容。

计划中最重要的有两点：一是促销创意，二是费用预算。促销活动的最终目的是促进商品的销售，特别是对专项主题的促销，投入和产出的比例是评估活动是否成功的重要指标之一。成功的促销活动的设计，必须以顾客为出发点，以商品为中心点，以销售提高为最终目的。

正确的促销活动计划流程是促销活动效果的保障，所以在任何促销活动开展时都应该遵循图 6—1 所示流程。

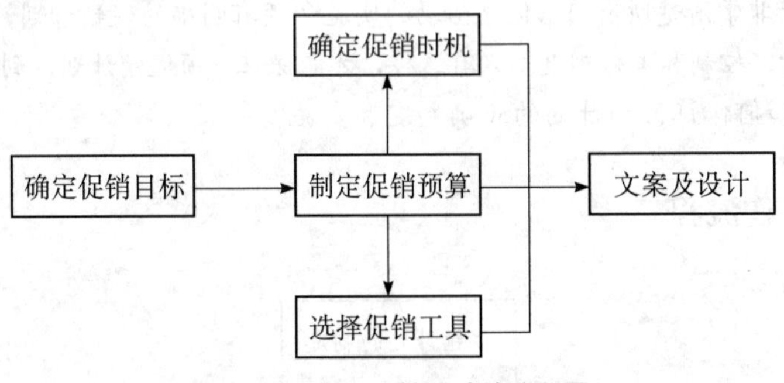

图 6—1　开展促销活动的流程图

（一）确定促销目标

促销活动是提升门店行销业绩的手段。所以，所有促销计划都应该有明确的目标。促销目标一定要根据当时的行销问题进行确定，所有促销计划皆要与达成营业额成长目标相结合。

促销目标的选择顺序依次为：（1）增加来客数；（2）提高客单价；（3）提升毛利率。促销目标亦可制定“品牌调查目标”，如商圈内顾客知道自己门店之百分比，此认知度可由商圈认知度调查得到。促销目标要明确时间，如于 2011 年 12 月达成每日交易次数 200 次，比 2008 年增长 40%；于 2011 年每月增加会员卡顾客数 200 位；于 2011 年 4 月提升客单价为 35 元/笔；于 2011 年 9 月提升毛利率为 35%。

（二）制定促销预算

根据不同的促销目的，编制促销费用预算，主要遵循以下原则：

（1）常规促销一般为营业额目标的 1%～3%，节假日等特别促销则因主题而定；

（2）考虑竞争状况、商圈人潮聚集难易度、住户集中度、营业额成长目标高低等因素，决定比率之大小；

（3）将年度促销费用预算金额分配至每个月，并根据每月的活动进行再次分配（可按每季营业额目标比率分配、平均分配或波度法分配）；

（4）分解成促销管理费与自提预算金额，自提预算即连锁门店预计自行花费的促销费用；

（5）部分门店因营业额过低，可根据实际情况设置保底促销费用。

相关链接

每家连锁门店每年都必须规划一定的费用用于促销，才能达成营业额目标。通常来说，门店促销费用的金额相当于营业额的1.5%～2%，对于开幕初期的门店，这个比例更高，通常为8%。

1. 2011年营业额目标（单位：元）如下，计划2012年比2011年营业额增长30%。

第一季度	第二季度	第三季度	第四季度	总计
360 000	400 000	450 000	500 000	1 710 000

2. 商圈内有4家大型连锁超市门店，竞争十分激烈，设定2012年行销费用预算为营业额目标之2%，即34 200元。

3. 分配促销费用至每一季度（单位：元）。

（1）采用营业额目标比率，每季皆为营业额目标之2.0%。

第一季度	第二季度	第三季度	第四季度	总计
7 200	8 000	9 000	10 000	34 200

（2）采用平均法，即将年度行销费用平均分配，每季为8 550元。

（3）采用波度法。

第一季度	第二季度	第三季度	第四季度	总计
4 400	11 000	7 550	11 250	34 200

或

第一季度	第二季度	第三季度	第四季度	总计
5 000	11 000	6 250	11 950	34 200

4. 分解成促销管理费与自提预算（以采用营业额目标比率分配为例）。

	第一季度	第二季度	第三季度	第四季度	总计
行销费用预算	5 400	6 000	6 750	7 500	25 650
行销管理费	1 500	1 500	1 500	1 500	6 000
自提预算金额	3 900	4 500	5 250	6 000	19 650

（三）选择促销工具

促销工具是促销信息的传播渠道，是公众主要的信息来源。无论是门店差异化的专业服务，还是最新的促销活动，所有的信息都需要通过有效的传播途径来告知目标顾客。有效的促销工具可以帮助门店以有限的费用将促销信息传递给最有价值的目标顾客，吸引更多顾客来门店消费，从而高效地达到促销目的。

常见的促销工具有：（1）视听媒体：包括电视、报纸、杂志、电台、电话黄页、网络广告等；（2）户外广告：包括路牌、公交站牌、小区壁报栏、电梯间平面广告等；（3）DM派发：包括夹报、社区派报、人潮聚集点派发等；（4）其他：手机短信、网站等。

由于各门店规模不同，所处的位置、商圈不同，目标顾客及其分布不同，因此在促销工具的选择上每家门店都不尽相同。为求最有效率地告知和吸引顾客，要规划最适合自身门店所在商圈的相关促销工具。

（四）确定促销时机

确定促销时机即根据门店年度促销计划，或者特殊节日、特殊事件等，及时做好促销时间的规划和安排。

（五）文案及设计

一个促销活动的文案一般包含以下内容：

（1）活动目的：明确促销活动的目的，确定活动需要解决的问题或提升的方向。

（2）起止时间：明确促销活动开始和结束的时间。

（3）活动地点：明确促销活动执行的门店。

（4）活动主题：确定促销的主题活动，并以主题活动作为活动的宣传主题。

（5）宣传方式：确定促销活动的宣传方式或宣传组合，以及宣传道具的形式和数量。

（6）活动软文：联系主题活动，对活动进行简单描述。

（7）活动方式：根据促销活动的目的，确定促销活动的活动方式。

（8）活动内容：对促销活动的情况进行说明。

（9）活动商品及价格：明确参与促销活动的商品及制定促销期间的销售价格。

（10）费用预算：计算促销活动的实际花费，并检核是否在活动预算范围之内。

相关链接

仁康泰大药房
活动时间：12月3日—12月7日
1元小花销 精品大实惠
50多种商品1元超低价火热销售中……
购物有豪礼
活动期间一次性购物达以下金额均可获赠相应礼品一份
满28元 会员满25元 送
满48元 会员满45元 送
满88元 会员满80元 送
满168元 会员满160元 送
新会员见面礼
活动期间办理会员卡
免费领取会员手册
及12元代金券一份
来就送
活动前三天，每天前100名顾客，送蛇油膏一包。

活动目的	建立门店低价形象，提升来客数量	
活动时间	12-3	12-7
包含的节日	12月3日世界残疾人日，12月5日世界强化免疫日	
主题活动	1元小花销，精品大实惠	
活动地点	仁康泰大药房××门店	
宣传方式	DM海报（A4）10 000张	
	橱窗喷绘（长2米×高1米）1张	
	手机短信3 000条	
活动软文	1元小花销，精品大实惠。50种商品1元销售，加1元还可获得精美礼品1份。12月3日至12月7日，仁康泰大药房1元特价活动进行中。	
活动方式	直接折扣（红标）+阶段买赠促销+套餐折扣+直接折扣（高值）+抽奖促销	
活动内容	（略）	
活动商品及定价	（略）	

二、促销计划的组织与实施

促销计划批准后，企划部进入促销活动的准备阶段。主要包括装饰材料的购买，道具、赠品及奖品的准备，促销现场的布展方案，参与人员的安排，与楼面营运部门协调，促销商品陈列的变动等。准备完毕后，进行促销活动的现场布展。为不影响顾客的购物，一般在非营业时间进行装饰、布局，同时楼面配合进行商品陈列的调整。

（一）促销活动宣传

各门店可以根据实际需求选择DM海报、手机短信、橱窗喷绘海报或POP广告等不同方式进行促销活动的宣传，见表6—1。

表6—1　　主要活动宣传方式

宣传手段	使用方式	主要用途	适用范围
DM海报	结合商圈资料进行定点派送或在人流多的地方进行派送，也可在社区等客流通道、信息栏上进行张贴	吸引非会员顾客和新顾客（动摇竞争对手忠诚顾客、吸引商圈游离顾客）	需要增加新顾客时、与同行竞争对抗时、会员较少时
手机短信	结合会员资料，根据活动要求按会员信息进行发送	稳定现有忠诚会员、激活久未交易会员、强化新会员意识	提升会员有效率时、会员流失较大时、活动费用有限时
橱窗喷绘海报	在门店橱窗或其他广告位置张贴活动喷绘海报	活动宣传补充、吸引过路随机顾客、对门前客流形成拦截	活动费用有限时、门前客流较大时、配合门店促销氛围布置时
POP广告	可使用印刷或自制的海报，于店内外、社区、楼道等客流通道或信息栏进行张贴	根据张贴位置不同，具有与DM海报或橱窗喷绘海报同等的作用，是活动宣传的补充，作用较此两者要小	DM海报派发受阻时、活动费用有限时、配合门店氛围布置时、需要增加新顾客时、与同行竞争对抗时、会员较少时

（二）促销现场布置

1. 主题陈列

可对部分重点推荐的促销商品进行二次陈列或特殊陈列，如端架陈列、整层货架陈列、堆头陈列、吊篮陈列等。

2. 标识卡标示

对在正常货架上的商品放置促销价格标识卡，如更低价格、买赠商品、会员商品、活动商品等。

3. POP标示

配合使用POP进行促销信息和价格标示。例如，清热祛湿冲剂进行端架陈列，并张贴内容为“夏季特别推荐，清热祛湿冲剂，××元/包”的POP广告。

4. 其他

为了营造热烈的活动气氛，让顾客更快地感受到门店的折让信息，还可针对活动主题对门店氛围进行整体营造，如悬挂活动吊旗、悬挂横幅、布置气球等。

（三）促销活动培训

在促销活动开始前，应该对所有参与人员进行活动前培训，培训时间一般为1～2天，培训内容包括：整体活动告知、人员分工、商品促销信息（价格、促销方式及赠品发放、陈列、活动时间）、考核方法等。

三、促销活动的控制

（一）促销商品控制

（1）促销活动开始前，制定“促销活动商品”和“预期主要推荐商品”的销售计划，并分配给门店员工；根据活动要求，核对促销用品，如宣传用品、赠品、礼品、抵用券等；对促销用品登记入门店台账，加强管理；检核以上商品的库存，如库存不足的要及时联系公司采购、配送部门进行商品补充。

（2）活动中，每日定期检核商品销售情况，防止出现商品断货、缺货的情况，以及对促销赠品的及时补充。

（3）活动后，对活动商品进行清理，处理多余库存，包括促销用赠品和促销商品等，特别要及时回收多余作价券、抵用券、抽奖卡等，不要外流。

（二）促销现场控制

促销活动在现场进行时，特别是较大规模的促销活动，一定要有企划部或楼面人员进行控制管理。因为事先不能预料活动的效果和具体参与人数的多少，对现场的控制显得至关重要。以下是促销活动中的几个重要的控制点：

（1）控制好顾客的安全：注意老人、儿童的安全，特别是近距离涉及电/水/刀因素的促销活动，不能发生顾客意外事故，否则得不偿失。

（2）控制好顾客的秩序：在参与的顾客较多时，既要照顾到顾客积极参与的高昂热情，又要注意维护好顾客的秩序，否则现场过于混乱，会直接影响到促销的效果，同时也会使一些本来有兴趣参加的顾客，因惧于混乱现场而不愿参与，影响顾客的参与面。

（3）赠品、奖品是否足够：随时保证活动进行的过程中赠品或奖品的足量。及时派发赠品很能刺激顾客的参与欲望。

（4）促销活动的现场调整：如果吸引的顾客太少，须调整游戏的规则或加强吸引客流的举措；如果参与的顾客过多，可以缩短活动的时间或分段进行。既避免出现少人参与的冷清场面，也不要造成现场拥挤、堵塞通道、严重影响其他顾客购物的过热场面。

任务四　门店促销活动的评估

促销活动结束后的总结与评估，有助于提高超市的绩效。如果促销活动的实施绩效为预期的95%～100%，则是正常情况；如果在预期的105%以上，则是高标准表现；如果在预期目标的95%以下，则需要在今后工作中改进和提高。

连锁门店店长需要知道每次促销之后的效果到底如何，以便在改善不足的同时为以后的促销活动提供更好的经验。首先需要通过比较、观察或者访问调查等方法获取第一手资料，然后利用这些数据和结果作进一步分析评估。

思考：店长要如何对促销进行总结评估？

任务工作流程

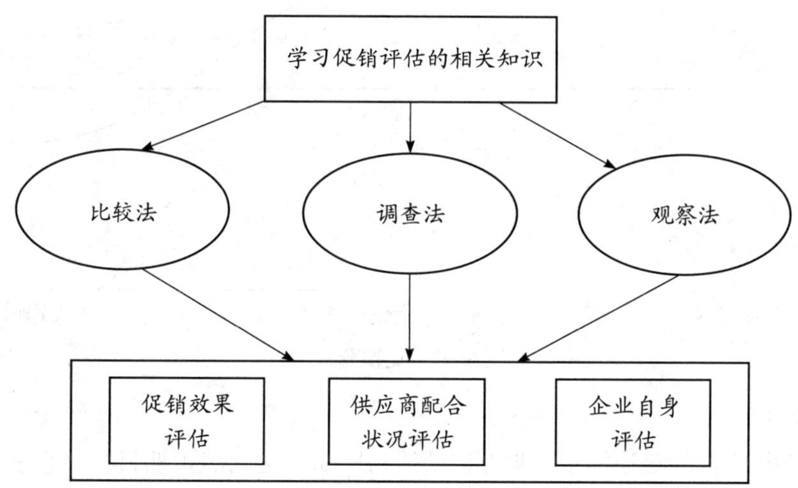

学习要求

能运用连锁门店促销活动评估的相关知识和技能对门店促销进行总结和评估。

相关知识

通过现场照片、前后销量对比、利润对比等工具进行促销活动总结，旨在总结促销活动的成功和不足之处，提出改良意见，对促销方案中岗位职责、培训资料、准备工作排期表、促销话术等进一步修改完善，为下次活动做好经验积累，对相关人员的工作效绩进行考评、奖罚。

一、促销评估方法

促销效果的评估是连锁企业的一项非常重要的工作内容，通过评估促销活动的效果，对其成功与不足加以认真总结，以便下一次促销活动搞得更好。一般来说，连锁企业促销效果的评估可以采用以下几种方法进行。

(一) 比较法

选择促销活动前、促销活动中及促销活动后3个阶段的销售额来测评促销效果，一般会出现以下3种情况，见图6—2。

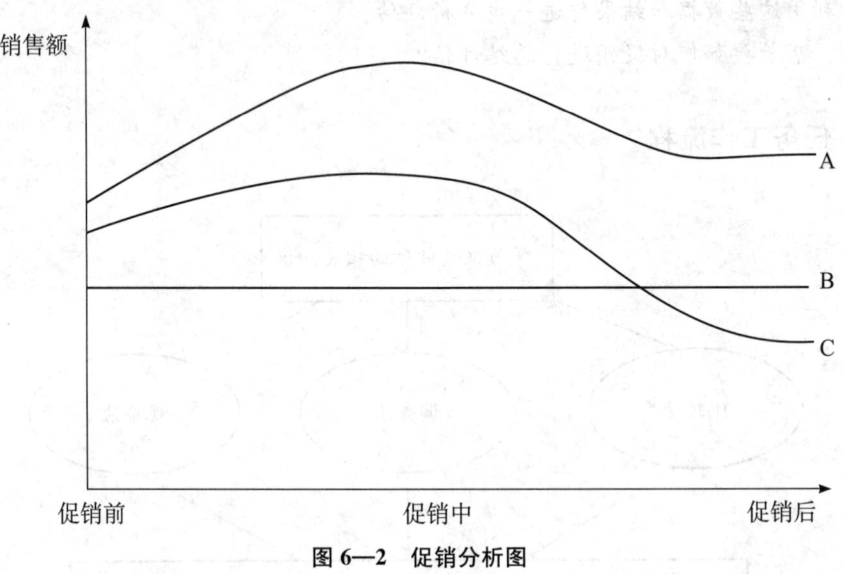

图6—2 促销分析图

1. 有效促销

图6—2中A曲线是连锁企业举办促销活动所期望达到的预期目标。它表示进行促销活动后，很多顾客被吸引前来购物，来客数增加，销售额提升，收到了预期的理想效果。在促销活动结束后，由于促销期间连锁企业的各种宣传，使其知名度与美誉度提高，给顾客留下了良好的印象，再加上实质性的优惠促销活动，无形中提高了企业形象。因此，促销活动结束后，连锁企业的销售额依然有所增长，从而形成了比较乐观的销售前景。

2. 无效促销

图6—2中的B曲线表明促销活动的开展对于连锁企业的业绩没有任何帮助，企业的经营状况没有得到任何改善，而且所举办的促销活动浪费了一定的人力、物力、财力，促销效果很不理想。

3. 不良促销

图6—2中的C曲线是连锁企业举办促销活动后的一种不良后果，是连锁企业最忌讳出现的一种情况。促销活动虽然在促销期间使销售额有了一定程度的提高，但由于促销活动策划不当或管理不到位等问题，出现了某些意外情况，严重损伤了连锁企业的形象，促销一结束销售额立即下滑，甚至低于促销前的水平。

(二) 调查法

连锁企业真正能够长期持续经营，依靠的是其良好的信誉及消费者的信赖。因此，对于消费者的反映不可忽视，在促销活动中或促销活动结束后，可以组织相关人员对特定的消费者群体进行抽样调查，向他们了解促销活动的效果。比如，询问有多少人对本次促销活动反映良好，其中哪些方面反映最好、哪些方面反映最差，顾客是否从中得到了实惠；对今后的购物行为是否有影响等，从而掌握连锁企业所举办的促销活动的效果。

（三）观察法

观察法便于操作，且十分直观，连锁企业主管人员很容易了解促销活动的效果。它主要通过在促销活动中来店购物的顾客对促销活动的反映，来了解促销效果。可以派专人在现场观察、访问顾客对促销活动的感想和评价，对商品的认知和了解程度，并做好观察和访问记录。比如，顾客在折价销售中的踊跃程度；顾客所收到的优惠券的回收率；参加抽奖与竞赛的人数，以及赠品的偿付与否等。观察顾客参与的情况：人数方面，现场是否有较多的顾客参与了活动；时间安排是否合理，是否在不同时间段光临超市的顾客都有机会参与活动；是否有不同的顾客多次参与了活动；是否成功地吸引了计划中的目标顾客或潜在顾客参加活动。

二、促销效果评估

促销活动结束后要对促销效果进行评估，而不能在活动结束后就置之不理。连锁企业促销主管部门应该及时收集促销期间的营业数据，召集相关人员，就促销活动的实施效果与目标的差异进行分析，总结得失，作为下一次促销活动策划、执行改进的参考。企业可以用多种方法来评估一次促销活动的效果。绩效评估要与费用评估相结合，要核算费用是否控制在预算范围内。

企业对促销活动的事后评估可以分为短期促销绩效评估和长期促销绩效评估两种。

（一）短期促销绩效评估

短期促销绩效评估是指企业在促销结束之后，衡量消费者对促销活动的即刻反映和态度，以及时获取消费者的信息，并掌握商品促销的效果。一般情况下，企业所采用的典型评估方法是分析折价券的回收率、印花的回收兑现率、赠送品的偿付情况、竞赛和抽奖的参与人数等。比较促销前后销售业绩的变动是测定促销效果的最佳依据。

（二）长期促销绩效评估

长期促销绩效评估可以使企业了解消费者对促销活动的态度和反映，但这种评估很难得到消费者真正的消费意图。因而企业有必要对长期促销绩效进行评估，揭示消费者的消费态度，把握消费者的消费心理，从而使以后的商品促销活动更加具有针对性和目标性，增强促销活动的效果。长期促销绩效评估最切合实际的方法是消费者调查法，促销活动结束后，企业可以在目标市场上找一组样本消费者进行调查，了解促销活动的效果并在促销后的一段时间内进行跟踪评估。

案例分析题

世纪联华“情人节”大放送

2 月 1～6 日，顾客在世纪联华各店购买三全产品满 15 元即送“福”字一个；买三全产品满 25 元送对联一副；买三全产品满 28 元送新年果盘一个。

2 月 2～8 日，顾客在世纪联华各店购买思念产品满 30 元即送经典歌曲 MTV 光盘一张。

2 月 11～14 日，凡光临世纪联华各门店的顾客均可在“情话留言板”书写您“爱”的宣言，让我们共同见证您对爱情的坦诚与忠贞。

2 月 11～14 日，凡光临世纪联华的顾客均可在服务台免费点播歌曲，为您的爱人或朋友送去情人节的浪漫祝福，让大家一起感受您浓浓的爱意，共同分享“她”或“他”的幸福。

2 月 12～22 日，凡光临世纪联华的顾客均可在世纪联华各门店三全专柜处参与“猜灯谜”活动，猜中灯谜者可获得价值 6.3 元的状元汤圆一包或 120g 豆沙包一袋，每店每天限 100 名。

思考：

1. “情人节”是西方人的节日，为何我国各卖家也纷纷效仿？
2. 如何将连锁门店促销与我国的传统节日等文化内容结合起来？
3. 你认为我国连锁门店促销应该注意哪些问题？

项目七
连锁门店日常管理

项目简介

作为一个有责任心的店长，对于每天的工作重点都要留心，做好日常的管理工作是作为一个合格店长的基础。一般来讲，店长日常工作分三阶段：营业前、营业中和营业后。具体工作包括：确定门店营运管理目标，制定切实可行的制度规范，培训下属在各自岗位上按照既定的操作流程规范作业，清晨召开一个鼓舞士气的晨会，销售高峰时段巡视卖场，掌握销售情况，处理突发事件，营业结束后妥善保管好营业款项，准备好第二天的一切事务。这些看似烦琐的工作，却是店长管理门店日常营运的关键性事务。店长的一天，就是从处理每件小事中抓重点、控全局。

工作流程

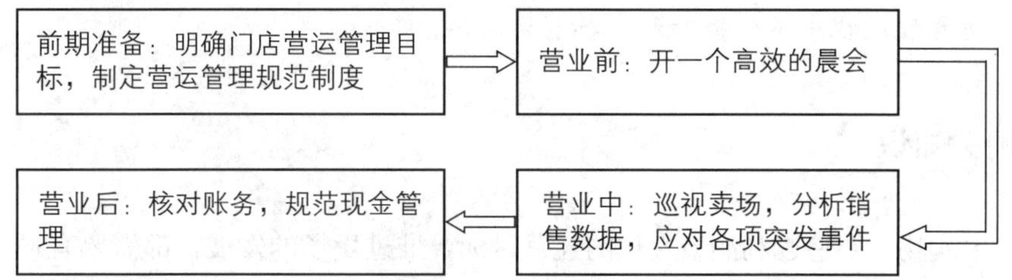

任务一　前期准备：门店作业标准的制定与执行

万家乐超市即将在朝阳区开设一家新店。孙店长受总部委派，担任该门店的店长，其一项重要的工作就是根据连锁企业总部的发展战略与本门店商圈情况和消费者、竞争对手的情况，制定本门店的营运管理目标，并制定详细而周密的作业分工、作业程序、作业方法、作业标准和作业考核。

思考：制定和执行门店作业标准的流程是怎样的？每个流程中需要注意什么？

任务工作流程

学习要求

通过学习，能编写门店营业手册，并筹建完备的培训体系，帮助店员掌握作业标准，能在日常营运管理过程中不断提升和改善营运标准。

相关知识

任何一家卖场，要追逐利润最大化的经营目标，推进卖场的发展，都需要有责任心的店员，更需要有责任心的店长。店长的责任，就是管理好卖场，实现经营目标，有关卖场的所有事情，都是店长的责任。作为一名成功的店长，就是每天做好最有价值的事情。一般来说，想要提高工作效率，必须注意工作流程。店长在做一项长期的工作，而不是一次性的买卖。况且作为零售服务业，更应该获得顾客的信任。因此，作为一名合格的店长，为了更好地营运好一家门店，在日常的营运管理过程中，首先要做好的是作业标准的设定和规范的有效执行。只有行之有效的规范与流程，才能给店长日常营运管理带来更大的效率。

一、连锁门店管理标准的制定流程

（一）进行合理的作业岗位区分

(1) 进行合理的作业分工，包括把何种工作、多少工作量、在什么时间内安排给何人承担。因为店铺作业繁多，通常店铺作业管理的重点包括店长作业管理、收银员作业管理、理货员作业管理、进收货作业管理和顾客投诉意见处理等，这些作业过程和质量管理的好坏，将会直接影响每一家店铺的经营状况。

(2) 作业管理要比岗位管理更进一步，它既体现了岗位工作的技术性要求，也能更具体、更细化地考核岗位工作的质量好坏。因此，只有通过合理的作业分工，才能把具体工作落实下来，才能保证店铺的正常营运水平。

(二) 制定作业的标准程序

(1) 店铺经营一般都属于劳动力密集行业，作业人员流动性比较大，所以，如何进行作业内容的区分管理，以避免作业上的重复，并且能让新员工在最短时间内熟悉每一工作环节，是一个非常重要的问题。

(2) 全面区分不同工作岗位，如收银员、服务员、专业人员、理货员、店长、盘点人员等的工作情况，消除多余的、不必要的动作、环节、行动，合并有关环节，合理安排具体的作业顺序，使有关作业尽量简化，从而提高门店的运营效率，并降低成本。

(三) 记录各项试运行作业数据

在适当的时间将确定的分工作业与标准化作业程序，全面准确地记录下来。不同岗位的工作运行情况，一定要确实根据每日的营运状况，分别加以记录。门店要想维持正常的营运，对于各项外在与内在的因素均必须进行有效掌握。

标准化作业程序试运行的数据或报表都是十分有价值的参考资料，如营业实绩的统计，不同作业分工的实施情况与效果等。建立这些资料体系，便于店长进一步进行比较分析，从而做到灵活地加以运用，并最终使店铺的营运和管理走向标准化、健全化。

(四) 确定作业标准

(1) 标准化是店铺进行成功经营的基础。通过数据采集与定性分析、现场作业研究，制定出既简便可行，又节省时间、金钱的标准化的作业规范。

(2) 科学化管理标准的制定是一项长期的艰苦工作。要使店铺的发展既快速又健康，就一定要建立科学的管理标准。所谓标准的科学性，具有两层含义：一是指具有一定的先进性；二是指客观的实际性。

(3) 对一家门店来说，管理标准除了必须考虑到标准应该具有的先进性和客观实际性外，还须经过较长期的艰苦探索和实践去制定，试图在短期内用抄袭的方法制定管理标准是不现实的。从另一个意义说，一家门店的管理标准是区别于其他门店和体现自己经营管理思想和特色的主要方面，这也决定了店长必须要依靠自己的艰苦努力去创造。因此借鉴、消化、创造是门店制定管理标准的正确之路。

二、门店控制标准与制度的制定

(一) 损耗率控制

损耗率是失窃率和损耗率的统称，损耗率失去控制就会直接降低连锁门店的盈利水平。目前，国内大部分连锁门店实行缺损率承包责任制的方法，落实到人，这种方法虽然很有效，但要注意其负面影响，今后的方向是在加强责任制的同时，还要注重设备的保养和先进技术的应用。一般情况下将损耗率控制在5%左右是比较恰当的。

（二）服务质量控制

店铺的服务质量直接关系到自身的信誉和市场影响力，其控制的手段有两个：

（1）增强服务意识，进行教育与培训。必须认识到教育是控制服务质量的重要手段。

（2）实行明查和暗查相结合的控制方法。

（三）经营业绩控制

对门店经营业绩的控制，主要反映在完成目标销售额，并采取月营业额含工资与奖金的方法来控制上。目前一般采取固定工资加奖金的办法来考核和控制店铺的经营业绩，这并不是很妥当的，按月销售额含工资与奖金方法比较好。

（四）单据控制

门店每天都可能有大量的货品送到，配送中心或供应商送来的货都必须有送货单据。要严格控制单据的验收程序、标准、责任人、保管、走单期限等。单据的控制是为了控制违规性签单、违规性保管、违规性走单，保证货单一致的准确性，保证核算的准确性和供应商利益，同时也控制个别店员的舞弊现象。

三、编写营业手册

（1）店长应该在日常的经营活动中，通过作业研究和比较，发掘最有效的作业方法，以此作为标准，并编写具体的营业手册。营业手册的编写实际上是将门店经营的经验、技巧上升为明确的理论和原则。

（2）每家门店所制定的营业手册都应全面地包括每一岗位、每一作业人员，应尽可能发现每一细节并加以规定，尽可能完整地包含所有细节，这正是营业手册的精华所在。

四、筹备完备的培训体系

标准化经营对连锁门店至关重要，经营上的标准化离不开高质量的培训。离开了培训，营业手册所规定的作业标准就很难为员工所理解、接受和执行。因此，建立完整的培训系统，有利于门店各级员工的有效选拔、任用、教育、开发，是门店稳步发展、持续进步的关键所在。

一般情况下，完整的培训系统按纵向层次可以分为三层。

（一）岗前培训

岗前培训是指新员工进店后的基础培训，偏重于观念教育与专业知识的理解，让新员工明确门店的规章制度、职业道德规范，以及相应工作岗位的专业知识。其基本内容如下。

1. 服务标准与规范培训

让每个员工树立依法经营、维护消费者合法利益的思想，同时，把服务仪表、服务态度、服务纪律、服务秩序等作为培训的基本内容，让员工树立为顾客服务的思想。

2. 专业知识培训

在帮助员工树立正确的工作观念的基础上，理解各自工作岗位的有关专业知识，一般可分为售前、售中、售后三个阶段的专业知识。

(1) 售前，即开店准备，具体包括店内的清扫、货品配置及补充准备品的确认等所必须掌握的专业知识。

(2) 售中，即营业中与销售有关的事项，具体包括待客销售技巧、维护商品陈列状态、收银等。

(3) 售后，即店铺营业结束后的工作事宜，具体包括建立良好的顾客利益保障制度、商品盘点制度等工作。

(二) 在职培训

在职培训偏重于在岗前培训基础上的操作实务性培训。其内容主要按各类人员的职位、工作时段、工作内容、发展规划进行安排，主要涉及人员为店长、理货人员、收银人员等店铺工作人员，并按其职务的级别展开和实施。

(1) 店长的培训主要包括以下内容：店长的工作职责、作业流程、对员工的现场指导、员工问题的诊断与处理、商品管理、如何开好会议、顾客投诉处理、管理报表分析、信息资料管理等。

(2) 理货人员的培训主要包括以下内容：理货员的工作职责、作业流程、领货、标价机和收银机或POS机的使用、商品陈列技巧、补货要领、清洁管理等。

(3) 收银人员的培训主要包括以下内容：收银员的工作职责、收银操作、顾客应对技巧、简易包装技巧等。

(三) 全能培训

除了让员工明了各自岗位所需的知识和技能外，许多情况下也需要员工具备多种工作技能。事实上，在连锁企业中，某些工作是要求全体员工都能操作的，如商品的盘点作业、商品的损耗处理、收银操作等。店长如果能在这方面抓好对员工的培训和管理，就会大大减少用工人数，减少相应费用支出，从而提高店铺的盈利水平。

五、营运标准的改善与提升

标准化的贯彻执行依靠的是科学化的严格管理，否则，制定再多的标准也形同虚设。而分工越细就越需要协调，否则，各个职能部门的运行会相互牵制，各个作业岗位的衔接也难以顺利，作业化管理所带来的优势就难以转化为门店的现实竞争优势。因此，在连锁门店的实际营运过程中，作为店长，必须不断探索改善营运的标准，使店铺作业化管理不断合理化，越来越协调。

门店的运作与制造加工行业十分相似，从产品设计、原材料采购、零部件加工到成品组装和销售，前后工序紧密相关，严格地按专业化分工原理来完成业务全过程。每一个部门、每一个环节、每一项作业活动以及每一个人都必须按规定的标准来完成作业活动。于是，在门店内部就形成了两个层次的作业活动，即设计活动与执行作业。设计活动旨在为执行作业制定作业标准，而执行作业则是按标准完成操作任务。

标准的统一性并不排斥店员主观能动性的发挥，只要能使门店的盈利水平提高，每个店员都可提出建设性意见，使新的更好的方法可以成为标准。通过内部员工的不断探索，经过店长的进一步研究、开发，以坚持不懈的努力来改善店铺的营运标准。只有这样，标准化才不会使店铺走向经营僵化，故步自封。标准化效果的取得，靠的就是在严格管理的监督下，长期地坚持与改善标准，从而确立店铺整体的竞争优势。

想一想

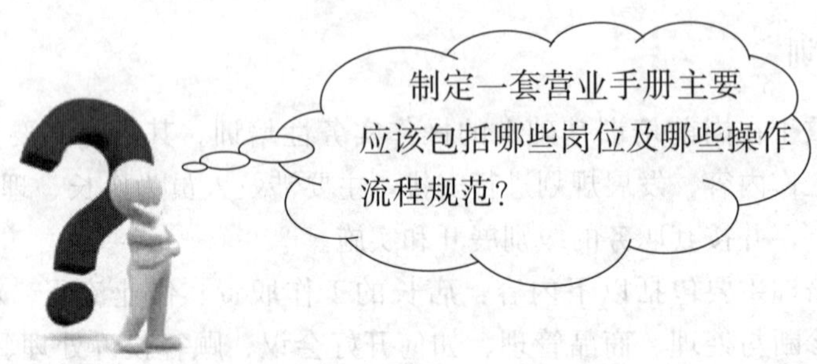

任务二　营业前：召开一个高效的晨会

门店每天开门第一件事情就是开晨会。近年来随着经营方式的不断完善，晨会的内容和形式有了很大的提升和改进。晨会对一家门店来讲已经成为企业文化的组成部分，是值得运用的。作为一家门店的店长，应该明确晨会的意义和作用，召开一个高效的晨会，为一天的工作开一个好头。

思考：孙店长担任新开店的店长，根据总部要求，每天需要开晨会。但是晨会天天开，怎么才能开出新意、开出效果？

任务工作流程

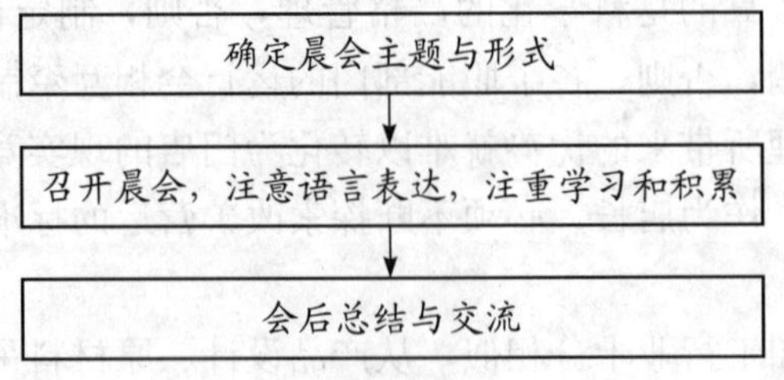

学习要求

通过学习，掌握召开晨会的要领，能组织召开一个高效的晨会。

相关知识

晨会是指利用上班前的5～10分钟时间，全体员工集合一起，互相问候，交流信息和安排工作的一种管理方式。召开晨会是人员点到、活动发表、作业指导、工作总结、唤起注意、培训教育、信息交流的方式；有利于团队精神建设；能产生良好精神面貌、培养全员文明礼貌、提高干部自身水平、提高工作布置效率、养成遵守规定的习惯。

一、晨会的意义和作用

（一）晨会是释放激情的最佳表现方式

没有激情的人缺少雄心，难于成就事业；拥有激情的人充满动力、爆发力和战斗力。晨会，正是释放这三力的最佳方式和场所。试想：在一个通常场合都不敢释放自己情感、推销自己激情的营销人员，如何感染顾客，卖出产品？

（二）晨会是精神胜利法的高度浓缩

自信是成功的第一秘诀，可以由树立坚强意志和培育、磨炼良好行为习惯获得。比如，每天早晨大喊："我是最好的!""我一定会成功!"由此树立自信，并采取行动来实现。

（三）晨会是最大广告的活动载体

只有充满新鲜、激情、动感甚至异类的广告才能抓人眼球，而无限膨胀的广告费用和有限的营销费用的矛盾日益尖锐，微成本或无成本的广告成为企业莫大的需求，应运而生的晨会的基本内容和特征正符合企业要求"抓住眼球"和"无成本广告"的需求，因此晨会是最佳广告活动载体和表现形式之一。

（四）晨会是树立企业形象的良好手段

抓人眼球、成为有效的广告载体，最终目的是树立企业的良好形象，特别是新兴、时尚的商家，前沿的服务行业和连锁门店，开晨会是恰当展现企业活力、显示企业形象、树立企业文化的良好手段。因此，晨会是构建企业文化品牌的有效途径。

二、如何让晨会有效果

每天开晨会是商业管理的良好形式，虽然晨会只有短短15分钟，却可以"总结昨天，明确今天，要求明天"，可以上传下达工作中的管理要求，且在不经意间收获了很多管理新知。

从很多成功的企业管理经验中，我们得出每天坚持一个成功的晨会给企业和员工带来很大的成长空间，所以必须开好每一次晨会，认真参与每一次晨会。但是晨会天天开，怎样才能开出新意、开出效果？可以从以下几方面着手。

（一）确定主题内容

今天的晨会主要谈什么问题，表达什么中心思想，达到什么管理目的，这是首要考虑的。除了总部统一布置的晨会内容外，各自的门店要有自己的晨会内容，至少提前一天，甚至提前几天就考虑好。

（二）选择晨会形式

是灌输式的宣读，还是主题式的演讲；是提问式的启发，还是讨论式的互动；是“官教兵”还是“兵教兵”，这都应该事先策划好。当然，内容决定形式，形式服务于内容，一切从效果出发。

（三）注意语言表达

我们也许永远无法达到电视、广播主持人的语言水平，但是完全可以做到：吐字清晰、流利、准确；精神饱满，富有激情；略带点肢体语言……

（四）注重学习和积累

晨会要做到“专博合一”。“专”就是管理中的专业知识要掌握，不说行外话；“博”就是古今中外、天文地理都要懂些。如果硬要问：“如何开好一个晨会？”只能说：开晨会是一个“功夫在诗外”的活。想要开好晨会，必须学习再学习，积累再积累。只有底气底蕴扎实，才能艺高胆大，游刃有余。

三、召开晨会的注意点

作为一个门店店长，需要提醒的是，每天站在下面听你开晨会的员工中，肯定卧虎藏龙，他们会在私底下评论你开晨会的水平。为此，作为店长要有危机感。日常开晨会中，还要注意下述几点。

（一）要了解现场

店长作为晨会主持人，首先要对自己管辖的现场十分了解：一是对本门店的商品结构、质量、价格、趋势、知识、技能、服务了如指掌；二是对企业管理制度，特别是针对本门店商品和管理要求的企业制度要十分了解；三是要对本门店员工结构非常了解，对员工的学历、能力、品德、个性、敬业程度、责任心等都要了解，甚至对员工家庭情况也要略知一二。多了解现场有利于日常管理。了解现场是开好晨会最基础、最起码要掌握的东西。

（二）要了解同行

知己知彼，百战不殆。门店的商品结构、服务措施、促销手段与同行有何不同？优劣势在哪里？作为晨会主持人必须了解。开晨会时会拿同行做比较和分析，不了解同行，怎能在员工面前布置工作，提出要求？

（三）要了解市场

全球一体化、信息化已经是不可抗拒的趋势。作为门店店长和晨会的主持人，应该有大市场的意识，要有认识和关心全球行业动态的心思，要有将这种思想灌输给员工的责任。作为一个终端门店，要胸怀大世界、大市场。唯有如此，才能高瞻远瞩，脚踏实地；宏观关注，微观把握；大处着眼，小处着手，取得市场竞争优势。

四、晨会的形式

晨会的形式多种多样，概括起来主要包括下述两种，企业可根据自身特点选择召开何种形式的晨会。

（一）店面式晨会

时间：早班或晚班之始。

地点：门店街旁，限公共区域3米内。

人物：一线业务员。

集合铃响起，所有业务员准时出列，统一服装，整齐列队。

店长：早上好！

员工：早上好！

店长：今天感觉好不好？

员工：好！

接着店长总结昨日的工作得失，宣布今日的工作安排及注意事项。时间以7～10分钟为宜。随后做操。可以是运动操、健康操，也可结合门店特色自行编排动作。队操以不超过5分钟为宜。做操不仅是为了焕发精神，更重要的是吸引眼球，展示企业文化。结束后，再次聚拢、站齐。

店长：我们的口号？

员工：××（企业名称），××！必胜！我们必胜！

整个晨会控制在15～20分钟。

（二）会议式晨会

会议式晨会与店面式晨会既有共同点又有区别。由于会议式晨会是在室内开，所以时间可更长，花样可更多，店长的发挥余地也更大。

时间：早班之始。

地点：会议室（应关门）。

人物：销售人员。

主持：店长。

店长：早上好！

员工：早上好！

众人围着会议桌，开始喊口号："我们是最优秀的！"声音饱满洪亮。其后店长总结昨天工作的得失，宣布今日的工作安排和注意事项。时间可以根据情况调节，但应该避免冗长或无病呻吟，以免影响当日士气。自我激励之后，可以进行"自我批评"。由于门店业务员每日工作压力很大，需要意志磨炼，批评自己是为了遇到挫折时更加冷静坚强。但自我批评不宜每天进行，以免影响士气。

晨会最后在高唱门店口号中结束。但不少员工在初期对晨会喊口号会有抵触。晨会的口号设计很重要。如何将喊口号这一形式入乡随俗，结合门店特点，予以本土化完善，是今后晨会的一大课题。

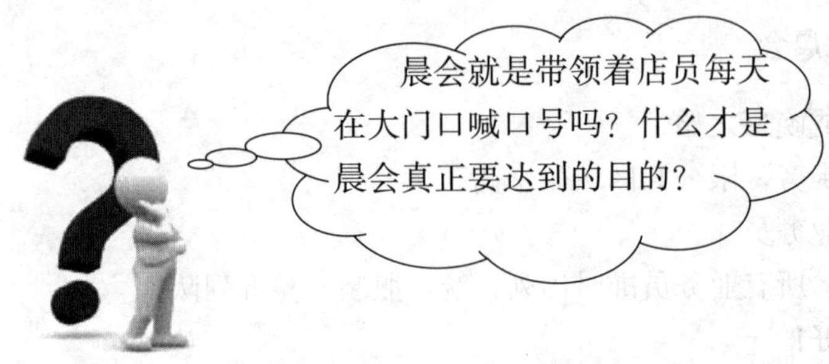

任务三　营业中：做好卖场巡视工作

店长巡店是日常管理工作中最基本的一项工作。新上任的孙店长就是要通过每天的巡店做到：(1) 发现问题，及时记录，及时落实，尽快解决；(2) 对门店一时不能解决的问题要及时与有关部门和人员沟通协商，不得以客观因素推卸责任；(3) 事无巨细，事事关心；(4) 有重点地巡店；(5) 解决问题分轻重缓急；(6) 已分配的任务，及时检查有无执行到位。巡店看似很平常，但店长却在巡店过程中火眼金睛，洞悉门店经营中的问题并及时加以解决。

思考：门店店长一天巡店时间如何安排？不同时间段的巡店内容各有什么不同？在巡店过程中要注意什么事项？

任务工作流程

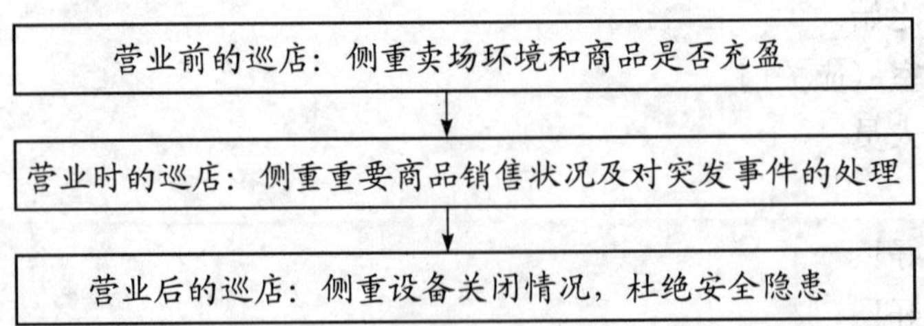

学习要求

通过学习，掌握店长巡店技巧。

相关知识

巡店是每个店长日常工作的重要环节。卖场是整个门店服务标准化的综合反映，而如何使门店每天都能处在高效率、高品质、高服务的经营状态下，是每个店长义不容辞的职责。“有效率的巡店”工作则是达成上述目标的重要手段之一。

一、巡店方式

巡店方式分为一人巡店和多人巡店两种。表7—1中列示了不同巡店方式的优缺点。

表7—1　门店巡店方式

方式	优点	缺点
一人巡店	巡店时间短，机动性强	因区域经理当时不在现场，处理问题时间长
多人巡店	处理、安排工作时间短，有问题共同沟通处理	巡店时间长

二、巡店区域

（1）店内巡视：卖场、仓库（收货区）、收银区（金库）、出入口、操作间、员工休息区、洗手间等。

（2）店外巡视：广场、停车场、收货场、门店周边。

三、不同时间巡店的内容

（1）营业开始前的巡店内容见表7—2。

表7—2　营业开始前的巡店内容

类别	内容
人员	各区域员工是否正常出勤 员工的着装、仪容仪表是否符合规定 员工的早班工作是否都已安排好
商品	生鲜商品是否补货完毕 DM商品补货陈列是否完毕 堆头、端架的POP牌是否悬挂整齐，信息是否正确 非商品性物品是否收回 货架陈列是否已做到整齐、丰满、前置

续前表

类别	内容
清洁	商品及货架是否清洁完毕 入口是否清洁 地板、玻璃、收银台是否清洁 通道是否清洁、畅顺 洗手间是否干净
其他	购物车/篮是否就位 购物袋是否就位 开店前5分钟收银区是否准备完毕 广播是否准备完毕

（2）营业结束后的巡店内容见表7—3。

表7—3　营业结束后的巡店内容

类别	内容
卖场	是否有顾客滞留、店门是否关闭 卖场音乐是否关闭 不必要的照明是否关掉，空调是否关闭，冷冻设备是否拉帘、上盖 购物车/篮是否全部收回归位 卖场内是否有空栈板、垃圾等是否处理完
收银	收银机是否关闭 现金是否全部缴回 当日营业现金是否完全锁入金库 金库保险柜及门是否锁好
操作间	水、电、煤气是否安全关闭 生鲜的专用设备是否关闭 操作间、设备、用具是否完全清洁完毕 冷库的温度是否正常

（3）营业高峰期的巡店内容见表7—4。

表7—4　营业高峰期的巡店内容

类别	内容
商品	商品是否有缺货 商品的品质是否良好 堆头、端架的陈列是否丰满，需不需要紧急补货 卖场通道是否畅通无阻 POP标价牌是否正确（内容、位置、商品信息）
人员	卖场是否随时都有员工作业 促销人员是否按商场规定程序作业 员工有无违规违纪

续前表

类别	内容
其他	店内的促销消息有无广播 顾客在收银机前排队是否太长 购物车/篮是否及时还原 商品是否及时还原 入口处人流量是否正常 店外交通是否正常

（4）特定区域的巡店内容见表7—5。

表7—5　特定区域的巡店内容

类别	内容
金库	金库的门锁是否安全，有无异样 金库的报警系统是否正常运作 每日现金是否安全存入银行
收货区	货车是否有交通堵塞，卸货等待时间有多长，是否需要临时增补人手 是否优先处理生鲜和DM商品收货 收货区域是否通畅，百货与食品是否分开堆放
促销区	堆头、端架陈列是否丰满 POP价牌有无脱落，信息是否正确 有无员工做现场促销 商品的陈列是否美观、有吸引力 堆头、端架的破损商品是否及时处理 散落的零星商品有无及时归位
客服区	客服员工的态度是否规范等 投诉处理情况如何

四、巡店注意事项

（1）巡店要以不影响顾客购物为原则。

（2）巡店时要以身作则，教育员工树立强烈的责任心。

（3）巡店时对发现的问题要作书面记录，及时处理，解决问题。

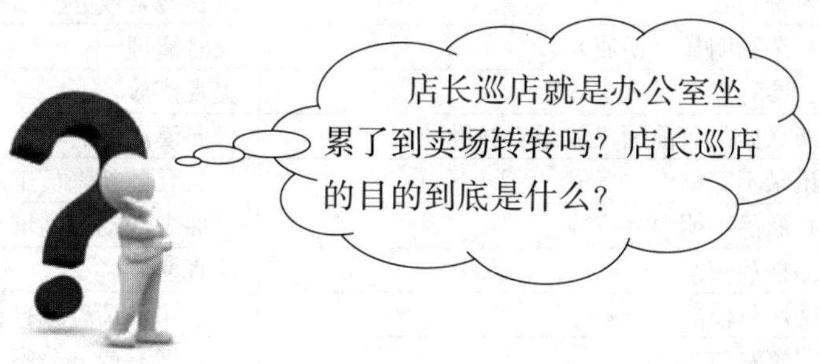

相关链接

某超市各门店巡场中发现的问题及整改措施

门店	存在情况	建议整改内容
昌兴分店	门店环境卫生较差，如商品、天花板、风帘机、吊风扇等灰尘较多	督促门店店长带头整改，搞卫生
	“营业执照”证件没有用镜框装好，直接贴在墙上，容易陈旧，影响形象	建议重新用镜框装好，镜框破损的及时上报物资部门或自己买后再报销
	门店通道或灰色地带地区放杂物，如椅子、货物等	平时学会保持形象布置
	部分商品堆放随意	摆放归类
	员工学习资料较少	店长搜索或办公室平时为门店提供
	收银台的促销车杂乱	摆放归类
	员工穿拖鞋上班，过于随意	员工不准穿拖鞋上班
	商品的价码牌不完整，缺失严重	及时打印
	天花板没有吊旗	向公司申请
	POP、爆炸花较少	向公司申请，或自行书写
	分类牌单面	双面既美观又节省资源
合山分店	部分员工较有激情	保持
	气氛较浓，但有些乱	杂物的摆放，如铝梯等
	天花板没有吊旗，POP书写不美观，爆炸花过少	建议向公司申请
	部分商品摆设不整齐	注意商品的摆放
	价码牌不完全，颜色不统一	尽快统一打印
	员工没戴工牌	要求员工佩戴工牌上班
	员工学习资料少	店长搜索或办公室平时为门店提供
麻演分店	个别员工服务心态较差	工作上引导和教育
	员工没戴工牌	要求员工佩戴工牌上班
	“营业执照”证件没有用镜框装好，直接贴在墙上，容易陈旧，影响形象	建议重新用镜框装好，镜框破损的及时上报物资部门或自己买后再报销
	门店环境卫生较差，如商品、天花板、风帘机、吊风扇等灰尘较多	督促门店店长带头整改，搞卫生
	POP、爆炸花较少	向公司申请，或自行书写
	促销商品不明显	可捆绑堆头促销
	门前广告牌烂了	建议及早做好
	员工学习资料较少	店长搜索或办公室平时为门店提供
永安分店	参茸柜有杂物明显（吊旗）	及时清理
	参茸柜、参茸盘摆设欠美观	美观摆放
	气氛过淡（如门店前面没放录音或歌曲）	可向漠江分店学习
	员工通讯录不完整	店长登记新来员工的电话号码
	促销包扎商品不明显	可捆绑活动商品堆头促销
	部分商品摆放较乱	认真摆放
	POP、爆炸花较少	向公司申请，或自行书写
	员工学习资料较少	店长搜索或办公室平时为门店提供

续前表

<table>
<tr><th>门店</th><th>存在情况</th><th>建议整改内容</th></tr>
<tr><td rowspan="5">东润分店</td><td>员工学习文件较少</td><td>店长搜索或办公室平时为门店提供</td></tr>
<tr><td>没有 POP、爆炸花较少</td><td>向公司申请，或自行书写</td></tr>
<tr><td>促销商品不明显</td><td>可捆绑活动商品堆头促销</td></tr>
<tr><td>缺少《巡店记录本》</td><td>公司以后会提供</td></tr>
<tr><td>员工没有工牌</td><td>公司以后会提供</td></tr>
<tr><td rowspan="6">沿江南分店</td><td>气氛布置较好</td><td>保持</td></tr>
<tr><td>员工学习文件较少</td><td>店长搜索或办公室平时为门店提供</td></tr>
<tr><td>门店部分商品摆放较乱</td><td>重新摆放</td></tr>
<tr><td>促销商品不明</td><td>如可捆绑部分商品堆头促销</td></tr>
<tr><td>缺少《巡店记录本》</td><td>公司以后会提供</td></tr>
<tr><td>员工没有工牌</td><td>公司以后会提供</td></tr>
<tr><td rowspan="7">漠江分店</td><td>店前气氛较好（如门店前面播放录音或歌曲，摆放赠品）</td><td>较好</td></tr>
<tr><td>店内气氛总体较好，爆炸花书写欠美观</td><td>平时可多书写</td></tr>
<tr><td>堆头促销商品不明显</td><td>如可捆绑部分商品堆头促销</td></tr>
<tr><td>门店学习文件较少</td><td>店长搜索或办公室平时为门店提供</td></tr>
<tr><td>部分商品库存量较大</td><td>根据实际适当调整库存</td></tr>
<tr><td>员工没有工牌</td><td>公司以后会提供</td></tr>
<tr><td>部分商品摆放欠美观</td><td>美观摆放</td></tr>
<tr><td rowspan="6">办公室</td><td>文件资料管理欠系统，较乱</td><td>建议增加文件的传达和管理</td></tr>
<tr><td>文化氛围不足</td><td>可在办公室气氛墙上贴上相关思想文化知识</td></tr>
<tr><td>办公室跟门店的沟通较少，门店人员对办公室的人员分工不熟悉，有问题找不到相应的负责人</td><td>将办公室人员的分工向门店上下传达</td></tr>
<tr><td>办公室的人员没有工牌</td><td>建议做</td></tr>
<tr><td>电脑等设备陈旧</td><td>建议更新，以便进一步提高工作效率</td></tr>
<tr><td>缺少内部通讯工具</td><td>建议安装一套企业内部的通讯工具，加强办公室与门店沟通</td></tr>
<tr><td>总结</td><td colspan="2">建议使用一套企业内部的通讯工具
店长搜索或办公室平时为门店提供员工学习文件
提供《巡店记录本》
为员工做工牌，包括办公室在内的同事
POP、爆炸花要齐全
将公司办公室人员的职能说明下发到各门店
门店形象的整改
提高员工的主观能动性
公司吊旗配备
价码牌统一</td></tr>
</table>

资料来源：联商网。

任务四　营业中：销售数据的采集与分析

孙店长需要采集对门店经营有用的数据，从这些数据中分析出门店经营过程中出现的问题，加以控制、解决。这天，孙店长正在看经营报表，发现某促销商品出现了缺货，立即叫来了部门经理了解情况，告知供应商出问题不肯供货。孙店长立即采取措施从其他门店调拨商品，确保该促销商品供货正常，并争取到时间跟供应商谈判。从孙店长的这一举措中可以看出，数据报表对门店管理者的重要性。

思考：哪些数据是店长在营运管理中的KPI数据？这些数据从何而来，如何解读？

任务工作流程

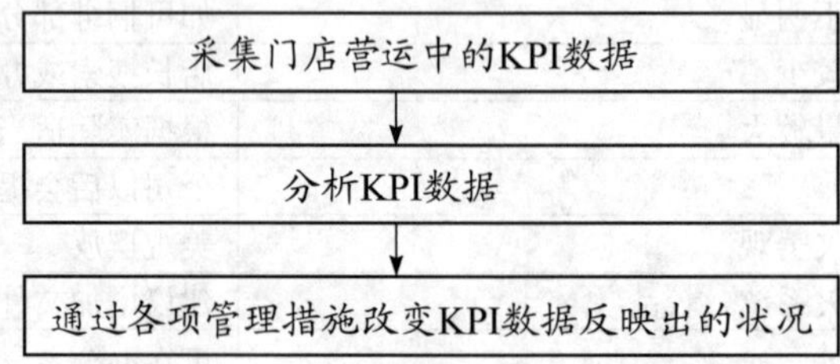

学习要求

通过学习，掌握营运KPI数据的获取与分析，控制和改善卖场经营。

相关知识

店长是门店最高管理者，是门店人、财、物、场的监控负责人，应带领员工寻求更好、更有效的方法完成公司的销售目标，达到服务标准。一个优秀的门店店长肩负着众多工作职责和内容，其中重要的一项即商圈、竞争店、顾客、商品等情报的收集、处理，以及相关信息的书面汇报。店长的日常营运管理工作的一项重要工作，就是从一堆销售数据中掌握门店的销售动态，为实现门店销售目标提供建议，将各项目标分配给下属，并促使其行动以实现目标。

一、门店营运中的KPI指标

门店营运中的KPI指标（key performance indicator，关键绩效指标）如表7—6所示。

表 7—6 门店营运关键绩效考核指标

序号	KPI 指标	考核周期	指标定义/公式	资料来源
1	营业收入	月/季/年度	考核期内全部营业收入总计	财务部
2	营业达成率	月/季/年度	(实际营业收入/目标营业收入)×100%	财务部
3	营业成长率	月/季/年度	(本期营业收入/上期或去年同期营业收入)×100%	财务部
4	销售收入同期增长率	月/季/年度	(当年销售额或销售量/上年销售额或销售量－1)×100%	财务部
5	销售回款率	月/年度	(实际回款额/计划回款额)×100%	财务部
6	商品回转率	月/年度	指一定金额的库存商品在一定的时间内周转的次数	营运部
7	商品结构优化目标达成率	月/季/年度	(商品结构优化目标达成项数/商品结构优化目标设定总项数)×100% 商品结构优化目标包括商品结构比率、商品贡献率等	营运部

二、报表数据分析

门店的报表即每日汇总、统计各个部门销售数据的报表，其中包括各部门的销售额、毛利、销售构成比、日平均销售额以及日销售额在一个月中各自所占的比率等各项数据指标。如何能在这些烦琐的数据中合理地得出对门店日常经营管理的各项措施和办法是至关重要的。报表的分析主要从以下几方面入手。

(一) 关注每日销售额指标

可以从每日的销售额在本月总销售额中所占的比率，看出一周中最忙的时间段在哪几天，这样有助于安排门店员工的工作与休息，但是也须在分析报表的同时，注意一些特殊的日子，如节假日、突发性的集团购买、发工资日（主要是在大型厂矿机关的门店，销售主要来自于此）。大部分大中型门店在周五、六、日三天的销售要高于其他时段（小型便利店，尤其是消费水平低的地方，在周末，可能因为消费群到大型超市购物，反而会出现大幅下降的现象），故应该在繁忙时段到来前，备足商品，并减少员工休假，以增加服务人员等。

(二) 关注毛利率指标

从毛利率可以看出门店每日的毛利率和各部门毛利率的高低。目前，大型卖场的综合毛利率在10%～12%，超市的毛利率在15%～18%，便利店的毛利率可能会在20%左右。一般来说，节假日时，高毛利的商品会有较大提高，从而对门店的毛利有一定的补充，这样就有助于门店的管理人员合理补货和安排利润计划。

(三) 关注各部门贡献毛利率指标

以超市为例，从各部门的贡献毛利率由高到低的排列可以看出，一般的排列为：文具、塑料五金、针织品、小食品、日化、烟酒、肉食、副食品、粮油。店长由此可以逐步调整单品价位和普通商品与利润商品的结构，促使其在综合毛利贡献率上减少差距。对于贡献毛利率较高的部门应加大要货的力度，对于贡献毛利率较低的商品部门应加大调整力度，了解目标顾客群的消费需求。例如，肉食品会因夏季的到来而销售下滑，就应通过增加夏季的畅销品来转移定位。某一部门可能会因利润商品的断货，而使整个部门的贡献毛利率下滑，这就要求门店根据自身的情况，重视利润商品的库存，合理提出要货需求单以便配送中心配送。

（四）根据报表可以有效地提高毛利率

如果一月的毛利率低于预计水平，就可以对各部门的毛利率和销售构成比进行人为调整。例如，一月的整体毛利率为17%，低于预计毛利率18%，而其中小食品的销售构成为28.71%，但是毛利率为18.5%，为了提高总体毛利率，就可以增加小食品的品种和数量及展示的排面，以促进销售，提高这一部门的销售构成比，从而达到提高整体毛利率的目的。有效提高毛利率的方法为：

（1）提高高毛利率商品部门的构成比。应当注意的是：1）毛利率虽高，可能季节性商品（如雨季到来，雨伞销售增加）较多；2）毛利率虽高，但是易成为损耗高的商品。

（2）降低低毛利率部门的构成比。

（3）提升高销售构成比部门的毛利率。

（4）若有构成比相同的部门，应发展高毛利率的商品。但是不能完全绝对为了提高综合毛利率，而使销售构成比下降。要对不同个性、特征、用途的商品进行有效的组合，能够满足顾客的各种需求，使综合毛利有所增长。

（五）根据门店情况设定目标及比率，以决定商品的库存

各部门商品的库存是否适当，库存是否能有效发挥效率等，这种商品成绩判定的指标谓之交叉比率。商品的交叉比率越高，就表示越有效率；交叉比率最少也要确保在200。如果为100，是指得到与商品投入资本相同数额的毛利，如果将风险负担、滞销商品及损耗计算在内，就谈不上效益了。各部门的目标交叉比率先由公司总部统一设定，然后各门店根据实际情况自行调整设定各部门的目标销售额，计算其应有的库存量。计算方法如下：假设有一部门销售目标a为54万元，销售构成比b为29.7%，交叉比率c为133%，目标毛利率d为19%，那么贡献毛利率为$e=b\times d=29.7\%\times 19\%=5.643\%$，目标周转率$f=c/d=133\%/19\%=7$次，目标库存$g=a/f=54/7=7.714$万元。

店长在分析报表时应该明确，报表仅仅是作为过去时间段的报表，只能作为以后准备工作的参考，绝不可一味相信过去。分析以往是为了更好地为以后的工作做准备，通过分析，店长应大胆而有预见性地预测，以使数据成为经营决策的来源，使门店的每一项决策都脚踏实地，真正做到数据化、科学化。

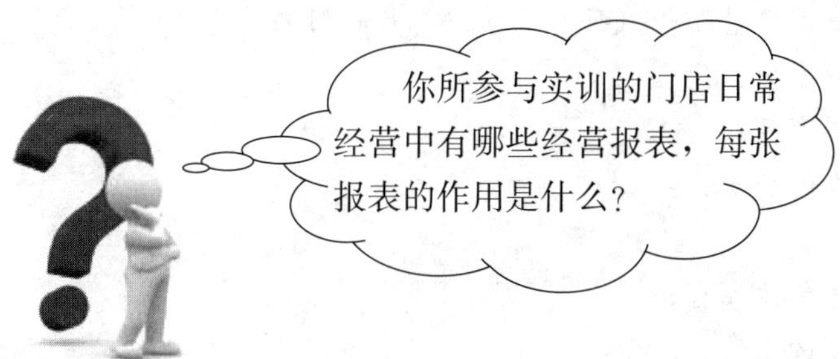

相关链接

大润发超市的五大异常控制

大润发超市店长对卖场商品的进、销、存进行有效管理，即根据报表信息处理商品五大异常，即负库存、负毛利、滞销、畅缺和进入删除。

一、负库存

（一）负库存的定义

负库存即系统内库存数小于 0。

（二）负库存产生的原因及种类

（1）生鲜进销货号：进货为专用货号只有进货没有销售，销售专用货号，期初库存为 0，每销售一次即为负 1 个销售单位。如猪肉屠体与分割。

（2）生鲜扣重引起：如海蜇皮供应商送货为 100 千克，收货区扣重 10 千克以 90 千克收货，但实际缩水不到 10 千克，因此实际可销售数为 93 千克，当销售超过 90 千克时即出现负库存。

（3）字母货号：箱、瓶之间库存调整，如可乐箱货号转为 24 个单瓶货号。

（4）串号：相似或相近商品货号混淆。

（5）收银扫描错误：将 A 商品作为 B 商品销售，B 商品即会出现负库存。

（6）盘点差异：盘点时将 A 商品作为 B 商品记入盘点，A 商品会出现负库存。

（7）收货差异：将 A 商品作为 B 商品收货，A 商品即会出现负库存。

（三）负库存之危害性

负库存若不即时处理导致库存实际数与系统数不符，将给库存金额及订货带来困扰。

（四）负库存处理

（1）通过负库存报表了解负库存状况。

（2）逐一查明产生的原因并及时调整。

（3）生鲜盘点或循环盘点消除负库存。

（4）库存调整、收货差异更正单调整负库存。

二、负毛利

(一) 负毛利产生的原因

负毛利的产生主要是由于售价变更，变更的主要原因有以下几条：

(1) 系统的售价洗盘动作（每月的第二个星期日）；

(2) 店内促销变价；

(3) 折扣出清商品；

(4) 市场调查的变价；

(5) 退差价；

(6) 前七天之前的库存；

(7) 生鲜面销的变价；

(8) 采购建档错误；

(9) 退货。

(二) 负毛利的注意事项

店内促销变价直接影响毛利，店长在变价前应事先和采购进行良好的沟通。

(1) 店长每日可使用每日负毛利品项报表及卖场售价异动明细报表检查是否有不合理的变价。

(2) 如卖场变价不合理，采购可要求店长作出解释。

(3) 负毛利商品严禁出团购（经店长批准除外）。

(4) 在市调变价中要紧跟竞争店的动作，如竞争店价格一有上提，应赶紧恢复负毛利商品的售价。

(三) 如何处理负毛利的产生

店长每日可使用每日负毛利品项报表及卖场售价异动明细报表检查是否有不合理的变价：

(1) 变价直接影响毛利，除敏感商品外，其余商品变价需经商品部的同意。

(2) 时刻关注因市调变价而产生的负毛利商品，如竞争店价格上升，立即进行变价。

(3) 如卖场变价不合理，采购可要求店长以书面或口头解释。

三、滞销

(一) 滞销的定义

(1) 商品状态为1或5。

状态1：为可进货、可销售的品项数（正常商品）。

状态5：为暂时禁止下单的品项数。

(2) 曾有销售记录且库存大于0。

(3) 生鲜连续10天以上，杂货20天以上，百货30天以上销售量为0的商品。

(二) 滞销的操作程序

(1) 确定电脑库存量是否正确，是否存在系统库存＞0、实际库存＝0、销售＝0的情况。库存不准的原因如下：

1) 收退货不当：人为失误，供应商诈底。

2) 盘点不确实。

3）失窃。

4）破包、破损。

（2）检讨陈列方式：

未陈列→陈列

陈列方式不当→改变陈列方式

位置不佳→调整位置

（3）检查商品及货架清洁，出样商品是否完好。

不佳→做清洁，更换样品

（4）检讨商品规格及包装。

相同商品不同规格太多→减少

销售包装太大或太少→调整

包装太差→通知商品部改善包装

（5）价格是否有优势。

否→降价，利用周末的 IP 处理

否→协调采购做活动（送赠品或上 DM）

（6）建议采购改为状态 6、8。

每月提报淘汰商品建议出清或退货（优先考虑）。

四、畅缺

（一）理论的畅缺定义

商品状态为 1，5 且≠0。

畅：杂货（含生鲜）：DMS>3；百货：DMS>2。

缺：杂货（含生鲜）库存可销天数≤2×DMS；百货库存可销天数≤2×DMS。

（二）实际营运中的缺货概念

（1）生鲜、日配冷藏商品库存≤1×DMS。

（2）服装、床上用品、鞋类断色断码，造成实际缺货。

（3）家电商品只有样机，没有库存，顾客无法购买，造成实际缺货。

（4）电脑库存不为零，实际库存为零。

（5）商品有库存，但均为破包商品，顾客不会挑选。

（6）负库存也会造成实际意义上的缺货。

（三）畅缺产生因素

1. 系统方面

（1）系统中设定的供应商送货行程，有些与供应商实际送货行程不一致；

（2）系统中的 MOC（最小订购量）与有些供应商实际可送货的 MOC 不一致，导致供应商并单送货；

（3）系统中所考虑的 DMS 因素不够全面，数据精准度不够；

（4）对最小排面量设定不清楚，不能适应所有商品的陈列；

（5）一周中商品 OPL（order proposal list，即自动建议订货系统所产生的供订货时参考的表单）行程分布不均，造成当日传真失败。

2. 供应商方面

（1）送货品项缺损；

（2）数量短缺；

（3）送货时间未按送货行程；

（4）因商品质量因素被门店拒收。

3. 营运方面

（1）因盘点不实（虚库存）造成实际上的缺货；

（2）不考虑同一厂家供应商的所送品项的可销天数相对接近，随意修改送货量，致使可销天数长短不一（为了达到设定的 MOC，提高下单的数量或不下单，造成高库存或畅缺）；

（3）订货部员工对各科品项销售特性、陈列排面量、供应商送货情况了解不清，任由营运科长下单；

（4）营运科长不按要求下单，主管领导审核订单不力；

（5）大宗团购销售未与正常 DMS 分离，造成 DMS 偏高；

（6）订货部员工与科长职责不清，互相推诿，催单不力。

（四）畅缺的处理

（1）部门科长、处长每天定时阅读报表，对畅缺商品没有下单的品项补单，对有待收的品项作催单。

（2）部门处长每天定时查阅 OPL 订单，并与科长讨论订货量、送货时间、可销天数是否合理。

五、进入删除

（一）进入删除的定义

商品的状态为 6、8 且库存≠0。

状态“6”为长期禁下单，一般是指季节性商品，以后还可以恢复成正常商品。这时排面如有缺货，把位置调整，让其他商品用，保证排面的位置充分利用而不至损失业绩。

状态“8”为进入删除商品，进入删除商品中，且不能恢复。

如报表见“R”03.11.15 的是指在此日前需退货完毕，见“P”03.11.15 的是指在此日期后才可以打折出清。如果不见“R”又不见“P”，先反映给商品部建档，如 14 天内未建档，门店视同出清处理。

（二）状态“6”、“8”注意事项

（1）长时间滞销的商品也会进入状态“6”、“8”，所以在平时要经常注意跟踪发生滞销的商品。

（2）如发生滞销先要到排面上去看是否有此商品。如果有，就需要分析为什么会发生滞销，如商品放置不明显。

（3）科长需要经常巡视自己科室的排面，有问题要即时解决，防止产生不必要的损失。

（4）需要查明此商品是否有账款，如有要做扣账动作，确保公司的利益。

（5）在报表中见“R”的是指退货，见“P”的是指打折出清。

(6) 在做出清动作时，第一次做 7 折的降价出清，派促销员做特价陈列并在 POP 注明原价。如未能达到实际效果，第二周做 7 折里的 7 折出清，直到商品出清为止。

(7) 员工（促销员）不能购买此类商品。

任务五　营业后：规范营业款管理

新上任的孙店长在日常营运管理中，除了关注销售，为消费者解决销售相关的突发事件外，还需要负责监督门店收银工作，做好各项财务报表的管理，负责账目及各项费用支出的管理。在门店营业结束后，孙店长须核对账务，填写好营业报表，核对营业款并妥善保管，留好备用金，安排好第二天的一切事务。

思考：如何妥善管理好营业款？在日常收银业务管理过程中需要注意什么？

任务工作流程

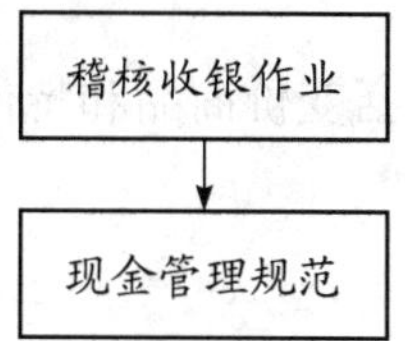

学习要求

通过学习，掌握收银管理相关技巧，能规范现金管理。

相关知识

连锁门店大多为自助式经营，顾客在卖场内随意比较、选购自己喜欢的商品，然后自行到出口处做一次性总结付账。这种经营形态下，收银工作格外重要。事实上，收银不只是单纯地为顾客提供结账的服务而已，在整个收银过程中，还包括了对顾客的利益态度和咨询提供、现金作业的管理、促销活动的推广、损耗的预防、业务侵占的防范，以及门店安全管理的配合等各项前置和后续管理工作。因此，做好收银管理工作，有效稽核收银作业是店长日常工作中不可忽视的重要组成部分。

一、收银员作业管理的重点

由于收银员工作对门店经营的重要性，对收银员作业的管理最好要细化到收银员作业流程的每一个作业程序，乃至每一个动作和每一句用语。确定对收银员作业管理的重点十分重要。

作为与现金直接打交道的收银员，必须遵守门店严明的作业纪律，包括：

(1) 收银员在营业时身上不可带现金，以免引起不必要的误解和可能产生的公款私挪的现象。

(2) 收银员在进行收银作业时，不可擅离收银台，以免造成钱币损失，或引起等候结算的顾客不满与抱怨。

(3) 收银员不可为自己的亲朋好友结算收款，以免不必要的误会和可能产生的收银员利用收银职务之便，以低于原价的收款登录至收银机，或可能产生的内外勾结的偷盗。

(4) 收银台上除茶水外，收银员不可放置其他任何私人物品。因为收银台上随时都有顾客退货的商品，或临时决定不购买的商品，如有私人物品放在收银台，容易混淆商品，引起误会。

(5) 收银员不可任意打开收银机抽屉查看数字和清点现金。随意打开抽屉既引人注目造成可能的不安全因素，也会使人产生对收银员徇私舞弊的怀疑。

(6) 不启用的收银通道必须用链条拦住，不然会使一些不良顾客不结账就将商品带出。

(7) 收银员在收银期间不可谈笑，要随时注意收银台前和视线所及的卖场内状况，防止和避免不利于门店的异常现象发生。

(8) 收银员要熟悉商品位置，包括变价商品和特价商品，以及有关的经营状况，以便顾客提问时能做出解答。

二、稽核收银作业

收银作业中每一步骤以及每个环节，其目的都是让门店在现金管理上有良好的制度与规范。但是好的制度如果未能予以有效地执行，或是没有操守良好的执行者，仍会有许多弊病产生，尤其是任何收银作业上所产生的人为疏忽或是舞弊行为，都会影响门店的营业收入，让其他工作人员为销售做的努力化为乌有。为了及时发现收银作业上的舞弊行为，矫正收银员在执行任务时的不良习惯及错误的收银作业，门店应该派专门的负责人或者由店长亲自执行收银稽核作业，主要内容如下。

(一) 收银台的抽查作业

为了评核收银员在为顾客做结账服务的工作表现，店长应每天随机抽查收银台。抽查项目如下：

(1) 检查收银结算的总营业账条与实收金额是否相符，并登录于“收银机抽查表”。

(2) 核对总营业账条的折扣总金额与该收银柜台折扣记录单、记录的总额是否相符，以及稽核收银员是否私自给予顾客过多的折扣。

(3) 检查收银机内各项密码及程式的设定是否有更动，收银员是否存在利用收银机舞弊的行为。

(4) 检查每个收银柜台的必备物品是否齐全。

(5) 收银员的礼仪服务是否良好。

(6) 是否遵守收银员作业守则。

收银台的抽查作业，不仅能够评核收银员的工作表现，还可以检核收银员是否依据规定的作业执行任务，以便马上纠正收银员的错误观念。

（二）清点金库现金

清点金库内所有现金及准现金的总额，与“金库现金收支本”登录的总金额是否相符，其点数的范围除了大钞外，还应包括小额现钞及零钱袋。

此项稽核作业可以避免负责金库的相关主管趁机挪用公款。

（三）每日营业结算明细表的正确性

每日结完当日营业额总账后，必须将当日营业的收支情形予以记录，作为相关部门在执行会计作业时的依据。因此，记录表的登录是否正确，将影响门店各项财务的计算及日后营业方面的参考。有鉴于此，稽核人员（店长）有必要检查门店人员登录账表的作业情形。

（四）核对“中间收款记录本”与“金库现金收支本”

每台收银机过多的现金大钞必须按照规定回收金库保存，且每次收取现金大钞的时候，必须同时登录“中间收款记录本”和“金库现金收支本”。稽核人员（店长）必须检查每台收银机的“中间收款记录本”和“金库现金收支本”是否相符，以及每次执行中间收款作业时，是否确切填写没有遗漏，以查核相关主管对于现金收支的处理是否诚实。

想一想

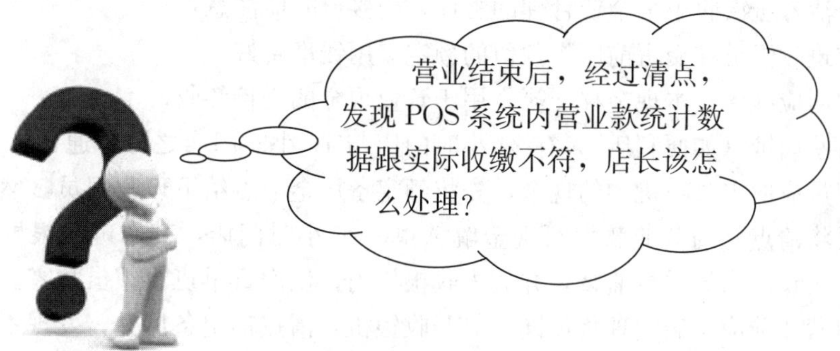

三、现金管理规范

（一）零用金管理规范

（1）零用金应包括各种面值的纸钞及硬币，其数额可根据营业状况来决定，每台收银机每日的零用金应相同。

（2）每天开始营业前，必须将各收银机开机前的零用金准备妥当，并铺在收银机的现金盘内。

（3）除每日开机前的零用金外，店铺还应该备有足够数额的存量，以便在营业时间内随时为各台收银机提供兑换零钱的额外需要。因而，收银员应随时检查零用金是否足够，以便及时兑换。

(4) 零用金不足时，不能与其他收银台互换，可请店长进行兑换。

(5) 执行零用金兑换作业时，应填写“兑换表”，并由指定人员进行。兑换时须经过收银员与兑换人员双方对点清楚。完成兑换之后，应将兑换表收存在指定位置，以便日后查核。

(二) 大面值钞票管理规范

(1) 收银台不仅人员出入频繁，也是门店唯一放现金的地方，因此一定要注意安全。特别是找钱给顾客时，并不需要用到最大面值的现钞，因此不必将最大面值的钞票放在收银机抽屉内的现金盘内，为了安全起见，可放在现金盘的下面，用现金盘遮盖住。

(2) 当抽屉内的大钞累计到一定数额时（可按各门店的营业状况加以规定，如 2 000 元），应立即请收银主管或店长收回至店内的保险箱存放。

(3) 收取大面值钞票时，应暂停收银台的结账作业，将现金放在特定的布袋内，然后系在手上带走，并随时注意四周的情况。

(4) 每次收取大面值钞票时，经过点数后，必须将收取的现金数额、时间登录在该收银台的中间收款记录本内，由收银员及收银主管分别签名确认。每台收银机应分别有中间收款记录本。

(5) 大面值钞票送到保险箱，也必须登录在保险箱收支本内，并将日期、时间、收银机号、金额，以及累积数填写清楚，登录者必须签名以示负责。

(三) 交接班现金管理规范

为了分清各班次收银员金钱管理的责任，交接班时应注意：

(1) 交班收银员在交班前应将预留的额定零用钱准备好。

(2) 门店应准备一本现金移交簿，用于营业现金的交接签收。

(3) 有些店铺（如便利店)，有 24 小时门店与 16 小时门店之分。通常，24 小时门店其交班收银员应取出收银机中的现金，先将额定备用金清点给下班收银员，然后清点营业款，收银员将清点好的营业款填写现金解款单。16 小时门店，其中班收银员在清点额定备用金时，店长应当场进行监督，并放入收银机内，供次日早班收银员找零。次日早班的收银员上班营业前应与店铺理货员同时打开收银机，清点额定备用金，发现不符应及时记录，并向店长汇报。

(四) 营业收入管理规范

营业收入管理的重点是为了保证店铺经营管理的最后成果的安全性，门店的营业款解交必须按照以下规定操作：

(1) 每店铺可根据实际情况配备保险箱一只，用于存放过夜营业款，保险箱钥匙由店长保管。

(2) 收银员的营业收入结算，除了在交接班和营业结束后进行外，每天要选定一个时间做单日营业的总结算，这个时间最好选择在 15：00～16：00，这样可避免营业的高峰，也可在银行营业结束之前进行解款。在每天这个总结算时间里结出营业收入（如每天

15：00)，代表昨天15：00至今天15：00的单日营业总收入金额。在进行总结算时，应将所有现金、购物券等一起进行结算。结算后由收银员与值班长在指定地点面对面点算清楚，并填写每日营业收入结账表，由收银员和值班长签名，该结账表是会计部门查核和做账的凭证。

(3) 值班长在收银员清点营业款后，打印收银员日报表，并与现金解款单核对，收银损益在现金解款单中写明，然后将现金与现金解款单封包并加盖骑缝章，最后在交接簿登记，移交给店长。

(4) 店长将收到的营业款存入保险箱，如由银行上门收款的，在银行收款员上门收款时，在交接簿上登记并交给银行收款员；如解交银行的，应由专人存入指定的银行，可由店长在当班时解交银行，同时最好对营业款存入银行的时间、路线等做出规定，以免发生意外。

(5) 店长每天打印销售日报表，并收齐当日收银员日报表与现金解款单，同时按店铺规定的时间送到财务部门。

案例分析题

(一) 有关商品贡献率的实行运用

某门店店长考核9月份各个部门数据，其中两个部门的相关数据业绩如下：烟酒饮料部9月份的平均销售成本金额为200万元，平均库存成本金额为150万元，毛利率为8%；家居用品部9月份的平均销售成本金额为120万元，平均库存成本金额为210万元，毛利率为20%。

思考：请分析店长应将考核优胜奖授予哪个部门？

(二) 门店商品五大异常的控制

A超市某连锁门店李店长每天的营运管理工作重点是管控五大异常。某日，李店长通过系统发现某品牌酸菜卤牛肉口味泡面已经3周都没有销售出1袋了。为此，李店长检查了库存，排除了系统库存大于零，实际库存等于零，销售为零的情况。再次查看卖场，发现另一品牌推出了陈坛酸菜牛肉面正在做大力度促销。相比较促销力度，该品牌酸菜卤牛肉口味泡面不存在价格优势。

思考：

1. 某品牌酸菜卤牛肉口味泡面是否属于滞销商品？
2. 滞销商品主要由哪些原因导致？
3. 如果你是李店长，该如何处理该品牌酸菜卤牛肉口味泡面？

项目八
连锁门店员工管理

项目简介

一个门店好比一个大家庭，而员工就是这个大家庭的核心力量，只有更多优秀的员工把自己的忠诚和热情投入到工作中，为门店的业绩目标而奋斗，门店才能获得成功。店长作为门店的灵魂，一方面要严抓员工管理，另一方面要激发员工的工作热情，让员工快乐地工作。管理应该理为先，培养员工的自信、自尊和明确的自我认知度；培养员工的团队协助精神和集体观念；了解店铺运作管理的内涵、流程及优秀店铺的标准，掌握管理和激励门店员工的方法，学习有效沟通和辅导新员工的技巧。本项目通过对连锁门店员工管理的学习，旨在指导店长善于管理自己的团队，实施有效激励，通过有效沟通提高员工工作绩效，带领全员为实现门店目标而奋斗。

工作流程

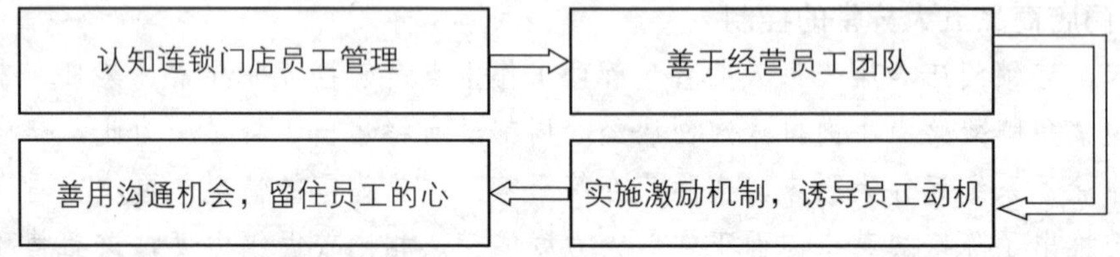

任务一　认知连锁门店员工管理

吴店长是一家连锁门店的店长，他经常会遇到以下问题：新员工不能迅速成长，老员工缺乏激情，你不拨，他不动；门店内部钩心斗角，损耗严重，门店管理混乱，制度不能有效执行，商圈不精耕了，员工不培训了，团队合作气氛不管了，品牌美誉度不在乎了，先把这个月的任务完成就万事大吉了。吴店长所在的这家门店因为缺乏人才储备队伍，只能从没有管理经验的员工中临时提拔，门店管理水平进一步降低，形成了恶性循环。

思考：店长要如何管人才能避免以上的问题再次出现？

任务工作流程

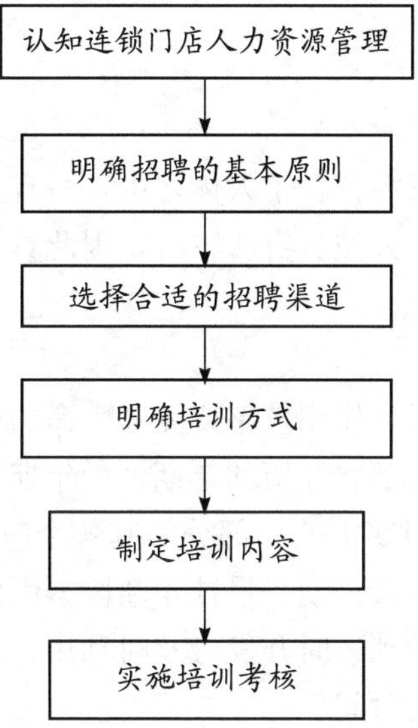

学习要求

通过学习，能够运用人员招聘的方法，进行科学的人员招聘；掌握人员培训的方法，进行高效的人员培训，使企业的培训体系更加科学。

相关知识

连锁门店员工管理是对整个门店人员的招聘、培训、考核、奖励、福利待遇等进行计划、组织、指挥、监督和协调的一系列活动的总称。管理范围广，方法多，技术性强，员工具有流动性特点，必须实施动态管理，这进一步增加了管理的难度，因此更注重实践经验的积累。

一、连锁门店人力资源管理

（一）人力资源的概念

资源是一个经济学术语，经济学把可以投入到生产过程中创造财富的东西统称为“资源”，并且认为“资源的最大特性是它的稀缺性，只有稀缺的东西才能够成为资源”。人力资源管理将“人力”看成一种资源，首先肯定了“人力”作为资源创造财富的本性，同时表明了“人力”这种资源的稀缺性。近年来，人们不断将“人力”看做资源，而且是最重要的资源，是各种资源之“本”。

那么，究竟什么是人力资源呢？从广义上来说，人力资源是指智力正常的人；从狭义上理解，人力资源是指具有智力或者体力劳动能力的人的总和。一般认为，人力资源是指能够推动社会发展和经济运转的、与当前和未来发展相适应的、具有智力劳动力和体力劳动力、能为社会创造物质财富和精神财富的人的总和。

（二）人力资源的特征

1. 人力资源的生物性

人首先是一种生物。人力资源存在于人体之中，是有生命的“活”资源，与人的自然生理特征相联系。人力资源属于人类自身所特有，因此具有不可剥夺性。这是人力资源最根本的特性。

2. 人力资源的时限性

时限性是指人力资源的形成与作用效率要受其生命周期的限制。作为生物有机体的个人，其生命是有周期的，每个人都要经历幼年期、少年期、青年期、中年期和老年期。其中具有劳动能力的时间是生命周期中的一部分，其各个时期资源的可利用程度也不相同。无论哪类人，都有其才能发挥的最佳期、最佳年龄段。因此，人力资源的开发与管理必须尊重人力资源的时限性特点，做到适时开发、及时利用、讲究时效，最大限度地保证人力资源的产出，延长其发挥作用的时间。

3. 人力资源的再生性

人力资源也具有再生性，它基于人口的再生产和劳动力的再生产，通过人口总体内个体的不断更替和“劳动力耗费—劳动力生产—劳动力再次耗费—劳动力再次生产”的过程得以实现。同时，人的知识与技能陈旧、老化也可以通过培训和再学习等手段得到更新。当然，人力资源的再生性不同于一般生物资源的再生性，除了遵守一般生物学规律之外，它还受人类意识的支配和人类活动的影响。从这个意义上来说，人力资源要实现自我补偿、自我更新、持续开发，就要求人力资源的开发与管理注重终身教育，加强后期的培训与开发。

4. 人力资源的社会性

人处在一定的社会之中，人力资源的形成、配置、利用、开发是通过社会分工来完成的，是以社会的存在为前提条件的。人力资源的社会性，主要表现为人与人之间的交往及由此产生的千丝万缕的联系。人力资源开发的核心，在于提高个体的素质，因为每一个个体素质的提高，必将形成高水平的人力资源质量。但是，在现代社会中，在高度社会化大生产的条件下，个体要通过一定的群体来发挥作用，合理的群体组织结构有助于个体的成长及高效地发挥作用，不合理的群体组织结构则会对个体构成压抑。群体组织结构在很大程度上又取决于社会环境，社会环境构成了人力资源的大背景，它通过群体组织直接或间接地影响人力资源开发，这就给人力资源管理提出了要求：既要注重人与人、人与团体、人与社会的关系协调，又要注重组织中团队建设的重要性。

5. 人力资源的能动性

能动性是人力资源区别于其他资源的本质所在。其他资源在被开发的过程中，完全处于被动的地位；人力资源则不同，它在被开发的过程中，有思维与情感，能对自身行为作出抉择，能够主动学习与自主地选择职业，更为重要的是人力资源能够发挥主观能动性，有目的、有意识地利用其他资源进行生产，推动社会和经济的发展。同时，人力资源具有创造性思维的潜能，能够在人类活动中发挥创造性的作用，既能创新观念、革新思想，又能创造新的生产工具、发明新的技术。

6. 人力资源具有生产者和消费者的角色两重性

人力资源既是投资的结果，又能创造财富；或者说，它既是生产者，又是消费者，具有角色两重性。人力资源的投资来源于个人和社会两个方面，包括教育培训、卫生健康等。人力资源质量的高低，完全取决于投资的程度。人力资源投资是一种消费行为，并且这种消费行为是必需的、先于人力资本的收益。研究证明，人力资源的投资具有高增值性，无论从社会还是个人角度看，都远远大于对其他资源投资所产生的收益。

（三）连锁门店人力资源管理的含义

所谓连锁门店人力资源管理，是指连锁门店为了实现战略目标，利用现代科学技术和管理理论，通过不断地获得和培训人力资源，对连锁门店内的人力资源进行整合、调控及开发，并给予他们物质报酬和精神激励，从而有效地开发和利用人力资源的一系列管理过程。

店长通过正确、高效的人力资源管理，可以使连锁门店内的人力、物力经常保持最佳配置，同时各种激励手段的应用和工作保持的给予，能对人的思想、心理和行为进行恰当的引导、控制和协调，充分发挥店员的主观能动性，做到人尽其才、事得其人、人事相宜。

（四）连锁门店店长的人员管理职责

从职能角度来看，人力资源管理作为连锁总部的一项重要管理职能，一般由总部的管理部或独立的人力资源部来统一规划、宏观调控。但从权限划分来看，除总部掌握绝大部分人事管理权外，门店店长手中又掌握着一定的人事管理权。比较而言，总部的人力资源管理强调全局性和统一贯彻性，门店店长负责的人力资源管理则注重局部性和配合实施性。

一般说来，门店店长的人员管理职责主要包括：

（1）执行总部的人力资源管理制度，严格要求员工配合实施，使门店人力资源管理目标同总部相一致。

（2）按总部人力资源部门规定的招聘要求和标准组织招聘门店所需员工，并上报总部人力资源管理部门审核录用。

（3）按总部规定的统一标准实行门店人力资源管理，并上报总部审批。

（4）负责调配门店人力资源。

（5）协调总部与门店职员之间的关系。

二、连锁门店招聘管理

门店经营需要使用优秀的员工，优秀的员工往往能够更好地为顾客服务。因此，连锁门店人员招聘就是从本单位或从社会“择优”聘用所需的管理人员、技术人员或熟练的一线人员的人事活动。店长要根据总部人力资源规划，结合本门店工作的实际需要，制定用人计划，依据公开和公平原则、量才原则，招聘合适的员工。

（一）人员招聘的原则

1. 公开和公平原则

连锁门店在进行招聘时，一方面，应通过公开的招聘渠道吸引足够多的应聘者，使自己有广阔的选拔余地；另一方面，必须克服个人好恶，以客观的态度及眼光去甄选人员，做到不偏不倚、客观公正，通过公平竞争使人才脱颖而出，吸引人才，进而对企业内部员工起到激励作用。

2. 量才原则

在招聘过程中，店长要根据职务要求，知人善用，扬长避短，为门店选择最合适的人员。人无完人，任何人都有长处和短处，因此用人不要盯住对方的短处，而应该放在最有利于对方发挥长处的职位上，这样对方才能干得最好，门店也才能获得最大的利益。在选人的时候，门店应该根据职位要求，发挥人的长处，既让应聘者能各得其所，人尽其才，又能让门店得到最合适的人选。

（二）人员招聘的渠道

招聘渠道的选择主要考虑三个因素，即空缺职位性质、招聘活动资金和外部劳动力市场状况。按照招聘人员的来源划分，招聘可以分成内部招聘和外部招聘两种类型。前者就是从门店内部任职的员工中提升（内升制），后者是从门店外部吸收应聘者（外求制）。两者的优缺点如表 8—1 所示。

表 8—1　　内部招聘与外部招聘的比较

	内部招聘	外部招聘
优点	●提高被聘员工的士气 ●激发员工的献身精神 ●判断员工能力 ●定位过程短，节省费用	●注入新的血液，带入新思维、新方法 ●避免引起企业内部的派系纷争 ●熟悉外部情况，创造新方法
缺点	●容易引起同事间的不正当竞争，造成“近亲繁殖”的现象 ●可能抵制改革的倾向	●新员工需要较长的适应期 ●影响内部未被选拔员工的士气 ●招聘成本相对较高

1. 常见的内部招聘方式

内部招聘就是在门店出现职务空缺后，从本单位内部选择合适的人选来填补这个位置。内部招聘具体又分为提拔晋升、工作调换、工作重换和人员重聘等几种方法，其主要方式有：

（1）推荐法。推荐法是由本门店员工根据单位的需要推荐其熟悉、合适的人力资源，供用人部门选择和考核。其实，这种方法既可用于内部招聘，也可用于外部招聘。例如，美国微软公司 30%的开发人员是通过员工推荐招聘的。

（2）布告法。布告法是在确定了空缺职位的性质、职责及所需条件后，将这些信息以布告的形式公布在门店中的墙报、布告栏、内部刊物等地方，尽可能使全体员工都能获得信息，所有对此岗位感兴趣并具有任职能力的员工均可申请。

（3）档案法。档案法是通过对员工档案的系统分析，全面了解员工在教育、培训、经验、技能、绩效等方面的信息，帮助用人部门寻找合适的人员补充职位空缺。员工档案对员工晋升、培训、发展有着重要的作用，应力求准确、完备。

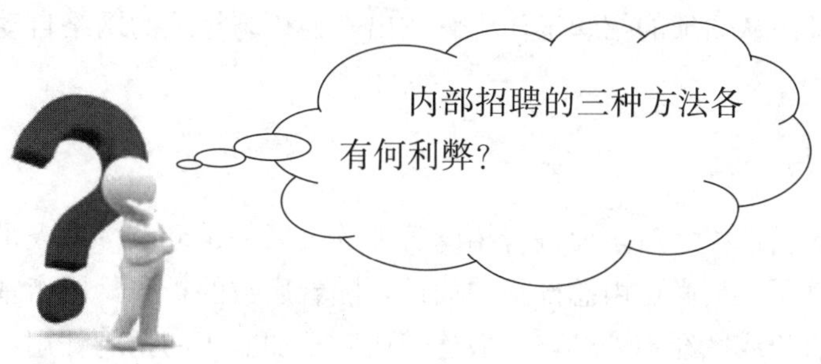

2. 常见的外部招聘方式

外部招聘的方式很多，它们各有特点，应根据各门店的实际需要进行正确的选择。

（1）广告法。广告法是最常见的一条途径，可选择的媒体很多，传统的媒体有报纸、杂志、广播、电视等，现代媒体如互联网等。采用广告的形式进行招聘，由于工作空缺的信息发布迅速，同时有广泛的宣传效果，可以展示门店的实力。通过广告媒体招聘的优缺点及适用范围如表 8—2 所示。

表 8—2　　常见广告媒体招聘的优缺点及适用范围

类型	优点	缺点	适用范围
报纸	● 发行广泛，成本低 ● 常集中于某一区域 ● 分类广告清晰易辨	● 受众具有不确定性 ● 容易被忽视 ● 制作效果差	● 潜在的候选人集中于某一区域并通常阅读报纸找工作，适用各类职位
杂志	● 印刷质量好 ● 保存时间长，可重读 ● 信息容量较大	● 传播周期较长 ● 地域传播较广 ● 较短的时间里难以收到效果	● 适用招聘各类专业人员
广播、电视	● 易引起注意，灵活性强 ● 提供更为主动的信息 ● 自我形象宣传	● 成本高 ● 传递信息不能持久 ● 无法选择特定候选人群	● 可用于提升企业形象
互联网	● 费用低，覆盖面广 ● 速度快，联系快捷	● 信息过多，易被忽略 ● 有些人不具备上网条件或没有计算机使用能力	● 各种类型的人员 ● 跨国企业的全球招聘

(2) 中介法。随着人才流动的日益普遍，各种人才流动中介机构应运而生。例如，人才交流中心、招聘洽谈会、猎头公司。这些机构承担着双重角色：既帮助用人单位择人，也帮助求职者择业。这些机构通过定期或不定期地举行交流会让供需双方面对面地进行商谈，缩短了招聘与应聘的时间。

(3) 校园招聘。校园招聘是由门店的招聘人员直接走进校园，从在校的即将毕业的学生中选拔人才。校园招聘上的求职者普遍是年轻人，学历较高，工作经验少，可塑性强，这类员工进入工作岗位后能较快地熟悉业务，进入状态。

(4) 推荐法。通过门店的客户、合作伙伴、员工等熟人推荐人选。熟人推荐对招聘专业人才比较有效，不仅招聘成本低，而且招聘对象一般稳定性较高。

(5) 网上招聘。在网络技术高度发达的今天，在网上进行招聘是一种成本低、时间短、信息量大的有效招聘手段。实践证明，基于计算机和网络技术的自动化招聘管理系统可以把人力资源部门从烦琐的招聘工作中解放出来，招聘管理的网络自动化将是未来发展的趋势。

(三) 人员录用

经过层层的人员选拔之后，要进行招聘管理的最后一个环节——人员录用。连锁店发展初期对于门店基层人员尚可由总部集中面试，随着店数的扩张，门店基层人员的面试应该逐渐授权门店店长或区经理处理，一般连锁店对于加盟店的招聘任用，均由加盟店主决定，直营店则多由授权店长面试任用兼职人员，门店正职人员则由店长或区经理面试任用。

三、连锁门店培训管理

要使连锁经营企业人员达到要求，除了在招聘时注意按要求选拔人才外，还应加强员工培训。培训能提高员工的技术能力、提高员工的操作熟练度，相应地也提高了工作效率；培训是实现人才储备的重要手段；培训能促进各门店、各部门的合作，培养团队和整体作业精神。有效的培训能够为所有参加培训的员工提供一样的学习与发展机会，增强员工互相学习的氛围，提高工作绩效，使员工有提升个人能力的需求，争取好的发展机会，发掘并培养新的人才资源，帮助企业完善整个人才系统。

（一）员工培训特点

1. 标准化

在一个连锁企业内，各门店遵循统一的标准，如服务标准、外观装饰、商品质量、价格等，在整个系统内对各分店的店长和其他工作人员的工作范围、工作任务、工作技能等要求保持一致。连锁门店在扩张发展时，培训人才的一条关键途径就是将新员工送到各家分店顶岗见习或者将老店中有能力的员工派遣到新设的分店担任重要角色，指导和训练新员工。

2. 差异性

连锁企业对不同职位的人才，要求是有差异的。如一般的理货员只需要初中以上的文化水平即可；而一个店长就需要协调能力、对突发性问题的处理能力等。企业在对员工进行培训时，要针对不同层次的员工，采取不同的培训方式，这就是人才培训的差异性。这一特点要求培训要有针对性和实用性，强调干什么学什么，学以致用。因此，这种差异反映在具体的培训工作中就是培训方式的多样性和灵活性，培训内容的丰富性和实用性。

3. 战略性

培训工作是关系到企业今后发展和在市场竞争中能否取得胜利的一个重要因素。这不仅为了培养和训练企业眼前岗位上空缺的员工或眼前发展分店所需要的各种人员，更重要的是服从于企业的长远发展战略，并与企业各领导阶层的培训机制结合起来。满足这一要求，关键在于做好人才预测和培训计划，其中包括对企业员工进行持续培训和再培训的工作。要考虑其最终效益，这是人才培训成功与否的标志。人才作为一种资源，存在着优化配置的问题，必然受到边际收益递减的制约。培训的组织者要具有成本、收益分析的经济理念。

4. 广泛性

在连锁企业的培训中，员工范围上至连锁总部，下到各分店；员工培训的内容不仅涉及各种品类的商品知识、促销技巧等，还涉及企业的经营活动或将来需要的知识、技能及其他问题；员工培训的方式与方法也具有更大的广泛性。

（二）员工培训方式

员工培训基本上可分为职前培训、在职培训、脱产培训和自我教育四种。职前培训主要针对新招聘的员工，使其具备能够上岗的基本素质和能力，因此在整个培训体系中，职前培训居于基础地位。在职培训、脱产培训、自我教育可以说是人力资源培训的几大支柱。

1. 职前培训

职前培训主要是针对新员工进行的。在所谓教、考、训、用的人力资源管理体制中，培训是员工任用的前提。不仅使新员工学识丰富，见闻广博，而且要充实特定的实际工作经验与认识来配合未来的工作。在培训过程中可准确考察新进人员的才能及专长，以便在任用时充分量才使用，发挥潜力。

职前培训的内容主要包括两部分：一部分是基础教育，另一部分是行为培训。目前企业对职前培训更偏重于基础教育，基础教育的主要内容包括讲解企业历史、企业规章制度、企业文化、本行业的新技能与新观念。员工的综合素质得到提高，培训也就达到了目的。

2. 在职培训

在职培训往往由上级找出每个人需要加以培训的部分，有计划地进行指导。从时间上来说，在职培训可理解为边工作边接受培训，不脱离工作岗位，按照每个人的能力进行实践性教育并直到学会为止。在职培训主要包括两个方面的培训内容：一是职务转换；二是随着时代的进度、环境的变迁，需随时灌输新知识、新技术、新观念给员工。具体采用的培训办法根据培训需要的不同而各有侧重。

在职培训的常用方法包括四种：

(1) 座谈式。即员工在培训负责人的主持下，坐在一起提议、讨论、解决的一种方式。此种方式可以就某一具体问题或某一制度进行提议、讨论，然后达到解决的目的。

此种方式是门店内部培训中最常见和行之有效的方式，它不但可以教会员工许多知识或技能，达到培训的目的，还能给门店内部员工提供交流的机会，并达到促进员工友好合作、门店内部协调团结等效果。

(2) 课堂培训。课堂培训是最普遍、最传统的培训方法。它是指培训负责人确定培训议题后，向培训部申请教材，或自己编写相应的培训教材（培训前要请培训部审定教材），理论、实际操作、岗位技术专业知识都可以在课堂上讲解、分析。对于门店来说，各岗位的工艺流程的标准、门店的劳动标准、消防安全知识等都可以通过此种方式进行培训。

(3) 模拟培训。模拟培训主要用于工艺流程复杂和施工要求严格的培训。比如，汽车贴膜、烤膜，隔音工程的仪表盘拆卸，仓库收发货流程等内容都需要通过此种方式进行培训。另外，电脑系统的培训，在原始系统里进行培训可能会造成整个系统的混乱，可以设置一套模拟系统用于培训，就不会再影响原始系统。

(4)“肩并肩”帮带培训。此种培训主要用于各门店对新员工进行的培训，各门店培训负责人将本部门新进的员工与资深技术员工结成“肩并肩”帮带小组，并给出培训清单（上面列出培训标准、内容和要求等）。

3. 脱产培训

脱产培训指企业的员工暂时离开现职，脱产到有关学术机构或学校以及另外的企业参加为期较长的培训。脱产培训的主要对象是管理人员，他们是企业生存发展的中坚力量，必须不断充电。进行脱产培训的一个重要途径是把受训人员送到高等院校内深入学习一段时间。另一个途径是送员工到外单位接受培训，开展企业之间的合作与交流。这种方法通常适合于合作单位之间，如华联连锁集团与邻近县市的商业企业合作开设连锁分店，那么分店员工就可到华联总部接受较为先进的系统培训。

4. 自我教育

自我教育也称为自我启发式培训，指企业鼓励员工利用日常的空余时间学习。实行自我教育的最大特点就是在不知不觉中已经在做训练员工的工作了。这正是自我教育在员工训练中的价值所在。

相关链接

某连锁门店零工经理的训练程序

程序1：观看录像，了解必要的工作内容。

程序2：与零工训练员商量，共同解决工作疑难点。

程序3：确认各个工作岗位的作业基准。

程序4：与零工训练员一起作业。

程序5：实习完毕后，阅读作业手册。

程序6：再次实习后，站在店铺经理的立场上进行自我训练。

程序7：进行重要事项的确认试验。

程序8：接受店长的检查。

（三）员工培训内容

员工培训的内容应该根据连锁门店的总体培训计划及培训对象的具体情况来确定，这项工作应该由店长来完成。一般情况下，门店内每个员工都应该接受以下几个方面的培训。

1. 经营理念

店员是门店的形象代表，他们担负着向顾客传达门店经营理念、展示门店形象的任务。而这一切的前提，就是员工自己首先必须熟悉门店的经营理念，另外，必须让员工通晓门店的各项管理规章制度，包括行为准则、考核标准等，让员工有个参考标准，避免出现违反门店规定的情况。

2. 营业技能

门店的日常经营是有方法和技巧可循的，要想让员工取得更好的业绩，就必须让员工提高自身的营业技能。

3. 岗位技能

各个门店都有自己的工作流程和规定，每个岗位都有它的操作流程和规定。要想让员工尽到自己的岗位职责，做好自己的分内工作，就必须让员工熟悉自己的岗位技能。

4. 服务技能

每个门店都要面对各种各样的顾客，并为顾客提供产品或服务。要提升经营业绩，就要做好顾客的服务工作。为此，通过培训让员工掌握一定的顾客服务知识是非常有必要的。

5. 管理知识

要管好一个门店，仅仅依靠店长一个人是远远不够的，店长也需要培养一些得力的助手，这就要求店长在日常管理中多观察，以发现那些有管理潜力的员工，并对他们进行适当的培训与指导。

（四）员工培训考核

内部培训是否成功，学员培训结果怎样，接受了多少，掌握了多少，只有通过培训考核才会知道。从培训考核的侧面也能了解员工接受新技术、新思想的适应能力，以及动脑动手的能力。通过对这方面的分析，可以对部门员工因材施教，发掘有用的门店人才，组成门店主要骨干。

培训考核可以有以下几种方式：

（1）笔试考核。培训内容如果是有关理论知识方面的，都可以进行笔试考核。笔试考核试题要注意掌握培训内容的尺度，不要出偏题，要注意实效性，重点要突出。

（2）实际操作考核。为了更全面地考核员工的培训情况，仅是笔试考核是不够的。员工的实际操作能力，只有通过实际操作演示并考核，才能了解清楚。

（3）口头式问答考核。口头式问答考核的特点在于灵活、现场解答、全体学员都知道问题答案。此种考核，全体学员都是考评老师。此种考核的结果仍然要记录在成绩单上，作为有效考核。

任务二　善于经营员工团队

T门店的一名优秀主管会计王某今天递上辞呈，辞呈几乎没有说明任何辞职理由。店长刘某对自己团队中的骨干要离开，觉得非常茫然，然而他脑袋一拍，想起自己好长时间没有与其沟通，因此他向王某发出邀请，请他在下午一起到附近一家茶社聊聊天，王某爽快地答应了。

店长和王某同坐在茶社时，店长开始了谈话，他想挽留王某，因此从企业发展目标说起，谈到门店当前财务状况，谈到自己工作繁忙，谈到自己如何地为员工着想。

可是，当店长谈到最满意的时候，他望向桌子的对面，只剩下空落落的一张椅子，王某不知何时已不告而别，店长坐在那里沉思，回想自己刚才说的话，不知道说错了什么，为什么王某要离他而去。

思考：店长应该如何经营自己的团队，才能让员工齐心协力为实现门店经营目标而各司其职？

任务工作流程

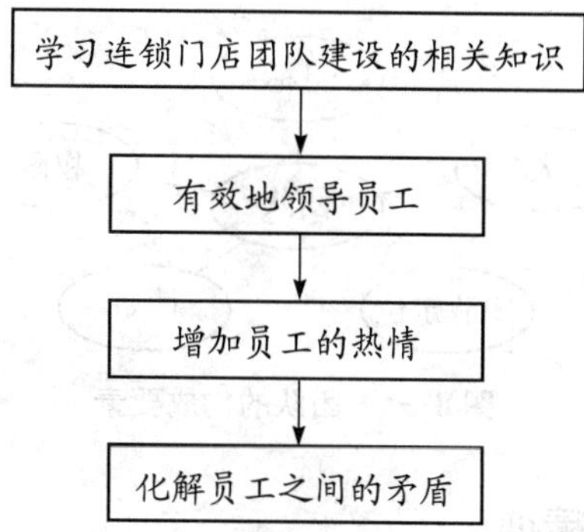

学习要求

通过学习，能够根据连锁门店自身的特点，运用团队的管理知识，创建和谐性门店员工团队。

相关知识

门店虽小，但五脏俱全，一店之长要带领好自己的团队，塑造出团队精神。团队精神对一家门店来说至关重要，如果店长对任务及团队整体并不专注，那么这个团队只能算是工作上有些联系的个人的集合，而不可能组成一个真正的团队，长此以往，店长和员工之间缺乏相互交流，必然会导致人心涣散、人才流失。

一、团队的基本知识

（一）团队的含义

团队是指具有共同价值观和共同目标的一些人为实现这些目标和价值观而坚持奋斗到底所组成的一个集体。团队中全体成员明确目标，并自觉自愿地献身于这个目标，利用共享的资源及智慧来实现这一目标。团队不同于群体，具体如表 8—3 所示。

团队的核心是共同奉献，团队的精髓是共同承诺。

表 8—3　　团队与群体的差异性

差异点	团队	群体
业绩	团队业绩大于团队成员业绩之和	群体成员业绩简单叠加
目标	经过严格组织，有明确而高尚的共同目标	大家在一起完成相近或相同的某项工作
领导	优秀的组织者，高尚目标的鼓动者，协同合作的指导者	监工式的领导，只是下工作命令和监督工作
决策方式	共同参与决策	集中的个人决策
成员相处	融洽而高效	分散的、个体的

（二）团队构成的要素

团队有 5 个重要的构成要素，如图 8—1 所示。

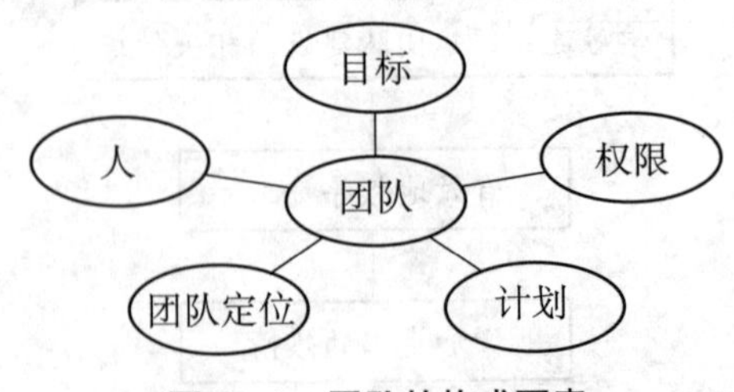

图 8—1　团队的构成要素

二、培育连锁门店的团队精神

所谓连锁门店的团队精神，是指员工在门店组织中要在店长的领导下有合作、协调配合的意识，以门店的利益为重、爱岗敬业、团结同事，要求每个员工都要以门店的整体利益为最高利益，围绕共同的目标奋斗不息。

（一）团队精神建设的重要性

团队精神是一家门店的“灵魂”，是店长克敌制胜的法宝，是有效履行门店营销策略新层次、新高度、新视野使命的关键因素，是门店经营战略实施系统能力的充分展示。店长要正确地认识和把握人与卖场的关系，认真地培养门店骨干人才、核心人才、普通人才的团队精神。

在门店整体的营运中，店长的个人能力是团队的一个重要因素，但不是决定因素，决定因素是团队整合、连续、控制、遵从、协作的精神。因此，如果店长能通过培养团队的荣誉感增强团队成员的满意度，就能留住有才华的人，牢牢地将员工团结在自己的周围，为共同的目标做出最大的努力。

（二）团队精神的功能

1. 目标导向功能

团队精神的培养，使店内员工齐心协力，拧成一股绳，朝着一个目标努力，对单个人来说，团队要到达到的目标即自己所努力的方向，团队整体的目标顺势分解成各个小目标，在每个员工身上得到落实。

2. 凝聚功能

任何组织群体都需要一种凝聚力，团队精神通过对群体意识的培养，使员工在长期的实践中形成习惯、信仰、动机、兴趣等文化心理，经过思想沟通，产生共同的使命感、归属感和认同感，反过来逐渐强化团队精神，产生一种强大的凝聚力。

3. 激励功能

团队精神要靠员工自觉地要求进步，力争与团队中最优秀的员工看齐。通过员工之间正常的竞争可以实现激励功能，而且这种激励不是单纯停留在物质的基础上，还能得到团队的认可，获得团队中其他员工的尊敬。

4. 控制功能

员工的个体行为需要控制，群体行为也需要协调。团队精神所产生的控制功能，是通过团队内部所形成的一种观念的力量、氛围的影响，去约束规范、控制员工的个体行为。这种控制不是自上而下的硬性强制力量，而是由硬性控制向软性内化控制；由控制员工行为，转向控制员工的意识；由控制员工的短期行为，转向对其价值观和长期目标的控制。

（三）培养团队精神的注意事项

（1）要倾向去形成同阶层或有共同立场的同事，具备连带感，即把同阶层、有共同立场的人集合起来，形成团体，让他们去学些东西，并形成彼此帮助的连带感。重点是要唤起团体中每个人的荣誉感和自觉性。

（2）要拥有团体目标。让团体中的成员意识到并了解企业的目标或门店的活动目标，在企业或门店的目标之下，让员工提出对自己职务上的目标，这样问题会比较少。但有时反而无法提升员工对工作的欲望。不管怎样，如能在团体中让他们拥有共同的目标，对工作会有助益。例如，在事务管理上“达成营业目标是管理者和全体员工的共同目的”的团体目标之下，当门店忙碌不堪的时候，要去支援。

（3）明示对团体设定的问题及期待。对于团体，应该设定改善及克服的问题，并将其解决，这是身为店长的期待。明示上司的期待，可能也会产生疑问，像这种情况，就必须在团体讨论的同时，检讨应对之策，店长可以予以协助。

相关链接

优秀团队必备的四类人才

1. 方块型人才。这类人才是创新者，是能够跳出框框来思考的人。苹果的乔布斯是典型的方块型人才。

2. 梅花型人才。这类人才是愿景的坚定支持者，他们会帮助打造确保项目长期成功的系统。微软的比尔·盖茨是典型的梅花型人才。

3. 红心型人才。这类人才是关系专家。他们确保团队成员相处融洽，确保每个人都得到鼓励。戴安娜王妃是典型的红心型人才。

4. 黑桃型人才。这类人是团队里的实干主义者。他们喜欢组织项目，并坚定地把它完成。撒切尔夫人是典型的黑桃型人才。

三、创建一支团结的队伍

团队精神的培育是一项重要的基础性工程，团队精神的缺乏，必然使员工人心涣散，或者严重内耗，从整体上削弱了店铺的活力，严重影响店铺的生存和发展。人的问题，始终是需要优先解决的问题。培养员工的团队精神的责任应落在店长的肩上。可以说，整个店铺就是一个整体，而店铺的所有员工组成了一个团队，店长作为店铺的经营者，应该有意识地培育员工的团队精神。店长不只是单独指导，也可以将几个部属组成小团体指导。特别是管理阶层或中坚分子，在指导新进人员的小团体或部分团体的时候，要将目标、目的明确化。

想一想

（一）有效地领导员工

身为店长，是否在日常处事中，深深感觉到表达指示时会有困难？为何指示无法顺利达成？只要深思一下，其实不难发现，很多时候是自己有问题。自己若不以身作则，将引起部属的反感，所以店长应当做到以下八点。

1. 严肃认真

当一个店长必须严肃认真。应该把工作很清楚地告诉对方，以严肃的态度认真到底，使员工很自然地融入自己的气势中。

2. 勇气十足

勇气十足意味着多种意义，是发指示时必要的心理准备。店长在主持会议时，首先必须觉悟到这是自己的职责所在，然后环顾四周，再以洪亮的声音说："希望各位以饱满的精神齐声回答。"这种勇气十足的样子，是不可缺少的。站在讲台上，不可出现嘶哑的声音、羞怯及提心吊胆的样子。必须自始至终不失严肃的态度，如平日不能给人以正直感，表达的指示则无法被贯彻。

3. 持亲切关怀之心

店长下命令时，有时态度过于严肃，无视对方的感情，将造成部属表面服从、背后不满的现象。发出指示时，必须了解到接受指示的也是平常人，需从对方感受出发，持亲切关怀之心，使对方心悦诚服。

4. 不可表达无理的指示

店长不能发出明知部属不能做或做不到的指示，再质问部属为何做不到。部属对无理的指示往往置之不理，还会增加反抗心理。

5. 赏罚分明

所谓赏罚分明，就是部属做得好时有赏，做得差时有罚。由此，可引起部属工作的干劲。假如做得成功和失败都一样，人们的工作干劲将消失得无影无踪。为了保持努力苦干的情绪，赏罚分明是非常必要的。

6. 凡事能亲身实践

店长如果自己未曾做过或不会做，是无法去影响他人的。假如说出“我不会做，所以由你做”等无权威性的话，是无法带领部属的。店长在传递信息时，必须以身作则，才具有权威性。

7. 谦让的态度

虽然下命令时态度严肃、毫不让步，但是平日必须谦虚处事。若被员工批评为“那个家伙，平日神气十足，多么讨厌”，那么此人发出的命令，一定不会令人心服。只有平时谦虚，才能与对方进行良好的沟通。

8. 随机应变

世上的事物，不可能一成不变，所以店长必须做好随机应变的准备。尤其遇到突发事件时，店长必须镇定，如果自己都不知所措，那又如何带领部属去处理事情呢？

（二）增加员工的工作热情

员工的态度和团队的活力决定着卖场的命运。只有让员工改变工作态度，整个团队才会有活力。其实，对任何一个人来说，每天都在做一项重复的工作，总有一天会变得对这份工作十分厌烦。因此，作为店长要做的第一件事就是让员工对自己所做的工作充满热情，喜欢这份工作。

1. 给予工作权利和责任

取得工作的权利和责任，等于员工的能力得到肯定，员工对工作具有主导性，会使他们觉得那份工作就是自己的事业，而产生强烈的投入意愿。

2. 让员工有选择的自由

拿顾客服务来说，不要说服员工相信顾客服务的好处，越是劝导员工投入，反而越可能被认为意图左右员工，阻碍员工投入。可以采用会谈、探讨等方式让员工自由选择，认识到顾客服务的作用。

3. 信任员工

店长对员工既要放心，又要放手，以便在信任的氛围中尽显才华，从而为门店作贡献。

4. 熟悉员工的特点，积极评价

每个员工都有其优点和缺点，店长要通过与员工的谈话、交往，实现彼此的沟通，从而了解员工的特点。要不断地发掘员工的优点，经常积极评价自己的员工，并以掌声加以赞扬和鼓励，使其因为得到店长的积极评价而干劲十足。

（三）合理地化解矛盾冲突

在门店中，员工之间可能会产生矛盾，这就要求一店之长随时密切关注内部潜在的或已发生了的冲突，努力找出冲突产生的根源，采取适当措施加以处理。对于可能带来不利影响的破坏性冲突，更应予以密切关注和重视。处理破坏性冲突，操作方法是多种多样的：

（1）协商解决法。即经过冲突双方或多方协商，以求达成一致的意见。

（2）仲裁解决法。在双方争执不下时，经过调查研究，判断孰是孰非。

（3）权威解决法。有时对冲突双方很难立即做出对错判断，但又急需解决冲突，这时就需要由上一级主管做出并不代表对错的裁决。但裁决者应负起必要的责任。

（4）调整政策法。如果在工作或分配上确有不合理之处，就需要调整政策，使之合理，这样才能使冲突得到良好解决。

（5）另寻出路法。冲突双方各有某些道理，但又都有明显不足，这时就要考虑寻找别的途径。

（6）暂缓解决法。有些问题双方存在冲突，但一时又难以断定是非，如果不是急需解决的问题，不妨先放起来“冷却”一下，暂缓解决。

（7）求同存异法。这一方法尤其对于解决“鸡毛蒜皮”一类的冲突有必要。就是对解决重大问题的冲突，也有积极作用。冲突不应只是对立，还应相互启发、相互谅解和让步。

对于带有一定破坏性的冲突，处理办法中最关键的是防患于未然。即预防为主，及早预测，及早发现，及早解决，不使之加剧、升级、恶化，造成大的损失。

任务三　实施激励机制，诱导员工动机

王某被上级提拔为一家门店的店长，该门店规模比较小，利润低，人事费用少，经常连绩效工资都发不出来，员工情绪低落，无心工作，情况十分不利。王某上任之初，没有什么豪言壮语，而是召集员工谈心，大讲员工的苦处，最后深深地鞠了一个躬。自此之后，他本着一条原则：多做有助于增进员工感情的事。正是依靠这份感情，该门店业务发展迅速，人员也在不断增加，上述情况大为改善。

思考：王店长使用什么力量使得原本无利可图的小门店发展壮大起来？

任务工作流程

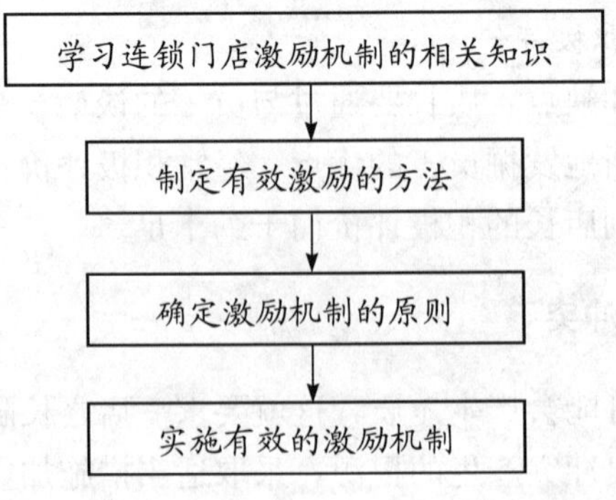

学习要求

通过学习，能够按照连锁门店员工激励机制的原则，正确地实施激励机制，诱导员工动机。

相关知识

门店的发展都离不开员工，员工是门店的财富。店长只有充分调动员工的创造力和积极性，使员工真正融入企业中，才能使员工发挥他们最大的价值。所以，店长一定要重视对员工的激励，并建立完善的激励机制。

一、实行激励机制的意义

实行激励机制最根本的目的是正确地诱导员工的工作动机，使他们在实现门店目标的同时满足自身的需要，并增加其满意度，从而使他们的积极性和创造性持续保持和发扬下去。如今一些优秀的门店纷纷建立了系统的激励机制，通过各种行之有效的激励手段与方法，把激励的手段和目的结合起来，改变思维模式，从而真正建立起适应门店特色、时代特点和员工需求的开放的激励体系，使门店在激励的市场竞争中立于不败之地。

一个人的行为和思想，必然要受到外界推动力和吸引力的影响。作为门店的管理者，就是要通过这种外界的推动力和吸引力，激励全体员工，使员工由个体消极的“要我做”转变为积极的“我要做”。制定了一套对员工有效的激励制度，就是为员工装上了发动机，使他们不但能像机器那样正常运转，更有了强大的动力和支持力。

相关链接

勒波夫的十项激励行为

勒波夫博士在《怎样激励员工》一书中指出，世界上最伟大的原则是奖励，受到奖励的事人们一般会做得更好，在有利可图的情况下，每个人会干得更漂亮。

(1) 奖励彻底解决问题的，而不是仅仅采取应急措施。

(2) 奖励冒险，而不是躲避风险。

(3) 奖励使用可行的创新，而不是盲目跟从。

(4) 奖励果断的行动，而不是无用的分析。

(5) 奖励出色的工作，而不是忙碌的工作。

(6) 奖励简单化，反对不必要的复杂化。

(7) 奖励默默无声的有效行动，反对哗众取宠。

(8) 奖励高质量的工作，而不是草率的行动。

(9) 奖励忠诚，反对背叛。

(10) 奖励合作，反对内讧。

二、有效激励的方法

(一) 物质激励

物质需要是人类的第一需要，是人们从事一切社会活动的基本动因。所以物质激励是门店普遍使用的主要激励模式。物质激励是指通过物质刺激的手段，激发员工工作的积极性。主要表现形式有正激励和负激励两种。正激励如发奖金、津贴、福利等；负激励如罚款、扣奖金等。

但是，也不能一味地认为只要奖金发足了就能调动员工的积极性。只要稍微注意就会发现，在实践中，不少门店在使用物质激励的过程中，耗费不少，而预期的目的并未达到，职工的积极性不高，反倒耽误了门店发展的契机。

(二) 精神激励

精神是影响人们行为最直接的因素之一，任何人都有渴求各种情绪的需求。按照心理学上的解释，人的情感可分为利他主义情感、好胜情感以及享乐主义情感等类型，这也需要店长不断地满足员工日益增长的精神文化需求。

1. 点燃下属的激情

经营门店本来就应该是一项充满激情的事业，一个充满激情的门店团队才是有活力的团队。因为有激情，使一切都变为可能。那么作为店长，就有义务用自己的激情点燃下属的激情，建设朝气蓬勃、激情昂扬的团队。

2. 为下属创造学习的机会

经营门店，还是一个充满挑战的行业，员工要善于迎接挑战、敢于迎接挑战，必须创新性地开展工作。而要实现创新性开展工作的目的，那就要求员工不断地学习，不断地进步，用知识来武装自己、充实自己。

3. 量才而用

从一定意义上讲，人人是才，就像一块地，总有一粒种子适合它，也终会有属于它的一片收成。每个员工都有自己的闪光之处，店长应该了解员工的特长，放在能发挥其特长的岗位上，这就是量才而用。

4. 信任

同事之间、上下级之间的相互理解和信任是一种强大的精神力量，它有助于门店人与人之间的和谐共振，有助于门店的团队精神和凝聚力。

(三) 荣誉激励

员工在本职工作中若作出重大成绩，门店会对其进行表扬和鼓励，在门店内公开表彰，宣传他们的成绩，从而使他们受到同事的尊敬和爱戴；对他们分别授予不同层次的荣誉称号，从而激励他们为门店作出更大的贡献。

（四）目标激励

目标是门店对员工的一种心理引力。目标激励就是通过制定科学的发展目标，激励员工为之奋斗，最终达成目标，满足自我实现需要的一种激励方式。在目标激励的过程中，要正确处理大目标与小目标、个体目标与卖场目标、理想与现实、原则性与灵活性的关系。在目标考核和评价上，要按照德、能、勤、绩等标准对员工进行全面综合的考查，定性、定量、定级，做到“刚性”规范，奖罚分明。

（五）文化激励

门店的文化是门店的灵魂，优秀的门店文化是一双潜在的手，无时不在、无处不在。店长应不断地激励员工为门店发展竭尽全力、不懈奋斗，通过加强门店文化建设，进一步增强员工的归属感和自豪感，用门店文化规范员工日常行为，靠门店文化来激发员工的工作激情。

想一想

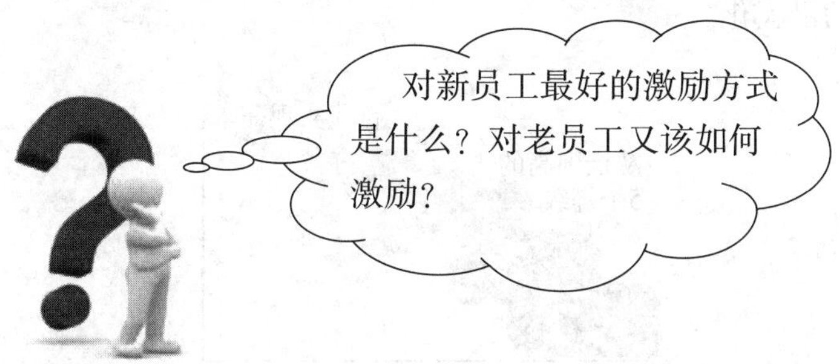

三、实施员工激励机制

（一）激励实施原则

1. 因人而异

由于不同员工的需求不同，因此相同的激励政策起到的激励效果也会不尽相同。即使是同一个员工，在不同的时间或环境下，也会有不同的需求。另外，激励取决于内因，是员工的主观感受，所以激励要因人而异。

2. 奖罚适度

奖励和惩罚不适度都会影响激励效果，同时增加激励成本。奖励过重会使员工产生骄傲和满足的情绪，而奖励过轻则起不到激励的效果；惩罚过重会让员工反感，惩罚过轻会让员工轻视错误的严重性。所以，控制好度的问题是一门学问，店长要深入研究。

3. 公平公正

公平性是员工管理中一个很重要的原则，员工感到的任何不公都会影响其工作效率和工作情绪。取得同等成绩的员工，一定要获得同级层次的奖励；同样，犯同等错误的员工，也应受到同等层次的处罚。店长在处理员工问题时，一定要有一种公平的心态，不可有任何的偏见和喜好。

（二）激励实施步骤

1. 建立科学的、公正的激励机制

影响工作积极性的主要因素有：工作性质、领导行为、人际关系、个人发展、薪酬福利和工作环境等，这些因素对于不同门店所产生的影响也不同。在制定激励制度时必须体现科学性，不断地根据情况的改变制定出相应的措施。此外，激励必须公正，门店要在广泛征求员工意见的基础上出台一套被大多数人认可的制度，并且把这个制度公布出来，在激励中严格按照制度执行。

2. 精神激励与物质激励并重

根据马斯洛的需求层次理论（见图 8—2），门店中不同层次的员工对于激励的需求是不同的。“一刀切”的方法，结果适得其反。对于从事简单劳动的员工，创造的价值较低，对于他们采用物质激励是适用的，而高层次的技术人员和管理人员，来自于内在精神方面对成就的需要更多些，门店除尽量提供优裕的物质待遇外还要注重精神激励，比如晋升、授予更重要的工作等。所以将物质激励和精神激励有机结合，形式上多样化，这样方可保证实现激励效应的最大化。

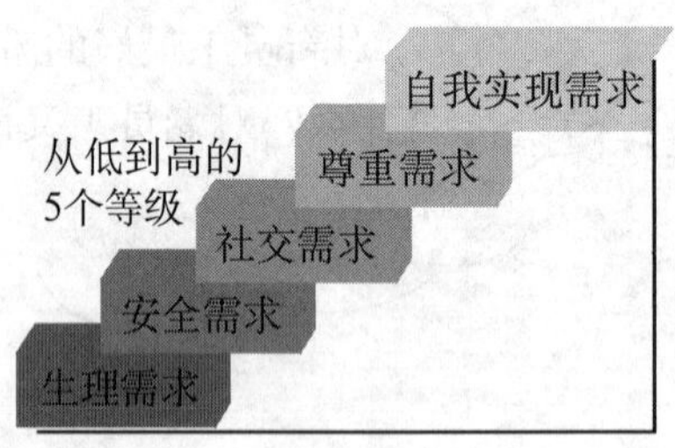

图 8—2　马斯洛的需求层次理论

3. 灵活运用工作激励和参与激励

工作本身具有激励力量，没有人喜欢平庸，尤其对于那些年纪轻、干劲足的员工来说，富有挑战性的工作以及成功的满足感，比实际拿多少薪水更具有激励作用。店长可以根据门店的特点灵活运用工作激励，进行“工作设计”，使得工作内容丰富化和扩大化。另外，还可以通过员工与岗位的双向选择，使员工对自己的工作有一定的选择权，尽量把员工放在适合的位置上，在可能的条件下轮换一下工作以增加员工的新奇感，培养员工对工作的热情和积极性。

任务四　善用沟通机会，留住员工的心

一位店长想要了解最近半年来人员离职的情况，交代了人事部经理，请他三天后报告。三天后接受命令的人事部经理向店长报告半年内总共离职 30 名员工。店长接着问他：“各部门的离职数有多少？男女比例各占多少？不同年资的离职人员各有多少？”这位人事

部经理一概答不上来，店长不悦地说：“我给了你三天的时间，你只给我统计一个总离职人数啊！”显然，由于店长和人事经理没有有效畅通的沟通，以至于员工做事效率低下，无法达到店长的期望。

思考：店长跟员工应该如何沟通才能做到有效沟通？

任务工作流程

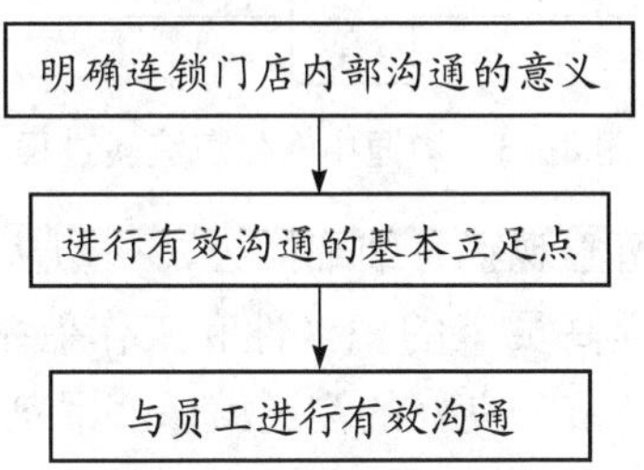

学习要求

通过学习，运用连锁门店沟通技巧通过多种方式展开沟通活动。

相关知识

门店管理实际上70%的时间用在沟通上。开会、谈判和做报告是最常见的沟通形式。店内的沟通是否良好，对店长而言非常重要。沟通好，店内的活动会很顺利地进行，员工之间的合作关系会很好，工作上的错误和纠纷也会比较少。相反，如果沟通不良，不但店内的协调工作无法顺利进行，连一些必要的活动也无法去做。

一、善用沟通的意义

在门店日常工作中，由于周围的员工来自于不同的地方，大家都是在一种完全陌生的状态下开始合作的，因此，在工作中的不协调时有发生，店长需要抽出不少的时间来处理同事间的冲突和误会。其实有很多冲突纯属误会，只是大家面对一个问题从不同的侧面进行理解的问题。

一个优秀的团队会有一个良好的合作沟通环境，能够不断鼓励和发挥团队中每个人的潜在才能和技巧。善于合作沟通就能达到双赢，个人的力量总是有限的，与众人合作才可能壮大自己。每一个店长都要将自己放在一个宏观的高度上，善用任何沟通机会，为自己创造出更多途径，与自己身边的同事充分交流，这样才能凝聚团队共识。如果能够与身边的员工进行积极有效的沟通，除了能够了解彼此的特长外，还能增进相互之间的理解和信任，在沟通中将自己的思路、想法更好地传递给员工。图8—3介绍了沟通中的信息流转过程。店长须掌握与员工间沟通的信息流转，这是有效沟通的基础。

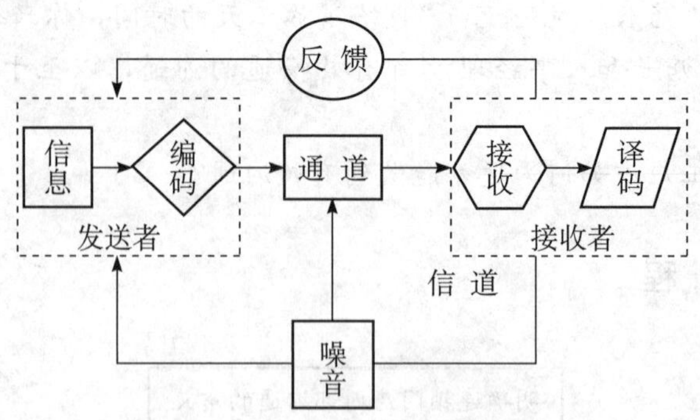

图 8—3　沟通中的信息流转过程

总之，店长在日常工作中留心观察、细细体会，一切从工作出发，找出对每个人最佳的沟通方式，必定能通过沟通提高员工的积极性和工作效率，促进企业的发展。应该说，沟通是企业管理中的一个重要环节，良好的沟通就像润滑剂，使店长与员工之间的配合更加默契，将工作中可能出现的问题消灭在萌芽状态，创造良好的工作氛围和人际关系，使每个人工作起来更加愉快、更加高效。

二、沟通的类型

（一）按沟通的方向划分

按照沟通的方向划分，有自上而下的沟通、自下而上的沟通和水平沟通三种。从一个层次向另一个更低层次进行的沟通称为自上而下的沟通；从低层次向高层次进行的沟通称为自下而上的沟通；当沟通发生在同层次的团队成员之间称为水平沟通。

（二）按沟通的方法划分

按照沟通的方法划分，可以分为书面沟通和口头沟通。书面沟通，一般门店内部都使用内部备忘录和信件；口头沟通，可以通过面对面、电话、电视会议等方式实现沟通。

（二）按组织系统划分

按照组织系统划分，沟通可以分为正式沟通和非正式沟通。正式沟通是指正式组织系统的信息传递；非正式沟通指的是非正式组织系统的信息传递。

三、有效沟通的基本立足点

如何掌握沟通技巧，其实是如何在工作中更好地运用三个“把握”与四个“注意”。

（一）三个“把握”

1. 必须善于把握他人的欲望

人都有欲望，人的积极性与兴奋点从何而来，原因就是有欲望，人之所以兴奋在于欲望的满足过程。每个欲望被满足以后兴奋点会下降，无论员工还是消费者都一样，于是满足他人的欲望非常重要。商品社会有一点不可否定，人最普遍的欲望是物质，用物质刺激人的兴奋点，必须有足够的刺激力，遗憾的是，店长没有这么大的权利。那么用什么来调动人的积极性？心理学家告诉我们，除了物质之外，最大的欲望是心理愿望。在这个世界上人对自我是最感兴趣的。

2. 必须善于把握他人的情感

人的行为和态度常常受情感的影响。过去我们说，人和动物的区别是人有情感、有思维。科技的发展告诉我们，动物也是有情感，人作为高级动物，其情感是显而易见的。人的情感表现在人的喜怒哀乐。人的行为常常受情感的影响，店长的工作很重要是改变下属和消费者的行为和态度，通过把握情感来改变其行为。

3. 必须善于把握他人的性格

人是有个性的，世界上没有两片相同的叶子，人世间没有两个完全相同的人，这不仅仅是人的长相不同，更重要的是由于个性不同。因此，店长必须把握员工和消费者的性格。

想一想

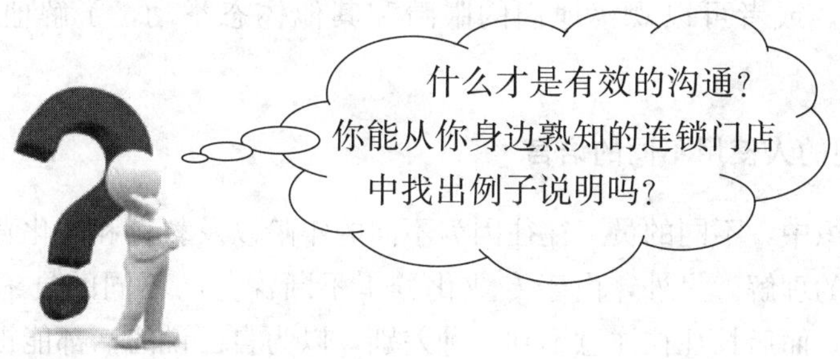

（二）四个“注意”

1. 注意沟通方式的多样化

店长最常见的沟通是书面报告及口头传达，但书面报告容易掉进层层评报、文山会海中；而口头传达则容易被个人的主观意识所左右，无法客观地传递沟通内容。因此，店长应考虑采用一些不同于以往的沟通方式，对于沟通效率过低的企业，完全可以考虑设立专门的沟通部门，这样能够大力减少企业沟通的障碍。

2. 注意双向沟通

企业与员工的立场难免有不同之处，只有善用沟通的力量，才能使双方更好地发展。在很多门店中，沟通只是单向的，即店长向下传达命令，员工只是象征性地反馈意见，这样的沟通不仅无助于店长的监督与管理，而且必然挫伤员工的积极性及归属感。因此，店长必须要尊重员工的意见，即使员工所提建议不能被采纳，也要充分肯定其主动性。

3. 注意等距离沟通

高质量的沟通应建立在平等的根基之上，如果沟通者之间无法做到等距离，尤其是店长对员工不能一视同仁，所进行的沟通就一定会产生副作用。保持同等的工作距离，才能保证在所有员工眼中沟通的平等化和公开化。

4. 注意沟通效率

沟通效率过低就无法及时化解内部的矛盾，这个时候的沟通就是无效沟通。店长在进行沟通的时候，必须明确沟通的方向。而保证良好沟通方向的前提是门店内部部门职能必须清晰明确，否则，所有内部沟通就缺少针对性，最终都会不了了之。

四、如何与员工进行有效沟通

沟通的目的在于传递信息。如果信息没有被传递给每一位员工，或者员工没有正确地理解店长的意图，沟通就出现了障碍。那么，作为店长，如何才能与员工进行有效沟通呢?

（一）增强员工对沟通行为的理解

沟通的最大障碍在于员工误解或者对店长的意图理解得不够准确。为了避免这种问题的发生，可以让员工对店长的意图做出反馈。比如，当店长向员工布置了一项任务后，就可以接着向员工询问："你明白我的意思了吗?"同时要求员工把任务复述一遍。如果复述的内容与店长的意图一致，说明沟通是有效的；如果员工对店长意图的领会出现偏差，可以及时进行纠正。或者可以观察他们的眼睛和其他体态举动，了解他们是否正在接收信息。

（二）对不同的人使用不同的语言

在同一个组织中，不同的员工往往因为不同的年龄以及教育和文化背景，使他们对相同的话产生不同的理解。另外，由于专业化分工不断深化，不同的员工都有不同的"行话"和技术用语。而店长往往注意不到这种差别，以为自己说的话都能被其他人恰当地理解，从而造成沟通障碍。

由于语言可能会造成沟通障碍，因此店长应该选择员工易于理解的词汇，使信息更加清楚明确。在传达重要信息时，为了消除语言障碍带来的负面影响，可以先把信息告诉不熟悉相关内容的人。比如，在正式分配任务之前，让有可能产生误解的员工阅读书面讲话稿，对他们不明白的地方先进行解答。

（三）恰当地使用肢体语言

在倾听别人的发言时，还应当注意通过非语言信号来表示对对方讲话的关注。这需要做两件事情：一是理解别人的身体语言，二是恰当使用自己的身体语言。

1. 理解别人的身体语言

身体语言比口头语言能够表达更多的信息，因此，理解别人的身体语言是理解别人的一个重要途径。从他人的目光、表情、身体运动与姿势，以及彼此之间的空间距离中，感知对方的心理状态。了解了对方的喜怒哀乐，就能够在调整彼此的交往行为时做到有的放矢。理解别人的身体语言必须注意以下几个问题：

（1）同样的身体语言在不同性格的人身上意义可能不同。一个活泼、开朗、乐于与人交往的女孩，在与人交往时会运用很丰富的身体语言，不太在乎保持较近的距离，也时常带着甜蜜的表情谈话。但是，这并没有任何特殊的意义，因为她与其他人的交往也是这样。然而换成一个文静、内向的女孩，上述的信息可能就意味着她已经开始喜欢你了。

(2) 解释别人的身体语言还要考虑到情境因素。同样是笑，有时候是表示好感，有时候是表示尴尬，而有时候就可能是表示嘲讽，这都需要加以区别。

(3) 理解别人的身体语言，最重要的是要从别人的角度来考虑问题。要用心去体验别人的情感状态，也就是心理学上常讲的要注意“移情”。如果别人对你表情淡漠，很可能是由于对方遇到了不顺心的事，因此不要看到别人淡漠就觉得对方不重视你。

(4) 要培养敏锐的观察力，善于从员工不自觉的姿势、目光中发现对方内心的真实状态，不要简单地下结论。

2. 恰当使用自己的身体语言

恰当使用自己的身体语言，要做到以下几点：

(1) 经常自省自己的身体语言。检验自己以往使用身体语言是否有效，是否自然，是否使人产生过误解。了解了这些，有助于我们随时对自己的身体语言进行调节，使它有效地为我们的交往服务。不善于自省的人，经常会出现问题。

(2) 有意识地运用身体语言。

(3) 注意身体语言的使用情境。

(4) 注意自己的角色与身体语言相称。

(5) 注意言行一致。

(6) 改掉不良的身体语言习惯。即消除无助于沟通反而使沟通效率下降的不良的身体语言习惯。有人在与人谈话时，常有梳头发、掏耳朵、挖鼻孔等小动作，这些都会给人留下不好的印象，有时会让人觉得很不礼貌。同时，这些无意义的身体语言会分散对方的注意力，会影响沟通的效果。

(四) 保持理性，避免情绪化行为

在接收信息的时候，接收者的情绪会影响到他们对信息的理解，情绪会使我们无法进行客观、理性的思维活动，而代之以情绪化的判断。店长在与员工进行沟通时，应该尽量保持理性和克制，如果情绪失控，则应当暂停沟通，直至恢复平静。

(五) 学会询问与倾听

询问与倾听的行为，是用来控制自己，让自己不要为了维护权利而侵犯他人。尤其是在对方行为退缩、默不作声或欲言又止的时候，可以用询问方式引出对方真正的想法，了解对方的立场、需求、愿望、意见与感受，并运用积极倾听的方式，来诱导对方发表意见。表 8—4 向我们介绍了有关询问与倾听的艺术。

表 8—4　　询问与倾听的艺术

宜	不宜
1. 表现出兴趣	1. 争辩
2. 全神贯注	2. 打听
3. 该沉默时必须沉默	3. 从事与谈话无关的活动
4. 选择安静的地方	4. 过快地或提前作出判断
5. 留适当的时间用于辩论	5. 草率地给出结论

续前表

宜	不宜
6. 注意非语言暗示 7. 当你没有听清楚时，请以疑问的方式重复一遍 8. 当你发觉遗漏时，直截了当地发问	6. 让别人的情绪直接影响你

案例分析题

麦当劳的人力资源管理模式

吃过麦当劳快餐的人都知道，在任何一个麦当劳店，你所得到的汉堡都是一样的。这就是麦当劳的连锁标准化管理。麦当劳的人力资源管理也同样有一套标准化管理模式，包括如何面试，如何挖掘一个人的潜力等。

一、不用天才与花瓶

麦当劳不用天才，天才是留不住的。在麦当劳里取得成功的人，都得从零开始。炸薯条、做汉堡，是在麦当劳里走向成功的必由之路。他们必须懂得麦当劳请的是最合适的人才，是愿意努力工作的人。麦当劳的人才组合是家庭式的，年纪大的可以把经验告诉年纪轻的人，同时又可被年轻人的活力带动。麦当劳不讲求员工是否长得漂亮，只在乎其工作负责、待人热情，让顾客有宾至如归的感觉。

二、鼓励员工永远追求卓越

麦当劳的管理人员95%要从员工做起，包括人力资源部经理。每年麦当劳北京公司要花1 200万元用于培训员工，包括平时培训或去美国上“麦当劳汉堡大学”。麦当劳在中国有三个培训中心，培训中心的教师全都是公司有经验的营运人员。门店店长以上人员要到“麦当劳汉堡大学”学习。麦当劳给每一个员工规划一个很长远的计划来改善现在的情形，鼓励员工永远追求卓越，追求第一。当然，麦当劳会给每个人平等的机会，不搞裙带关系。

三、没有试用期

麦当劳的面试分三步：第一步由人力资源部门面试；第二步由各门店店长面试；第三步请对方来店里工作三天，这三天也给工资。一般企业试工要三个月，有的六个月，麦当劳三天就够了。

没有试用期，但有长期的考核目标。考核，不是一定要让你做什么，而是希望你有所发展。麦当劳有一个叫360°的评估，就是让你周围的人都来评估你：你的同事对你的感觉怎么样？你的上司对你的感觉怎么样？

四、培训成为一种激励

麦当劳的培训理念是：管理人员要打造自己的团队。公司的总经理每三个月就要给部门经理做一次绩效考核，其中有两条考核目标：一是如何训练你的下属；二是一定要培训出能接替你的人，你才有机会晋升。这是一项真正实用的原则，可以想象，麦当劳公司因此而成为一个发现、培养人才的大课堂。

五、晋升机会公平合理

在麦当劳，适应快、能力强的人能迅速掌握各个阶段的技术，从而更快地得到晋升。面试合格的人先要做4～6个月的见习经理，做基层工作岗位，并参加BOC课程（基本营运课程）培训，经过考核的见习经理可以升为第二副理，负责餐厅的日常营运。之后还将参加BMC（基本管理课程）和IOC（中间管理课程）培训。表现优异的第二副理将接受培训部和营运部的考核，考核通过后，将被升迁为第一副理，即餐厅经理的助手。以后他们的培训全部由设在美国的“麦当劳汉堡大学”完成。待他们升至餐厅经理后，再经过一个阶段的培训，他们将成为总公司派驻其下属企业的代表，即成为“麦当劳公司的外交官”，其主要职责是往返于麦当劳公司与各下属餐厅，沟通传递信息。

思考：

1. 麦当劳的人力资源管理都有哪些特色？
2. 麦当劳的员工培训为什么能取得成功？
3. 麦当劳采用的是什么评估制度？
4. 为什么麦当劳的培训理念是成功的？
5. 如果你是麦当劳在中国分部的人力资源主管，应在哪些方面加强人力资源开发与管理工作？

项目九 连锁门店卫生、安全与防损管理

项目简介

连锁门店的安全管理所包括的范围相当广泛。以地点为例，除了购物区域外，还包括公共用地及员工工作场地。在对象上，除了人（顾客、员工、供应商、邻居、行人等），还有财务安全；在事件上，除了突发意外状况外，还有日常的例行作业，必须予以经常性关注。门店的安全问题始终是店长最难以预期的。根据经验，突发意外事件，往往不完全是意外，而是人为的疏忽。因此，店长在安全管理上，除了硬件设备的装置必须符合政府相关法令要求与规定之外，门店的例行安全检查，以及员工平日的安全训练和处理突发事件的应变能力都值得重视。防微杜渐，未雨绸缪，应该是每个店长精确到每日、每时、每刻的工作。

工作流程

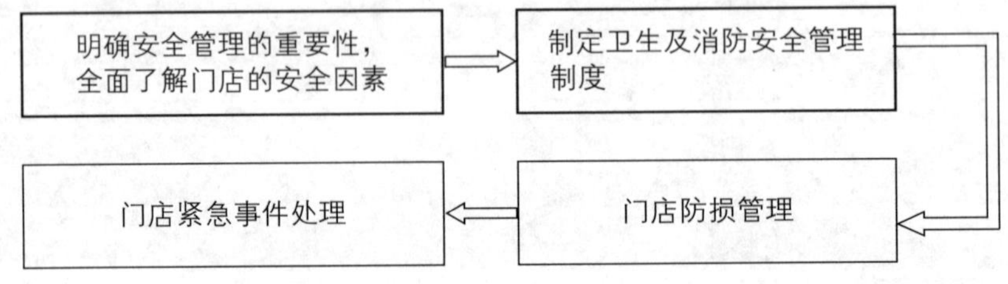

任务一　认识门店安全管理

在连锁企业的门店管理工作中，安全管理是不可忽视的重要管理内容，是连锁门店综合管理水平的重要指标。无论是店长还是店员，都要把安全工作放在门店运营的第一位，只有保证了顾客安全、全员安全、商品安全和门店的资金等各项财产的安全，才能保证门店经营目标的圆满完成。作为店长，应该意识到安全管理的重要性，从公共安全和内部安全两方面做好安全管理工作，掌握门店应变处理的原则与常见安全因素。

思考：连锁门店安全管理的重要性体现在哪些方面？哪些因素容易引起门店的不安全问题？遇上了安全事故，作为店长，要如何处理？

任务工作流程

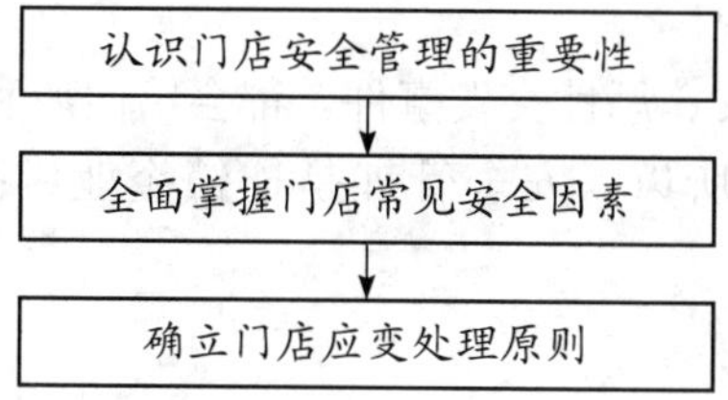

学习要求

通过学习，能树立安全意识，具备一定的安全事务管理能力。

相关知识

门店安全管理的工作对象为门店所控制范围内的所有人员及所有财产。“所有人员”不仅包括本店的员工，而且包括所有正在光顾本店的客人，以及合法地待在本店的其他人员。“所有财产”指的则是上述所有人员与本店的所有财产。

因此，店长必须十分认真地开展安全工作并进行科学的管理，把门店的安全管理作为门店管理的有机组成部分。

一、门店安全管理的含义及重要性

（一）门店安全管理的含义

门店安全是指门店以及顾客、员工的人身和财务在门店所控制的范围内不受侵害。它包含了两层含义：门店所控制的范围内工作秩序、购物秩序良好；门店所控制的范围内不存在安全隐患，也就是没有其他因素可能导致危险的发生。门店安全管理的重点和难点就是对门店所控制范围内所有潜在的安全隐患进行排查和排除，以维护良好的秩序和环境，保证顾客、员工的人身和财务安全，保证门店的商品和资金等财产的安全。

（二）门店安全管理的重要性

连锁企业门店的安全管理具有重要意义，具体体现在以下几方面：

（1）提供安全的环境，确保顾客购物安全和员工工作安全。

无论是顾客还是门店的员工，对所处环境最基本的要求就是安全。只有采取有效措施，及时排除可能发生的危险因素，创造安全的环境，才能让顾客放心购物，让员工安全工作。

（2）减少门店损失，提高经营业绩。

通过制定相应的安全管理制度和管理措施，能有效防范和消除存在的各种隐患和风险，最大限度地预防和避免意外事故的发生，从而减少门店在安全事故中的财产损失。同时，良好的购物秩序和环境，能吸引更多的顾客前来购物，从而有利于经营业绩的提升。

（3）维持良好的企业形象。

任何安全事故，比如火灾、恶性突发事件，都会给门店和连锁企业带来严重的负面影响，甚至企业因此而倒闭。所以，安全管理是连锁企业维持良好企业形象的重要手段之一。

二、门店安全管理的内容

（一）门店的公共安全管理

1. 陈设安全管理

不安全的卖场陈设，容易使顾客在购物区域活动时发生意外，因此需要特别注意以下事项：

（1）货品陈列安全：货品陈列过高，或是摆放不整齐时，容易因地震或人为碰撞而使商品倒塌或掉落，造成顾客或员工意外伤害。

（2）卖场装潢安全：卖场为了吸引顾客，会在装潢上做大量投资。但在美观之余，应该注意安全性。如部分卖场喜欢用玻璃做装饰，但玻璃易碎，容易引起严重的伤害。

（3）货架摆设安全：货架摆设位置不当、不稳定，或是产生凸角，都可能使顾客在购物时发生意外。

（4）地面安全：地面湿滑或水渍未及时处理，会造成顾客在行进时跌倒。

2. 员工作业安全管理

员工作业不当，易造成顾客或员工本身的伤害。例如，补货不当、大型推车使用不当、卸货作业不当，都容易造成商品掉落，砸伤或压伤顾客或员工。

（二）门店内部安全管理

1. 开关店的安全管理

大部分连锁门店在非营业时间未安排人员留守。但为了防止窃贼夜间闯入盗取财物，通常会与保安公司合作安装安全系统。因此，有必要对开关店作业加以规范，以确保卖场夜间安全。有关管理内容如下：

（1）开关店必须由特定人员（如店长、副店长或其他管理人员）在规定的时间，开关设备，应依照正常的规定作业进行开关门。负责人除了必须在记录簿上记录并签名外，还必须附有其他人员的附属签名，作为证明。

（2）开店后，店长应该检查出入口及金库门窗有无异常，确保没有被破坏迹象。

（3）关店前做好以下事项：

1）清点现金，检查收银机、金库、店长室等，并上锁。

2）除必需的电力外，其他不必要的电源应关掉，所有插头拔起。

3）检查店内每一处角落，防止非相关人员藏匿。

4）员工安全检查，如检查员工是否有带走门店商品现象。

5）开关门时应提高警惕，注意周围有无可疑状况。

2. 保安报告管理

（1）门店发生任何保安状况，店长均应在了解状况发生的原因后，迅速向上级相关主管报告，以便进一步作出更有效的处理或追踪。

（2）任何对警方或上级的保安报告，其内容必须简短、明确，并且包括人、事、时、地、物等，以使对方能迅速交接发生的状况。

（3）门店主管应熟记消防电话、报警电话、当地派出所电话、当地电力公司营业所电话及总部相关主管电话，并抄录张贴在公布栏和其他指定地点。

3. 钥匙管理

（1）门店、店长室和金库的钥匙应有备份，并分别交由正副店长或业务相关人员保管。未经允许，不得任意打造。

（2）金库的保险钥匙密码应只有必要工作人员知道。当门店店长换人时，应随时更换保险钥匙密码，防止意外发生。

（3）所有钥匙均应编号，以利管理，便于发生不法事件时追查责任。

4. 金库管理

（1）新旧店长交接后，立即重新设定金库密码，且只有正副店长知道。

（2）金库为机密地方，除必要人员外，其他不相关人员不得随意进入。

（3）金库应随时关上并上锁。

（4）店长每天上下班时，第一要务是检查金库是否有异常，如有问题，立即做出反映。

5. 门店财务侵占的防范

（1）定期抽查员工储物柜。员工储物柜仅能放置私人物品，不准放置任何公用物品、易燃物及非法物品，以防止员工侵占行为。

（2）定期抽验收银员、商品验收员等员工的作业情况，避免利用职务便利侵占钱财行为。

6. 偷窃行为的防范

偷窃行为是连锁门店在安全管理上相当重要的一部分。防范的对象除了一般的顾客外，也不可忽视连锁门店本身的工作人员。

7. 电子防盗系统保护

电子防盗系统从保护形式上可以细分为立式系统、隐蔽式系统、通道系统3种类型。

对于不同类型的门店，在考虑防盗措施时会有不同。对于小型门店，安装电子防盗系统必要性不大，可以采用国内外广泛使用的防盗镜保护。防盗镜一般安装在卖场各个角落，能让店员方便地监视整个卖场，再配合安全的商品陈列，店员巡视，一般可以满足防盗需要。

对于大型卖场，包括仓储式超市等，因为卖场面积大，经营的品种多，每个员工负责的区域广，光靠员工监视所有的商品不大可能。与一般商场相比，商品损耗严重。因此有必要安装电子商品防盗系统EAS和闭路电视监控系统。

8. 抢劫的防范

由于连锁门店现金流量庞大，收银柜台临近出口，难免引起歹徒注意而发生抢劫。因此在门店营业时间逐渐延长的趋势下，有必要对抢劫的情形加以防范。

9. 停电应变处理

卖场一旦停电，除了加速低温商品的损坏，以及无法营业造成的损失外，可能造成顾客或员工窃取门店财物的情况。因此，店长必须针对停电，拟订一套应变作业程序，减少公司损失。

三、连锁门店安全应变处理措施

尽管事变的发生大部分属于临时状况，如果能针对各项安全管理项目做好日常防范工作，在意外发生的同时，编制“应变处理小组”，依据正确的作业程序来处理，则可以将事故造成的损害降到最低程度。事故发生之后，也必须按照顺序处理好善后工作。

有效防范卖场各项安全管理是店长不可推卸的责任，为了确实掌握卖场安全管理，店长必须归纳出相关安全管理项目，编制“应变处理小组”和制定各项安全管理规则，对事前、事中、事后的应变作业程序，制定书面指示，作为员工遵循的依据。

此外，除了各项安全措施提前予以设置，并定期实施检查之外，员工的安全教育、演练及灾害意识和警觉性的培养也不可忽视。有了良好的事前防范，才能减少事故发生的机会，或是当事故发生时，才可以迅速有效处理，减少人员及财务损失。每次意外事故发生后，必须追查事故原因和责任，做好善后补救措施。

（一）事前

（1）妥善规划。依据各项安全管理项目，制定事故预防、处理及善后作业的详细步骤、程序与注意事项。

（2）定期教育。定期举办员工安全管理教育，以增加员工的安全常识、正确的作业习惯、良好的道德观念，并加强灾害意识，纠正错误观念。

（3）定期演习。为使员工能充分理解并应用日常安全教育中所得到的知识，应定期举行各项演习，用来测验员工的安全管理和临场的应变经验。演习的方式可采取预先知会或临时通知方式。

(4) 定期检查。定期检查门店内的各项安全措施和使用器械，对于老旧、损坏或过期者，应立即修复或更换。

(5) 培养警觉性。养成员工发现问题马上反映的习惯。良好的保安警觉性是减少意外事故发生的有力保障。

(二) 事中

(1) 沉着冷静。不管发生任何状况，保持沉着冷静态度，凡是不可轻举妄动，保持自身安全为首要条件。

(2) 迅速且适当的处理。根据事前所作的各项安全作业指示，执行自己的任务。

(三) 事后

(1) 事故原因追查。除了找出意外事件的导火线外，对于导火线背后的真正原因也须一并追查。

(2) 责任的追查。清查相关人员的责任，对尽职员工给予奖励，对失职员工加以警告。

(3) 补救措施的建立。亡羊补牢虽然不能挽回事故造成的损失，但是针对事故原因，迅速建立各项补救措施，仍可以避免日后发生类似事件。

想一想

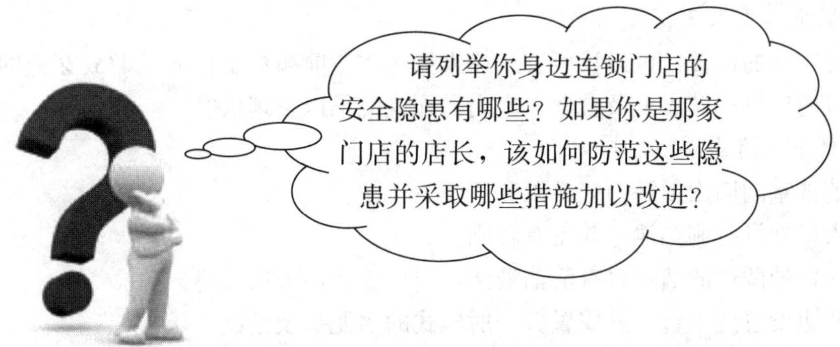

任务二　制定卫生及消防安全管理制度

不论是从重视顾客的感受上说，还是从关心员工的健康上来讲，店长都有责任督促有关人员时刻保持店面周边及内部环境的清洁与卫生，并制定相应的环境卫生与个人卫生管理制度与执行标准。标准的制定是基础，严谨地制定制度并教育员工依照遵循是做好卫生、消防安全管理工作的前提保障。

思考：总部要求根据门店具体情况制定一项卫生、消防安全制度，作为店长，要怎样完成该项任务?

任务工作流程

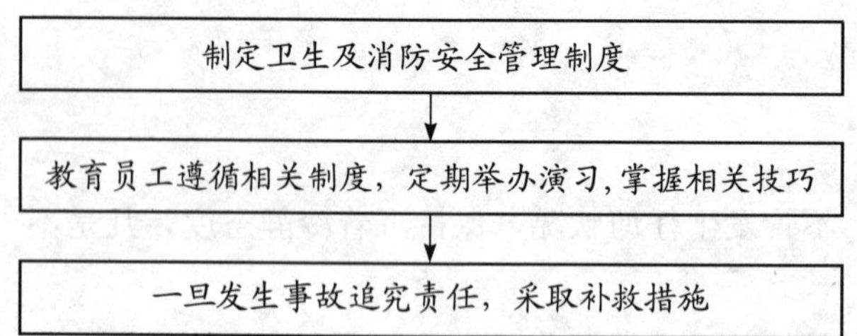

学习要求

通过学习，要求掌握连锁门店卫生、消防安全各项管理项目，熟悉相关管理制度与规划。

相关知识

一、卫生管理制度

（一）连锁门店环境卫生执行标准

1. 设置员工更衣室

员工更衣室的设置，可以让所有从业人员在作业前换穿工作服及贮放穿戴的衣物、佩饰。更衣室内应设置储衣柜及鞋架，室内需配置镜子以整理仪容。

2. 设置个人消毒设施

（1）消毒室的墙面须贴白瓷砖以利清洗。

（2）入口处设有刷鞋池，并备有鞋刷。

（3）入口处两边的墙壁钉有清洁液架，以放置清洁液或肥皂。

（4）两边设置洗手台，并安置数个肘压式的水龙头及毛刷。

（5）洗手台的下方设置消毒池，池深约可淹及鞋面，消毒池内泡消毒剂。每日须进行更换或补充氯水，以维持消毒效果。

（6）洗手台后侧墙边设置纸巾架或毛巾架。

（7）毛巾架后侧设手指消毒器。

（8）设置肘压式或脚踏式的门，防止手部再污染。

3. 门店场地设施要求

（1）店内的地面须以磨石或金刚砂等不透水材料铺设，须有适当的斜度，以利排水，借以防止地面积水滋生细菌，或造成湿滑影响作业安全。店铺的地面在每天作业前、后及午休前应冲洗，以维护场地卫生。

（2）墙面须贴一定高度的白瓷砖或粉刷白色漆，以利清洗。天花板应完整，无破损、积水、尘土、蜘蛛网或凝水的现象。干燥清洁的环境，可防止细菌生长、繁殖。

（3）设有完善的排水设施。为排放废水，店内须设排水沟，并有适当坡度，借以畅通排水。因为较大的废弃物若流入排水沟内将阻塞排水管道，故其出口处应设有滤水网，滤水网的设置还可防止蟑螂、蚊虫等病媒自排水沟内侵入店内，以维持场地卫生。

（4）店内不得堆放无关的物品，否则不仅将影响作业，还会造成卫生管理上的死角，容易发生意外事件。

（5）店内应有良好的照明及空气调节设施。要注意灯管、灯泡，为维持店内场地空气的新鲜，宜控制湿度，维持室内干燥。

（6）店内应有防止病媒侵入设施。病媒是指病原体自一寄主带至另一寄主的携带者，也即病原体的媒介物。它能使病原体由一患者或带菌者传至健康者，而使其患病或带菌。由于多数的传染病仰赖节肢动物为媒介，所以一般所谓病媒防治是指蚊、蝇、虫、跳蚤、鼠等动物的防治。防治病媒的方法主要有两种：1）防止病媒侵入门店，如设置纱门、空气帘、水封式水沟。2）捕杀病媒，即以化学药品毒杀或捕虫灯、捕鼠笼、捕蝇纸等捕捉病媒。

（二）门店外环境卫生执行标准

（1）灯箱保持清洁、明亮，无裂缝、无破损。霓虹灯无坏损灯管。

（2）幕墙内外玻璃每月清洗一次，保持光洁、明亮，无污渍、水迹。

（3）旗杆、旗台应每天清洁，保持光洁无尘。

（4）店铺外升挂的国旗、公司旗每半个月清洗一次，每 3 个月更换一次，如有破损应立即更换。

（5）店铺外挂旗、横幅、灯笼、促销车、遮阳伞等促销气氛展示物品应保持整洁，完好无损。

（三）门店内环境卫生执行标准

（1）新进人员必须了解卫生的重要性与相关知识。

（2）各工作场所内，均须保持整洁，不得堆积已产生臭气或有碍卫生的垃圾、污垢或碎屑。

（3）各工作场所内的走道及阶梯，至少须每日清扫一次，并采用适当方法减少灰尘飞扬。

（4）各工作场所内，应严禁随地吐痰。

（5）饮水必须清洁。

（6）其他卫生设施必须特别保持清洁。

（7）排水沟应经常清除污秽，保持清洁畅通。

（8）凡可能寄生传染菌的原料，应于使用前施以适当的消毒。

（9）凡可能产生有碍卫生的气体、尘灰、粉末的工作，应遵守下列规定：

1）采用适当方法减少此项有害物的产生。

2）使用密闭器具以防止此项有害物的散发。

3）于发生此项有害物的最近处，按其性质分别采取凝结、沉淀、吸引或排除等措施。

（10）对于处理有毒物或高热物体的工作或从事于有尘埃、粉末或有毒气体散布场所的工作，或暴露于有害光线中的工作等，须穿用防护服装或器具，并按其性质置备，使用人员必须善加利用。

（11）各工作场所的采光，应依下列规定：

1）各工作部门有充分的光线。

2）光线须有适宜的分布。

3）须防止光线的炫目及闪动。

4）各工作场所有窗面及照明器具的透光部分，均须保持清洁，勿使有所掩蔽。

5）对于阶梯、升降机上下处及机械的危险部分，均须有适度的光线。

（12）各工作场所应保持适当的温度，可采用暖气、冷气或通风等方法调整温度。

（13）各工作场所应使空气充分流通。

（14）食堂及厨房的一切用具及环境，均须保持清洁卫生。

（15）垃圾、污物、废弃物等的消除，必须符合卫生要求，放置于规定的场所或箱子内，不得任意乱倒堆积。

（16）店内应设置急救药品及设备并存放于小箱或小橱内，置于明显之处以便利取用。每月必须检查一次，其内容物有缺时应随时补充。

（四）门店卫生管理制度

为确保员工与顾客的身体健康，提高工作质量和服务质量，使卫生工作制度化，应制定卫生管理制度。

（1）卫生管理工作统一由行政部负责。

（2）店铺外要保持清洁，各种车辆按规定地点停放整齐。

（3）保持店内店堂、走廊、公厕的清洁，做到光亮、无异味。

（4）保持内部厕所及其他公共场所洁净、无蚊蝇。

（5）各部门办公室内要保持整齐，窗明几净，不得将室内垃圾扫出门外。

（6）垃圾分类后倒入指定地点，不得倒在垃圾道或垃圾桶外。倒完垃圾后要及时盖好盖子。

（7）爱护和正确使用厕所设备。卫生巾、手纸要扔入篓内，严禁将茶根、杂物倒入洗手池。

（8）店内的办公室、库房等场所，由在其间工作的员工负责打扫，做到日扫日清、定期大扫除。

（9）公共卫生区域由保洁员清扫，对店铺实行卫生质量、费用承包。

（10）店长每半年组织一次卫生大检查，此外，重大节日前也要进行检查，并对卫生工作做出奖评。

（五）日常清洁管理制度

（1）每日上班前把各自负责的地段清扫一遍，然后进行跟踪清扫，做到无枯草落叶、无碎渣、无纸屑、无痰迹、无烟头。

（2）要根据天气的变化进行合理清扫，台风、大雨前要及时疏通各排水沟，清除大堂前面的积水。

（3）门店前每月喷水清洗一次。如有重大节日及重大接待任务等特殊情况则根据需要增加清洗次数。

二、消防安全管理制度

（一）消防管理的内容

门店设立消防管理应急小组，由店长直接领导，负责对店铺所有部门实施严格的消防监督，它的主要任务如下：

（1）负责对店铺员工进行消防业务知识培训。

（2）开展防火宣传教育。

（3）制定各种防火安全制度，督促各部门贯彻落实防火安全措施，负责调查了解违反消防规定的原因，并提出处理的意见，向保安部、总经理报告情况。

（4）负责检查店内各部位的防火安全情况以及各种消防设备、灭火器材，发现隐患，及时督促有关部门进行整改。

（5）负责记录每天店内的消防情况和每周附近消防情况，并以书面报告的形式呈交店长。

（6）负责调配、补充消防器材，并与有关部门定期进行消防设备检测、保养、维修，及时排除消防设备故障。

（7）负责 24 小时监视消防主机、闭路电视、防火报警信号。发现火警、火灾及其他问题时，要向保安部、总经理报告，并提出处理方法。

（8）负责制定重点部位的灭火方案，并负责组织演练。

（9）负责店内动火部位的安全监督。

（10）负责协助店铺新建、改造工程消防设施的呈报审批手续。

（11）负责办理进入店铺施工单位人员出入登记手续，并监督施工期间的消防安全。

（12）协助做好重要接待任务时有关消防方面的安全和保卫工作。

（13）管理好消防业务档案。

（二）店铺应配置的消防器材

为加强店铺自身的消防自救能力，各部门、设备房和消防监控中心必须配备必要的消防器材。

消防监控中心应配置以下设备，并专柜安放，专人管理：

（1）手提式二氧化碳灭火器（或推车式 ABC 干粉灭火器、推车式二氧化碳灭火器）。

（2）消防扳手、消防斧。

（3）消防头盔、消防面具、口罩。

（4）救生绳，备用水带、水枪。

（5）铁锹、铁铲、消防桶、斗车、沙袋等。

各部门、设备房应配置的消防器材：手提式二氧化碳灭火器（或推车式ABC干粉灭火器、推车式二氧化碳灭火器）。

（三）消防报警系统的检查

对消防报警系统的检查包括日检、月检和年检。

1. 日检

（1）按主机复位键，检查主机系统是否有异常、故障的显示。

（2）按消声键，消去控制器的声音。

（3）按复位键，或恢复到机器报警前的正常状态。

2. 月检

（1）完成日检全部内容。

（2）控制器主要工作电压测试。

（3）逐个检查楼内端子箱、箱门关闭及箱体情况是否良好，外观是否洁净完好，箱内接线是否良好。手动方式和自动方式的转换、交流电源和备用电源的转换是否正常。

（4）公共场所烟感器、温感器安装倾斜度不大于45°，与底座接触是否良好，外观是否洁净完好。

（5）随机抽取不低于5%的烟感器喷烟后查看报警是否正确。

（6）任选两点自动报警进行模拟报警，测试报警功能是否正常。

（7）如在检查中发现问题，应立即修复。

（8）对不洁净烟感器、温感器进行清洁，对可能接触不良的部位进行加固。

3. 年检

（1）查看设备、设施使用年限是否超期，特别是手提式、轻便的灭火器应及时更换。

（2）进行抽点、模拟式联动检查，确定是否需要完善、修正。

（3）对所有公共部位的烟感器和温感器进行外观检查，对有污渍的进行清洁。

（4）对楼层内端子箱进行内部清扫、紧固接线。

（四）出现火灾报警时的处理

为确保门店在发生火灾时能够得到迅速准确的处理，各部门和员工在紧急情况下，应按照自己的职责有条不紊地做好灭火疏散抢险安全工作。当出现火灾报警时，可遵循以下程序处理。

1. 报警设备

（1）零售企业各种探测器将火灾信号传到消防控制中心。

（2）消防电话。拿起消防专用电话可直接接通消防控制中心；使用普通电话时，应牢记消防控制中心及市消防局的报警电话。

（3）手动报警器。启动手动报警器后，可使楼层警铃、火灾报警器的信号传到消防控制中心。

2. 报警方式

无论任何时候发生火星、燃烧异味、异响及不正常热感应，每个员工都有责任检查是否属险情，如有险情则立即报警，并尽可能采取处理措施，等待救援人员到来。报警时，按照下列顺序选择报警设备：

(1) 使用消防电话。因为消防电话不用拨号码，拿起电话就直通消防控制中心，保证能及时报警。

(2) 使用普通电话。如果附近没有消防电话时，可用普通电话拨通上述任何一个报警电话，讲清报警内容。

(3) 使用手动报警器。如果发现火情比较严重不能控制时，可启动手动报警器，因为手动报警器和警铃联动。若报警，必然惊动用户，故除非情况严重，否则不要使用。

3. 报警内容

电话报警时，务必讲清下列几项：报警人的姓名和身份；火灾发生的具体地点；燃烧物质；火势大小。

(五) 制定消防灭火预案

要从实战出发，设想店内可能发生的火灾和设计应采取的对策，预案设计首先要以营业场所失火为重点，各种不同类型火灾要有不同的预案。每一预案，又要分初起阶段、成灾阶段和蔓延发展阶段的不同灭火对策。

预案要以报警、扑救、疏散以及各种灭火、排烟设施的启动、灭火力量的投入时机等为重点内容，并与公安专业消防力量投入灭火相衔接，做好配合工作。

预案要逐个制定，急用先定，逐步完整。预案制定后要经零售企业负责人审定，并通过消防演习的实践检验不断修订，使之完善、规范。在发生火灾时，应针对不同火情采取不同预案，有条不紊地进行扑救。

(六) 灭火训练和消防演习

1. 灭火训练

在手提式灭火器换液和固定消防设置维修检查时，有计划地分批培训义务消防队员，让每一个义务消防队员两年内能有一次灭火器材的实际操作训练的机会。有条件的也可每年举行一次消防运动会，提高操作的熟练程度。

2. 消防演习

消防演习即模拟门店发生火灾，并按预案进行扑救。通过消防演习，检验门店防火、灭火的整体功能，如预案是否科学，指挥是否得当，专职消防队员是否称职，义务消防队员能否及时到位，员工心理承受能力如何，消防设施是否发挥作用等。通过演习，总结经验、发现不足，以便采取措施，改进工作，提高门店的防火、灭火、自救的能力。消防演习每年不少于一次。对演习的内容要精心设计，必要时可请公安消防部门代为设计。为了使消防演习真正起到实战练兵的作用，演习的内容和开始的精确时间事先应保密，同时又要避免群众毫无思想准备，届时出现惊慌失措，发生意外事故。事先要与员工和顾客打招呼，说明近期要进行一次消防演习，要求员工认真对待，顾客积极配合。消防演习结束，要认真总结，讲评成绩和不足。对演习中好人好事给予必要的表彰和鼓励，对暴露的问题认真进行整改。

实施消防演习计划是一项复杂的工作，要防止发生意外事故，因此，第一次消防演习的难度可以低一些，以后逐步提高。为了提高门店灭火的指挥组织能力，进行消防演习宜请公安消防部门来人指导，帮助门店做好评估和总结工作。

想一想

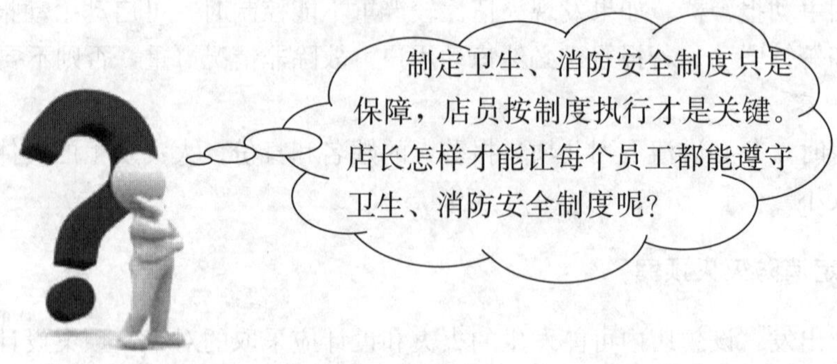

任务三　门店防损管理

损耗是指门店接受进货时的商品零售值与售出后获取的零售值之间的差额，包括商品数量损耗和价值损耗。商品数量损耗是指商品盘点账实不符；价值损耗是指清仓降级处理带来的商品价值损失。要有效防止和减少门店损耗，店长首先要了解损耗产生的原因，然后有针对性地采取措施加以防范和控制。

思考：门店的损耗是怎样产生的？如何才能降低损耗？

任务工作流程

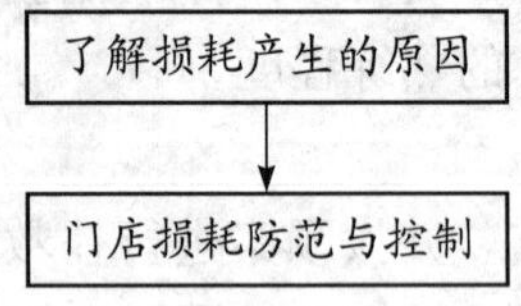

学习要求

通过学习，了解门店经营中损耗产生的原因及防损的重要性，掌握店长处理防损的防范方法和措施，熟悉门店防损解决方案，具备一定门店防损管理能力。

相关知识

连锁门店的损耗主要包括：（1）门店经营商品账面金额与实际盘点金额的差异；

（2）损坏不能销售或报废的商品；（3）被盗商品；（4）商品质量原因被退货但不能退回厂商的商品。

一、门店损耗产生的原因

（一）作业损耗

1. 订货损耗

（1）订货过程中品牌错误、品项错误、规格错误、数量错误、重量错误、品质错误、有效期错误等造成的损耗。

（2）自行采购商品损耗。

2. 收货损耗

（1）商品品名、数量、重量、价格、有效期限、品质、等级、规格、包装、单位、质量等与标准或订单不符；发票金额与验收金额不符；商品未验收或未入库。

（2）赠品、折扣与合同不符。

（3）供应商欺诈行为，如以低价商品冒充高价商品。

（4）员工与供应商勾结导致损耗。

（5）未严格按收货标准验货。

（6）送货不及时，收货时间过长，导致商品鲜度降低。

（7）对厂商管理不严导致的厂商偷盗。

（8）叉车等设备未安全操作，损坏商品。

（9）漏记进货款或进货重复登记，收货数据录入错误。

（10）入库商品条码贴错。

3. 转移损耗

（1）搬运工具不当造成包装或商品破损。

（2）员工未按要求搬运商品造成商品破损或无法销售。

（3）顾客拿放商品不当导致的损耗。

（4）内部转货单据与实际不符，门店间转出手续不完备。

（5）部门与部门间移库，账务处理不当。

（6）使用自用商品未如实填报或未列入费用明细。

4. 储存损耗

（1）库存环境不符合要求，如仓库过潮或虫鼠等侵害致使商品受损。

（2）储存方式不正确，导致商品损坏破包。

（3）商品交叉感染或串味。

（4）未按先进先出原则拿取商品。

（5）库管员未履行商品稽核责任导致商品储存时间过长而过期、变质。

（6）冷藏冷冻设备损坏或发生故障导致商品变质而被废弃。

5. 商品管理损耗

（1）陈列损耗。商品自然腐烂变质；商品陈列方式不对导致损耗。

（2）理货损耗。未能正确处理商品导致的商品损耗。

6. 商品销售损耗

（1）标价错误，顾客要求以低价购买。

（2）商品磅秤故障。

（3）商品在销售过程中受到污染。

（4）管理者对兑换券作业是否入账未尽督导责任导致兑换券过去无法向厂商求赔偿。

7. 收银损耗

（1）每日收银现金差异。

（2）遗漏商品扫描。

（3）收银员损坏商品。

（4）收银队伍较长导致顾客未能付款或无找零导致顾客不能付款等。

8. 退换货损耗

（1）节庆商品逾期未售完。

（2）国外进口商品因无法退货产生废弃损耗。

（3）对不该接收的顾客退货接收，又不能原价出售。

（4）开发自有品牌由于自产自销无法退货产生的废弃。

（5）顾客或员工因渎职损毁商品却无法退回供应商。

（6）客服人员利用退货、换货偷窃门店欠款。

（7）坏品未登记、未确定数量、未及时办理退货。

9. 盘点损耗

（1）点数不准，漏点、多点、误点实物库存。

（2）数据抄写、录入错误。

（3）盘点价格错误、计算错误。

10. 加工损耗

（1）对原材料未能进行深加工、未能有效利用。

（2）配方操作未能标准化作业，导致损耗。

（3）加工技术不当，食品口味变差，难以销售。

（4）加工过程因卫生问题，污染食品。

（5）包装耗材浪费严重。

（6）生产不合理。

（二）偷盗损耗

1. 顾客偷窃

（1）顾客利用衣物藏匿商品，不付账带出卖场。

（2）顾客更换商品包装，用低价购买高价商品。

（3）顾客在大包装中藏匿小包装商品。

（4）顾客未付款在超市偷吃商品。

（5）顾客撕毁商品标签或更换标签，达到少付款目的。

（6）顾客与店员勾结进行盗窃。

（7）盗窃团伙集体盗窃。

2. 员工偷盗

（1）员工管理不当。员工偷用商店商品，将商品标底价售卖给亲朋好友；直接偷窃卖场商品、赠品或偷窃公司同事私人财物。

（2）专柜人员管理不当。专柜人员偷吃、偷窃或掩护他人偷吃、偷窃。

（3）收银员管理不当。收银员利用收银机退货键或立即更正键取消登录金额，趁机抽取现金；遇熟人，故意漏扫部分商品或私自按下较低价格进行冲抵。

3. 供应商偷窃

（1）供应商派驻超市促销员偷盗商品。

（2）将已经收获完毕的商品，重新按未收货点数。

（3）利用售货员疏忽，趁机偷窃卖场商品。

（4）随同退货夹带正常商品出店。

（5）与门店员工勾结实施偷窃。

（三）变价损耗

变价损耗是指竞价促销时，为吸引来客而降低商品售价所发生的降价损耗。

（1）固定促销变价，如月特卖品、定期特价活动、周年庆、开店庆等。

（2）临时促销变价，为应对竞争店而临时降价或生鲜食品因各种原因降价出清。

（3）厂商调降市面零售价，因商品使用期限或使用期限过 2/3，力求销量增加，成立特价区而降低售价。

（4）为消耗大量商品库存变价，在月底或年关将近时，减少库存所作的促销变价。

（5）部分促销商品在促销期结束后未能及时变更回原价，顾客要求以促销价购买产生的零售损耗。

（四）意外损耗

（1）自然意外事件造成的损耗，如火灾、水灾、地震、台风等。

（2）人为意外事件造成的损耗，如抢劫、夜间盗窃、诈骗等。

二、门店防损措施

（一）重点区域的管理

1. 员工出入规定

（1）员工进出必须按规定执行考勤制度，严禁未登记、请人代登记等违规事件。

（2）非上下班的员工进出，必须有值班人员的批准，登记员工的进出时间。

（3）员工不得将私人物品带入卖场，如属于必须带入卖场的物品，必须进行登记处理。

(4) 员工进出未经批准不得将超市的物品带出。

(5) 对外来的来访人员进行电话证实、登记，检查携带物品。

(6) 对有疑问的顾客和员工进行检查。主要有人员的提包，属于卖场的物品是否有管理层的批准等。

2. 收货时的规定

(1) 超市收货时，由供应商进入联系验收人员和值班员在室外进行验收；禁止收货员和供应商的各种不诚实行为、作弊行为，禁止收货员接受贿赂或赠品的行为。

(2) 供应商人员必须在收货区指定的范围内交验商品。所有商品的进出都必须有清单同行。

(3) 对重要的收货程序进行检查，保证所有收货的数量、品名一一正确，保证所有已经进行收货的商品放入收货区的区域内。

(4) 必须是本超市的员工亲自进行点数、称重的工作，供应商不得帮助点数、称重，或出现重复点数、称重的现象。

(5) 对于供应商的赠品、道具等商品进出，验收人员必须正确执行相应的收货程序，正确使用单据、标签。

(6) 对每一单退换货，值班员必须进行核实，核实品名、包装单位、数量、换货的品种正确以及单货一致，保证所有出超市的商品必须正确无误。

(7) 对转货或个别大单送货，值班员必须逐单核查，包括封条、品名、数量、包装单位，并目送货物离开收货口。

3. 入口的管理

(1) 卖场入口设置值班员岗位，营业时间实行不间断值班制度。

(2) 监督所有员工在上班时间内从超市入口处出入。

(3) 值班员必须保证所有顾客进场秩序良好，无拥挤现象。

(4) 超过尺寸的提包，提醒顾客进行寄存后才能入场。

(5) 顾客不能将与本超市类似的、一样的或难以区别的商品从入口带入卖场，要进行寄存后才能入场。

(6) 保证顾客遵守其他的入场购物规定，如不能带宠物等。

4. 收银出口的管理

(1) 收银出口处设立值班员岗位，在营业时间内实行不间断的值班制度。

(2) 收银员必须正确、快速、满意地做好收银和解答顾客提出的问题，同时维护好出口处的顾客秩序，保证所有顾客能从进口进、出口出。

(3) 查看收银小票，监督有无未结账的商品。

(二) 对偷盗的防范

1. 内部偷盗的防范

连锁门店店长应制定相关规章制度严处内部偷盗行为，严禁盗窃也是门店工作人员必须遵守的最重要、最基本的行为规范。诚实的良好品德是从事零售业，特别是在零售的营运领域工作的人员，最重要、最基本的道德要求。

（1）内部举报制度。

控制损耗是卖场每一位员工的责任和工作内容。因此，鼓励员工检举偷盗行为，调动员工的积极性，设立内部举报奖励制度。

1）内部举报实行实名举报，不接受匿名举报。门店对举报者的举报姓名、内容予以保密。

2）设立举报电话、员工信箱，接受内部员工的举报。

3）对于举报的查证，由管理员进行，在2个工作日内完成。

4）对于举报经查证属实者，给予举报者一定的经济奖励，根据举报案例所挽回的经济损失，具体决定奖励的数额。

（2）内盗的处理程序：发现内盗现象→证据取证→确定当事人→谈话记录→处罚处理。

1）发现内盗现象：通过内部举报、监控系统提供资料、值班员的发现等手段发现内盗现象；

2）证据取证：根据内盗现象，进一步进行证据的核实、取证；

3）确定当事人：确定盗窃的当事人，包括盗窃的执行者、协助者、策划者等；

4）谈话记录：与盗窃的当事人进行谈话记录，当面确认其盗窃行为，对该当事人的不良行为进行在档记录；

5）处罚处理：根据盗窃的性质，决定执行超市相应的处罚。

（3）内盗的处罚。

1）内盗的赔偿：门店有权利通过合法途径追回被盗的商品和要求赔偿盗窃的金额，实行加倍赔偿。

2）解雇：所有内盗的人员，无论其盗窃的金额是多么少，商品是多么小，理由多么充分，一旦发现确实，一律予以立即解聘。

3）根据其盗窃行为情节的严重和金额的大小，移交司法机关处理。

4）内盗事件的曝光：所有内盗事件在处理后及时内部曝光，告知所有工作人员，起警示和威慑作用。所有内盗事件的曝光不得公开盗窃者的私人资料。内盗事件的曝光只在本门店范围内进行，不在公共媒体进行。

2. 顾客偷盗的防范

（1）顾客偷盗的处理程序：发现可疑迹象→秘密跟踪→是否结账→出门店门口→抓住盗窃者→谈话对证→偷窃处理。

1）发现可疑迹象：值班员现场发现可疑顾客和可疑动作，或员工举报或监视系统发现可疑顾客；

2）秘密跟踪：值班员秘密进行门店内跟踪；

3）是否结账：认真仔细观看顾客是否将所有商品全部一一结账付款，是否有没结账或没完全结账的；

4）出门店门口：当顾客即将通过安全门离开门店时，不管是否引起报警，都要制止顾客，请顾客到办公室处理；

5）抓住盗窃者：将盗窃者比较平静地带到办公室，切忌用激烈的手段，必要时可多名安全员协同作业；

6）谈话对证：与盗窃者当面对证，进行谈话记录，并阐明盗窃的危害性，不能对盗窃者进行罚款、人身伤害、拘留、扣押证件等行为；

7）偷窃处理：根据公司和有关法律的规定，对盗窃者进行处理。

（2）顾客偷盗的处罚。

1）和解方式：对于盗窃情节轻、金额少或未成年人盗窃者，一般给予严厉的教育和警告，并记录在档，一般采取等价买回偷窃商品等方法进行处理。

2）偷窃商品200元以上人员，可送公安机关，门店开具商品零售价证明，并盖财务专用章，当事人、赃物、证人、谈话记录齐全。

3）盗窃情节严重、金额大，或多次来门店的惯偷，或属于团伙盗窃的，或认错态度不好的，送交司法机关处理。

3. 供应商偷盗的防范

（1）防范措施：

1）值班员的检查，值班员严格对供应商的进出进行控管，对进出携带物品进行检查核实。不允许供应商人员进入仓库。

2）由收货人员进行全过程的收货操作。

3）已经收货和未收货的商品必须按区域严格分开。

4）由店面验收人员同值班员共同配合，做好每日生鲜食品的退换货工作。

（2）供应商偷盗的处理程序：发现偷盗→调查取证→通知负责人→赔偿损失→处罚。

1）发现偷盗：值班员、验收员或店面人员发现供应商偷盗；

2）调查取证：值班员对事件进行调查取证，特别是供应商现场偷窃人员的书面对证；

3）通知负责人：将事件及有关的材料证据提交到负责人；

4）赔偿损失：由负责人提出赔偿的数额，由核算员进行执行；

5）处罚：凡是发生偷盗现象的供应商，与其中断合作关系，并要求对因此而给卖场造成的预计损失进行赔偿。

想一想

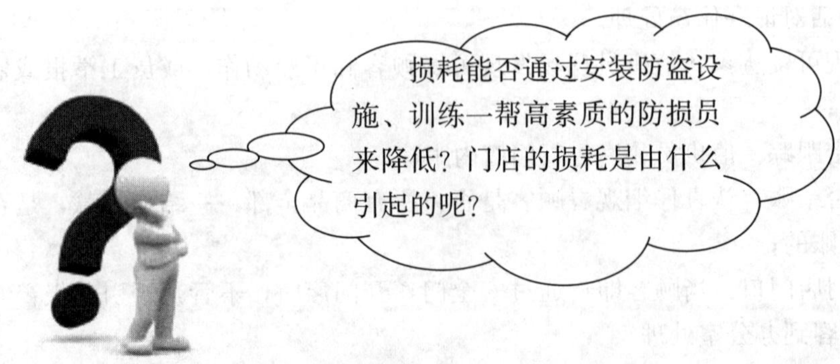

任务四 门店紧急事件处理

紧急事件是指一些突然发生于店内的事故，可引致人命伤亡或中断店铺的正常操作及对店铺财物损毁。店长必须清楚所有门店安全及紧急事件处理细节，并指导门店员工，有突发性事件能采取适当措施，保护员工、客人及公司的财物。

思考：一旦发生紧急事件，店长要如何应对？平时应该做好怎样的准备工作谨防发生紧急事件时手足无措？

任务工作流程

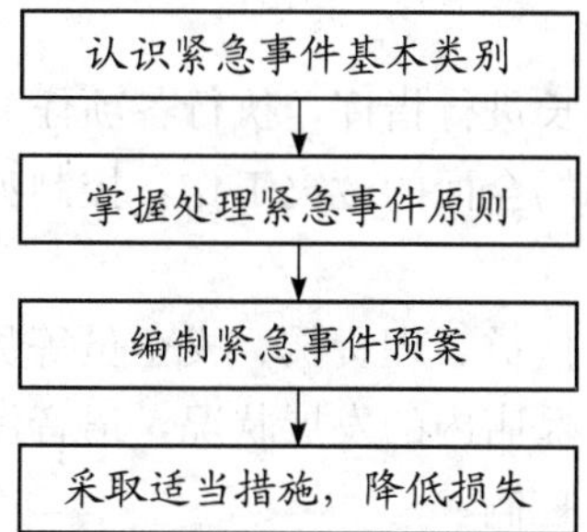

学习要求

通过学习，掌握处理紧急事件原则，遇事能启动预案，对突发事件采取适当措施。

相关知识

店内发生紧急事件，是最能考验店长的素质与能力的时候。在这种情况下，作为一个优秀的店长，一定要为全店员工做好带头与表率作用，要做到临危不乱，并对形势加以冷静的分析与评估，随后根据自己的判断，果断地采取相应的对策。

一、紧急事件的基本类别

（1）人身意外。人身意外指顾客或员工在店内发生人身意外。

（2）突然停电。突然停电是指在没有任何预先通知下的营业时间内突然停电。

（3）火灾。火灾有一般火灾和重大火灾之分。

（4）恶劣天气。恶劣天气指台风、暴雨、高温等天气。

（5）示威或暴力。示威或暴力是指政治性原因引起的游行示威行动。

（6）威胁或恐吓。店铺收到信件、电话的威胁或恐吓。

（7）抢劫。抢劫是指匪徒抢劫收银台或顾客的金钱。

（8）骚乱。店内或进出口处发生的骚乱。

（9）爆炸物。店内发现可疑物或可疑爆炸物。

二、成立紧急事件处理小组

店长必须预先成立紧急事件处理小组，真正做到对突发事件有准备、有预防，这样在事故发生时，才能够迅速、有效、有重点地进行灾中、灾后的抢救处理工作，将损失降到最低程度。各部门必须将紧急事件处理小组的组织名单、岗位分配列成名册送总部备案。

（一）紧急事件处理小组名单

1. 组长

由门店的店长担任，负责指挥、协调救灾现场的作业，掌握全局事态的发展动向，并及时向总部汇报事态发展的状况和解决处理的结果。

2. 副组长

由安全部主管担任，协助店长进行指挥，执行各项任务，负责对外报案及内外通讯联络，负责截断所有电源，实施临场全面的救灾工作，控制灾情的进一步扩大。

3. 人员疏散组

组长由店长担任，组员由广播员、理货员、安全员等员工组成。

（1）播音：广播员要及时广播店内的发展状况，语音沉着，语速和平常一样，不能过分紧张，否则可能导致局势难以控制。

（2）打开通道：安全员要尽快打开所有安全门、紧急出口以及收银通道。

（3）疏散人员：要迅速疏导顾客从安全门出去，正确引导人员进行分流，避免人员过多从一个出口疏散而导致拥挤或事故。

（4）防盗：安全员要警戒灾区四周，防止他人趁机偷盗商品。

4. 财物抢救组

组长由店长担任，副组长由收银主管担任，主要负责抢救收银区域、现金室的现金，电脑中心办公室的重要文件、磁盘和电脑设施等。

（1）收银区域：收银员立即关上收银机，将现款交给抢救组组长带离现场。

（2）现金室：其人员迅速将所有现金、支票、有价证券放入保险皮箱内，由收银主管和安全主管共同带离现场。

（3）电脑中心办公室：电脑部员工应将重要文件、磁盘、电脑设施等带离现场进行保管。

5. 抢险救灾组

组长由消防组长担任，主要负责各种救灾设施和器材的现场分发、使用，水源的疏导，障碍物品的拆除，现场具体指挥，配合消防人员抢救人员和物资等。组员主要由消防组员、义务消防员、工程人员等组成。

（二）制定应急方案

应急方案是店铺安全工作的重要组成部分。它是以书面的形式制定的防备各种潜在紧急情况的预备方案。

（1）建立紧急事件小组的各分组负责制和各分组员工岗位责任制。

（2）确定事件发生后的指挥中心的地点、人物。

（3）确定新闻发布的规定。

（4）各种紧急状况的处理程序。

（5）具备各种特长员工的名单、联系电话和常住地址，包括急救员、人工呼吸救助者、电工、机械工等。

（6）设备的维护和配备情况（紧急照明、备用发电机、备用排水泵、无线电对讲机等）。

（7）紧急情况下的通讯，包括店内人员、消防队、公安局、红十字会、就近医院等的联系方式。

三、紧急事件处理的基本原则

（1）做好预防工作。

做好日常的安全防卫工作，消灭隐患，减少紧急事件的发生。

（2）尽量减少人员伤亡、财物损失。

人的生命是最珍贵的，因此所有救援工作的首要任务是保全和抢救人的生命，其次才是财物损失的减少。

（3）及时、迅速进行处理。

发生紧急事件后，首先保持镇静，有序组织事件的处理，安排事情要责任分明、岗位确定、反馈迅速，一切行动听从指挥，随时调整策略以应付情况的变化。

四、火灾应急处理

（一）火灾报警程序

1. 火警的级别

店内发生火灾，有一般火灾和重大火灾之分。根据店铺的实际情况，暂定三种火警级别：一级火警，即有烟无火；二级火警，即有明火初起；三级火警，即火灾从时间和空间上难以控制。店长接到报警后，根据现场情况判断火警的级别，进行相应的处理。

2. 火警的报告

店铺中的任何工作人员发现火情，都要向店长进行报警。

拨打店铺的内部紧急电话或报警电话，如附近无电话、对讲机等通讯设备，应迅速到就近的消火栓，按动消火栓里的红色手动报警器向控制中心报警。

报警时应说明发生火灾的准确区域和时间，燃烧的物质、火势大小，报警人的姓名、身份以及是否有人员受伤等。

3. 火警的确认

控制中心接到消防报警信号后，立即确认报警区域，派两名安全员迅速赶到现场查看，迅速对火警的级别进行确认。

一人留现场进行救火指挥工作，组织人员使用现场消防器材进行扑救，如能将火扑灭，保护好现场，等候有关部门或负责人的到来。

另一人则立即通知店长或相关部门。

如属误报，应及时做技术处理，通知控制中心将机器复位。

如属捣乱谎报火警，通知控制中心将机器复位，并报告安全部查找有关人员。

（二）灭火程序

（1）在通知紧急事件处理小组后，立即拨打“119”报警电话。

（2）编制小组内人员听到消防警报后，应迅速赶到安全部，立即按“紧急事件处理小组”的编制，确定行动方案，快速行动，各司其职。

（3）各个部门在完成各自的职责后，服从“紧急事件处理小组”的统一指挥和调配，协同配合，进行灭火、疏散、救助工作。

（4）安全部应迅速启动自动喷淋灭火系统，关闭非紧急照明和空调，开启排烟风机，疏通所有安全门和消防通道，启动火警广播，组织人员有秩序地进行人员疏散、灭火、财产抢救、伤员救助等工作。

消防系统第二次报警后，安全部人员守住门口，人员一律不准进入火灾现场，除非有消防人员的许可。

安全部指派人员维持店铺周围广场的秩序和道路通畅，到指定地点引导消防队车辆进入。

工程人员赶赴现场进行工程抢险，对配电房、中心机房、消防泵房等重点部位，实行监控和必要的措施。

人员疏散应由指挥中心统一指挥，管理人员要协助维持秩序，疏散顾客安全撤离到安全区域。

收银主管立即携带现金、支票撤离到安全区域，尽量避免财产的损失。

电脑中心人员要保护重要文件、软件、设备，迅速撤离到安全区域。

其他人员备好车辆供抢险小组用，有条件的将毯子、枕头等救护物品准备好，供抢救伤员使用。

（5）火灾扑灭后，安全部要检查消防系统的运行情况，迅速查访责任人，查找火灾起因。工程部协助从技术角度查找火灾起因，对机器、数据、资料进行收集分析。由消防安全调查人员撰写正式报告，并根据财产和人员的伤亡情况，计算损失，迅速与保险公司进行联系，商讨有关赔偿事宜。

（6）制定灾后重新开业的工作计划和方案。

五、停电应急处理

（一）停电后

（1）立即启用备用发电机，保证店内照明和收银区的作业。

（2）只能使用紧急照明、手电筒，不能使用火柴、蜡烛和打火机以及任何明火。

（3）如收银机不能运转，收银员立即将收银机抽屉锁好，并坚守岗位。

（4）收货部停止收货。

（5）现金室停止工作，现金全部入金库锁好。

（6）安全员立即对店铺的进口、出口进行控制，在暂时不知道停电时间的长短时，可先劝阻顾客暂不要进入。

（7）启动广播，安抚顾客，店长要协助安全部维持现场秩序，避免发生混乱和抢劫等；如需要停业关店的，则进行顾客疏散工作。

（8）生鲜部限量加工商品，所有电力设备做关闭电源处理，所有冷库立即封门；如时间过长，陈列冷柜中的商品要移入冷库中保存。

（9）所有人员坚守岗位。

（10）工程部应立即询问停电原因及停电时间长短，店长应该根据实际情况决定是否停止营业。

（二）来电后

（1）全店恢复营业，部门优先整理顾客丢弃的零星商品，并将其归位。

（2）生鲜部门检查商品品质，将变质商品立即从销售区域撤出，并对损失进行登记、拍照等。

六、人身事故应急处理

（1）当发生意外时，要第一时间进行报告，顾客意外要报告客服经理、安全主管，员工意外要报告该部门管理人员、安全主管，并办理工伤处理程序中的相关手续。

（2）如顾客有晕倒、突发病发生，应立刻通知相关人员进行必要的急救处理，尤其是老年人、残疾人、孕妇及儿童，应迅速拨打急救电话“120”，请派救护车，由店内人员送顾客到医院就医。

（3）如属意外伤害、重大伤害时，员工应立即到医院就医，顾客应在客服经理的陪同下立即到医院就医，将具体情况及时上报经理和总部，以便更好地处理善后赔偿事宜。

七、天气灾害应急处理

（一）恶劣天气的预报

店长必须每日关注天气情况，不仅是为了防范恶劣天气带来的灾害，更是提高顾客服务、关注销售的一种体现。一般的恶劣天气，由气象部门预报的预警信号来体现。

（二）热带风暴的处理程序

热带风暴通常伴随着台风和暴雨，在接到热带风暴的预报后，做如下工作。

1. 准备工作

（1）将天气预报的告示在员工通道或饭堂等明显位置贴出。

（2）检查户外的广告牌、棚架是否牢固，广告旗帜、气球是否全部收起。

（3）检查斜坡附近的水渠是否通畅，有无堵塞。

（4）撤销广场外的促销活动展位，收起供顾客休息的太阳伞。

（5）准备好雨伞袋和防滑垫，在暴雨来临时使用。

2. 现场处理

（1）门口分发雨伞袋，铺设防滑垫，入口、出口门关闭一半。

（2）保证排水系统良好通畅，下水道不堵塞。

（3）密切注意可能进水的区域，将商品或物件移走，以防止水灾造成财产损失。

八、暴力及骚乱应急处理

（1）如发现店内有人捣乱，立即通知安全人员到现场制止。

（2）阻止员工和顾客围观，维持现场秩序。

（3）拨打“110”报警，将捣乱人员带离现场，必要的送交公安机关处理。

（4）对捣乱人员造成的损失进行清点，由警察签字后做汇报。如有重大损害要通知保险公司前来鉴定，作为索赔的依据。

（5）发现任何顾客在店内打架，立即拨内部电话，通知安全人员到现场制止。

（6）不对顾客的是非进行评论，保持沉着、冷静，要求顾客立即离开店铺。

九、可疑爆炸物应急处理

（1）发现可疑物后，立即汇报店长。

（2）经店长许可后，立即拨“110”报警。

（3）不可触及可疑物，划出警戒线，不许人员接近。

（4）疏散店内人员和顾客，并停止营业。

（5）静待警方处理直至危险解除，再恢复营业。

十、抢劫应急处理

（一）工作人员应对措施

（1）保持冷静，不要做无谓的抵抗，尽量让匪徒感觉正在按其要求做。

（2）尽量记住匪徒的容貌、年龄、衣着、口音、身高等特征。

（3）尽量拖延给钱的时间，以等待其他人员的救助。

（4）在匪徒离开后，第一时间拨“110”报警。

（5）立即凭记忆用文字记录、填写“抢劫叙述登记表”。

（6）保持好现场，待警察到达后，清理现场的损失金额。

（二）安全员应对措施

（1）在发现收银员被抢劫，趁匪徒不注意时，第一时间拨“110”报警。

（2）对持有武器、枪支的匪徒，不要与其发生正面冲突，保持冷静，在确认可以制胜时，等待时机将匪徒擒获。尽量记住匪徒的身材、衣着，车辆的牌号、颜色、款识等。

（3）匪徒离开后，立即保护现场，匪徒遗留的物品不能触摸。

（4）匪徒离开后，将无关的人员、顾客疏散离场，将受伤人员立即送医院就医。

（5）不允许外界拍照，暂时不接待任何新闻界的采访。

相关链接

商场突发事件的处理

一、顾客之间的冲突

（一）如何预防顾客之间发生冲突

（1）购物高峰期时，保持楼层、货架之间通道的顺畅。

（2）保持商场温度适中，避免顾客因温度不适而心情烦躁。

（二）顾客冲突时的处理

1. 一般性争吵

（1）目击员工或楼层管理人员要立即上前询问原因。

（2）根据当时实际情况，作出灵活处理，合理劝解顾客。

（3）不可评论孰是孰非，不可偏袒。

2. 发生动手事件时

（1）目击员工应第一时间通知楼层管理人员和管理部，不可袖手旁观。

（2）把冲突双方劝开，在此过程中，不可评论孰是孰非，不可偏袒。

（3）注意自身安全，两名以上同事一起上前劝阻，尽可能将双方分开，并疏散围观顾客。

（4）尽量留住双方顾客，平息怒气，尤其当有一方受伤时，更不能让另一方顾客离开。

（5）保安到场进行处理。（在可能的情况下，将双方带至管理部办公室或最近的办公室）

二、员工和顾客之间发生冲突

（一）预防员工和顾客之间发生冲突

（1）所有员工应接受“顾客服务培训”，提高员工服务意识。

（2）各岗位按照服务标准，做到快捷、准确、规范。

（3）保持通道的顺畅，高峰时做好楼层及收银区的客流疏导。

（4）对顾客的询问及所提要求，应耐心解答，尽量提供所需帮助。

（5）遇到无理的顾客，应保持冷静和耐心，不与其争执，更不可动手。

（6）销售高峰期，楼层管理人员应加强楼层巡视，处理突发事件。

（7）对于棘手问题，员工应立即报管理层处理。

（二）员工与顾客间冲突的处理

1. 一般性争吵

（1）目击员工或管理层应立即上前，无论哪一方有错，本着“顾客永远是对的”的服务原则，向顾客致以歉意，然后询问原因。

（2）倾听顾客诉说，分析判断。

（3）一般情况下，将此员工带到一边，了解情况。

（4）合理劝解顾客，必要时请顾客到办公室解决。

2. 发生动手事件

(1) 目击员工立即将冲突双方拉开，不应袖手旁观，不可偏袒己方同事，不应指责顾客。

(2) 第一时间通知管理人员及管理部赶至现场，由管理人员根据当时情况作出灵活处理。

(3) 如一方或双方受伤，要首先紧急处理，并由管理人员决定是否就医。

(4) 如客户提出索赔，应报管理层及法律部。

想一想

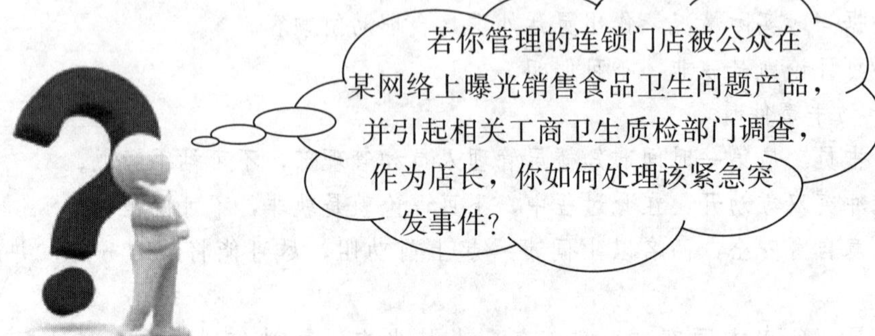

案例分析题

春节前夕，某卖场内人山人海，所有收银台前排起了长队。在36号收银台，一对夫妇排队等了好长时间，最后总算轮到他们了，便推着满满一购物车的商品来到收银台前买单。就在收银员为这位顾客服务的时候，站在收银台出口的防损员走过来告诉正在收银员旁边帮忙装袋的同事:“请提醒收银员询问顾客是否还有需要买单的商品。”因为防损员刚才看到顾客购物车里有一瓶红酒没有拿出来。装袋的同事听到后就把防损员的话传给了收银员，收银员在输完柜台上所有的商品后，伸头看了一下顾客的购物车，问道:“请问，还有其他商品吗?”那位女士马上把那瓶红酒放到收银台上并大声说:“这是赠品，怎么了?你们把刚才那位防损员叫过来，还说我们是小偷?你们这是什么超市?”同时嘴里还骂骂咧咧的，她的丈夫也在一边不停附和。收银员马上向他们解释说:“没有任何人说您是小偷，只是所有的赠品我们都要核对一下，并且要通过收银台消磁，否则在出收银台时，防盗门铃就会响，会给您带来不必要的麻烦，请您理解。”装袋的同事也向顾客解释道歉。但是女顾客根本不理会，坚持说刚才那位防损员说她是小偷，一定要说清楚。

接着，她又说:“你们俩挺好的，就是那个防损员说的，如果你们不把那个防损员叫过来，我们今天就不买单，别人也别想在这买单!”这时正巧那位防损员换了岗不在，于是工作人员就叫来了另外一位防损员。女顾客把她的经历告诉了这位防损员，防损员也表示理解，但随后女顾客还是坚持要找到刚才那位防损员，并口口声声嚷着要见经理，并要这位防损员去找刚才的防损员。

这时那位男顾客又说道："你们赶快把你们经理找来，否则我把这瓶红酒砸在这里，谁也别想在这里买单!"这时工作人员边道歉边又耐心解释："请您不要生气，我们的同事已经去找经理和那位防损员了。大过年的，大家都不要动气，有问题我们一定会解决好的。"

在这期间，其他同事也查清楚了，这瓶没有任何标识的红酒，的确是赠品，不知是什么原因，赠品的标志没有了。

由于排队的人很多，这两位顾客又一直堵在那里不让买单，后面的顾客开始不耐烦了，收银员请大家去邻台买单，他们都不愿意去，装袋的工作人员不断地向那位顾客道歉也无济于事。这时，在后边等候的顾客已经十分不耐烦了，纷纷议论起来。这时那位女顾客觉得很不好意思，赶快找台阶下，便突然冲着收银员喊道："你们这儿的人工作效率怎么这么慢啊？让你们去查一下到底是不是赠品，花这么长时间都没有搞清楚，让人等这么长时间，不是赠品我们买单不就完了吗？真是慢!"收银员看顾客态度发生了改变，便立刻对顾客说："这瓶红酒是赠品，只不过赠品的标识不见了，所以耽误了您的时间，请您原谅。"顾客就势马上买了单，什么也没有说就离开了收银台。

思考：

1. 案例中卖场商品管理出现了什么问题导致顾客不满？

2. 结合该案例谈谈你在卖场服务与防损过程中的感受。

项目十 连锁门店财务管理

项目简介

连锁经营企业是由总部和连锁店组成的有机体系，连锁企业通过集中采购、集中管理、统一配送、统一核算形成集团优势，达到降低经营成本、提高经济效益的目的。连锁经营企业财务管理应围绕实现连锁经营企业的经营目标展开。连锁经营企业的经营目标是生存、获利和发展，财务管理应围绕此目标完成对有关资金的筹集、投放、运营和分配工作。连锁门店店长为了管理和监督本店的经营和财务状况，每个月都要随机抽查某一商品的出品率，分析相关商品的出品率、损耗率、毛利率等各项财务指标。门店的每月营业收入、毛利润等指标也直接与店内相关人员的工资相挂钩。因此，店长非常重视门店的财务管理。本项目通过学习连锁门店财务管理相关知识，促使店长能正确分析门店财务报表，做好门店预算工作与财务控制。

工作流程

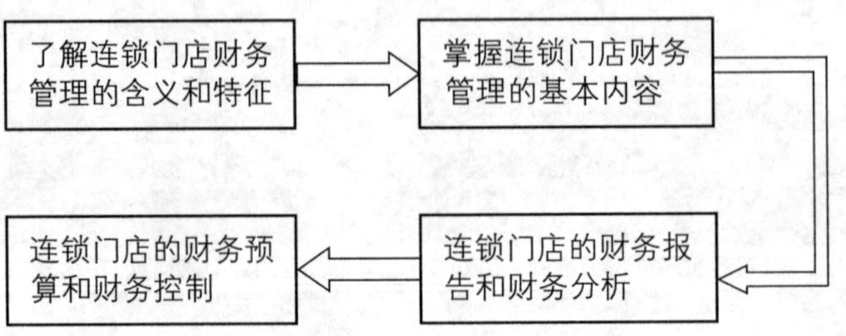

任务一 掌握连锁门店财务管理的特点

各连锁门店与其总部之间因不同的投资和加盟方式，其财务管理方式也各不相同。而连锁门店的财务管理特点与其不同的连锁加盟模式紧密相关，不同的连锁模式在会计核算方式上有独立核算和非独立核算之分。店长要管理门店的人、财、物，自然要对本店的财务负责。家好超市的王店长召集财务部人员检查有关会计核算、管理方式、票流和物流、资产运作和资金使用、利益分配等工作。新加入的财务见习生小叶原本在一家生产企业工作，一上手工作就发现连锁门店的财务管理与生产企业不同。王店长特别交代财务经理要对小叶加强业务培训，以便让她尽快适应岗位工作。

思考：连锁门店财务管理的含义是什么？其财务管理有何特点？

任务工作流程

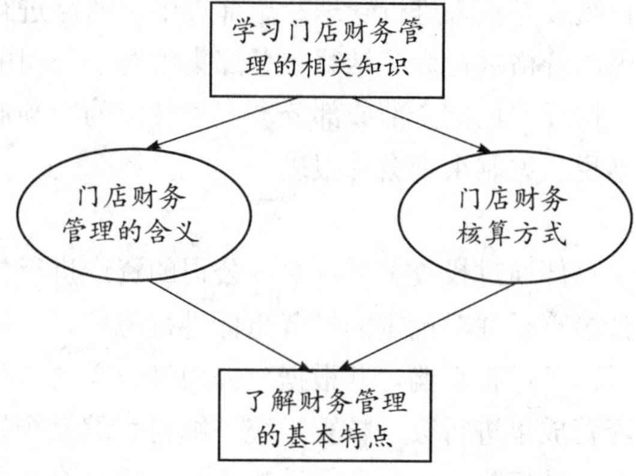

学习要求

通过学习，能够正确认识连锁门店财务管理的基本含义和特点。

相关知识

连锁经营企业财务管理应围绕实现连锁经营企业的经营目标展开。连锁经营企业的经营目标是生存、获利和发展，财务管理应围绕此目标完成对有关资金的筹集、投放、运营和分配工作。

一、财务管理的含义

企业财务管理是企业管理的一个组成部分，它是根据财经法规制度，按照财务管理的原则，组织企业财务活动、处理财务关系的一项经济管理工作。简单地说，财务管理是组织企业财务活动、处理财务关系的一项经济管理工作。

连锁企业的财务管理是在一定的整体目标下，关于连锁企业的资产购置（投资）、资本的融通（筹资）和经营中的现金流量（营运资金），以及利润分配的管理。连锁店主要是由各门店组成，实行规范化管理，必须做到统一采购、配送商品，统一价格，统一经营管理规范，统一商标、培训、策划等，经营权归总部。

二、连锁企业的经营和核算方式

（一）连锁企业的经营方式

连锁经营企业是一种新型企业形式，在目前还处于初级发展阶段，连锁经营企业的经营方式，目前基本上分为子公司经营、分公司经营、加盟店经营和自由连锁经营方式。

1. 子公司经营方式

子公司经营方式是指总部通过投资关系，对子公司的资产和人员进行管理、控制，子公司根据经营需要取得法人营业执照，开展相对独立的经营活动，总部通过对子公司下达各项经营指标并对此进行绩效考核来进行管理。总部集中对商品进行采购，根据子公司需要进行统一配送，按照内部价格进行商品结算，总部集中对子公司的经营成果进行汇总核算，编制合并会计报表，按投资比例全部或部分享有子公司的净利润。子公司独立进行会计核算，在经营所在地纳税、编制个别会计报表。

2. 分公司经营方式

分公司经营方式是指总部通过投资关系，对分公司的资产进行控制和人员的管理，总部对分公司进行内部会计核算，并对确定的经营指标进行考核，以确定各分公司应当获得的劳动报酬，总部集中对商品进行采购，并根据分公司经营需要进行统一配送，总部统一对分公司的经营过程和经营成果进行会计核算，统一纳税、编制个别会计报表，全部享有净利润。分公司根据总公司的安排开展经营活动，不独立进行会计核算，取得的销售收入全部上缴总部，劳动报酬由总部根据经营指标考核情况直接发放。

3. 加盟店经营方式

加盟店经营方式是指总部以商誉做投资，以收取加盟费的形式吸收加盟店，以达到扩大经营规模的一种经营方式。总部集中对商品进行采购，根据加盟店经营需要进行统一配送，按照较为优惠的价格进行结算，总部和各加盟店各为独立法人，各自实行独立的会计核算，总部在业务上对各加盟店进行管理、指导。

4. 自由连锁经营方式

自由连锁经营方式是指由若干个完全独立的零售企业为增加其知名度、增强资源优势和品牌优势，在经营完全独立的情况下，结成连锁体系，统一使用企业品牌、统一进货渠道的一种经营方式。

（二）连锁企业的会计核算方式

由于连锁经营企业的经营方式不同，其核算方式也不相同。依照连锁企业经营规模和经营范围的不同，分独立核算和非独立核算两种方式。

1. 独立核算方式

独立核算方式即总部实行独立的、部分统一的会计核算，基层店实行相对独立的会计核算。在这种核算方式下，总部和基层店都应设立独立的会计机构。总部通过投资活动与基层店形成各自的经济关系，总部的投资额计入“长期股权投资”科目，基层店收到投资增加“实收资本”科目。总部对经营所需商品实行集中统一采购，按需要为下属基层店统一配送商品。按内部商品价格进行结算，并按配送额开具增值税专用发票（一般纳税人）或普通发票。基层店凭发票增加库存，按独立会计进行核算，月末计算并结转当期经营成果，编制财务会计报告，将当期实现的利润上缴总部。总部收到基层店上报的利润和财务会计报告后，编制合并会计报表。

2. 非独立核算方式

非独立核算方式是指总部实行独立的、统一的会计核算，基层店不单独进行会计核算，经营中发生的各项经营费用，均向总部报账核销。在这种会计核算方式下，总部会计机构应对各基层店的经营过程实行内部会计核算，以考核其经营成果，确定其劳动报酬，根据经营需要为各基层店建立定额备用金制度，基层店实行报账制，不设会计机构只设一核算员，可以设置部分辅助会计账簿，负责上缴经营收入、核算本部门的经营费用、发放人员工资、保管本部门使用的备用金等。总部拥有本企业的全部经济资源或控制权，总部对经营所需商品实行集中统一采购，按下属基层店经营需要统一配送，库存商品的实物转移时，只对其明细科目进行调整。基层店开展经营活动取得收入，全部上缴总部。总部编制个别会计报表。

在实际操作中，各连锁店经营企业往往根据自身情况，综合采取以上两种核算方式。

三、连锁企业财务管理的特点

连锁企业财务管理的特点是同连锁经营的特点分不开的。它包括四个方面。

（一）统一核算，分级管理

由连锁总部进行统一核算是连锁经营众多统一中的核心内容。区域性的连锁企业，由总部实行统一核算；跨区域且规模较大的连锁企业，可建立区域性的分总部，负责对本区域内的店铺进行核算，再由总部对分总部进行核算。

连锁企业统一核算的主要内容是：对采购货款进行支付结算；对销售货款进行结算；进行连锁企业的资金筹集与调配等。原则上，连锁企业在建立时就应实行统一核算，有特殊情况的企业在实行连锁初期，可以分阶段、分步骤地逐步进行核算上的统一。

（二）票流与物流分开

由于连锁企业实行总部统一核算，由配送中心统一进货，统一对门店配送。从流程上看，票流和物流是分开的，这同单店式经营中资金与商品同步运行有着很大的不同。因此，在连锁企业中财务部门与进货部门保持紧密的联系是非常重要的。财务部门在支付货款以前，要对进货部门转来的税票和签字凭证进行认真核对，同时，在企业财务制度中要规定与付款金额数量相对应的签字生效权限。

（三）资产统一运作，资金统一使用

连锁经营的关键是发挥企业的规模效益，因此要充分发挥资产统一运作、资金统一使用原则。主要体现为：（1）特别是统一进货、统一配送，使资产的规模优势充分发挥出来；（2）总部统一核算，实行资金的统一管理，提高企业资金的使用效率和效益，降低成本、减少费用、增加利润；（3）实行资产和资金的统筹调配，统一调剂和融通，总部有权在企业内部对各门店的商品、资金和固定资产等进行调动，以达到盘活资产、加快商品和资金周转、获取最大的经济效益的目的。

（四）地位平等，利益均衡

连锁企业利润的取得是各个部门通力协作共同创造的，不存在谁地位比谁低、谁为谁服务的问题，各方都遵循利益均沾、风险共担、地位平等、协商共事的原则，不能靠牺牲对方利益获取自身利益。

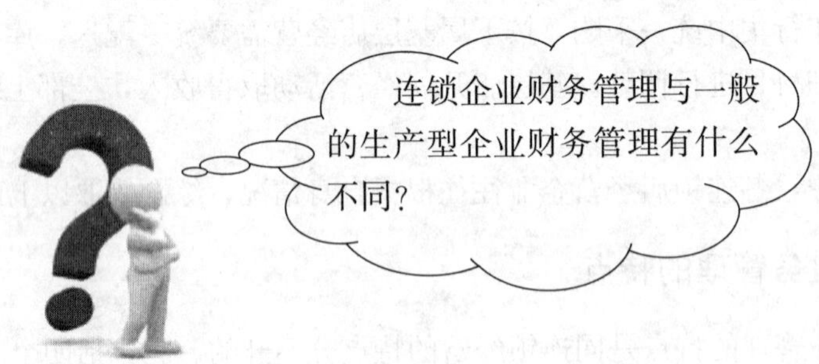

任务二　掌握连锁门店财务管理的基本内容

财务部的小叶每天都很积极地工作，但在一大堆凌乱不堪的工作报表和数据面前，刚来公司不久的小叶显得有些力不从心，哪些算作资产？哪些又列入成本范围？报表怎么填写？数据怎么分析？小叶虚心地向王店长请教，王店长一方面给予耐心指导，另一方面则建议小叶去书店找几本有关连锁门店财务管理实务的书籍，好好学习相关知识。

月末、季度末和年末，王店长要根据财务部提供的财务报表做好门店的资产管理和资金管理，以确保门店的安全性和稳定性，他深知销售管理、成本管理直接关系到门店的盈利模式和盈利状况。

思考：财务管理对门店有何重要意义？店长对连锁门店财务管理的主要内容是什么？

任务工作流程

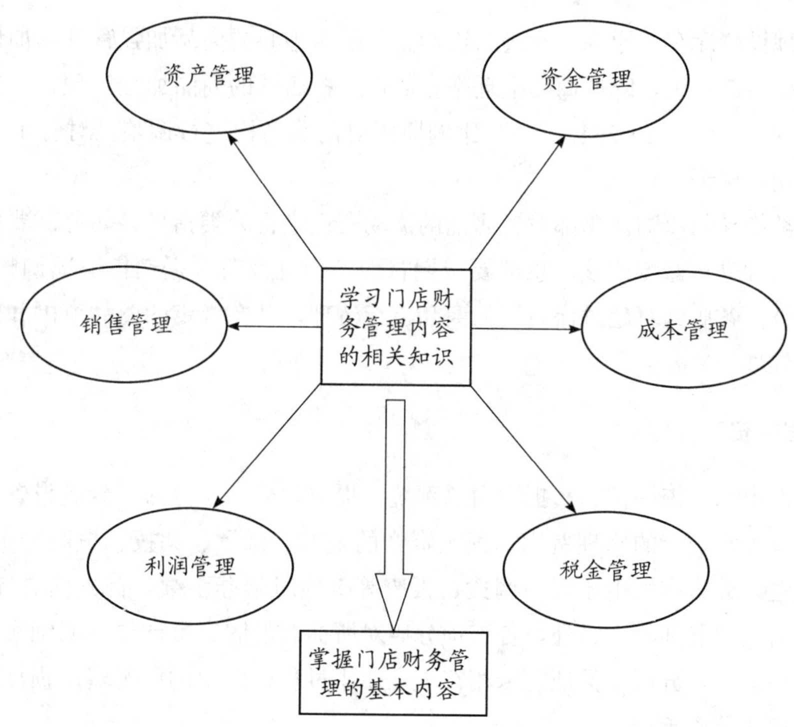

学习要求

能够正确理解和掌握连锁门店财务管理的基本内容。

相关知识

财务管理的主要内容包含资产管理、资金管理、销售管理、成本管理、利润管理和税金管理。资产管理和资金管理事关企业财务的安全性和稳定性，销售管理、成本管理则直接关系到企业的盈利模式和盈利状况。

一、资产管理

（一）流动资产管理

连锁企业的流动资产主要指存货（即由总部配送和店铺自采的商品）、低值易耗品和资金，因为资金管理的特殊性，将在下文单独介绍，在此主要指货物为主的流动资产管理。

流动资产管理主要遵循以下原则：

（1）总部和门店分级负责的原则。总部配送到各门店的商品由总部设置总账控制管理，在进入门店以前，一切损失由总部负责；门店自采的商品，由门店自行管理，商品在店内被盗、短缺由店铺负责。

（2）合理设置库存的原则。对进入连锁企业配送中心的商品加强管理，加快对各店铺的配送，减少装卸损失，降低商品损耗率；对进入各店铺的商品加强管理，一要统一管理店堂和后场的商品，二要按照“2/8”比例原则对商品结构进行调整，对骨干商品的经营要形成系列化，保证不缺货。

（3）分类指导的原则。总部对各店铺的流动资产进行分类指导，如总部要对各店铺的订货数量、品种进行监测审核；总部要定期督促各店铺及时根据销售情况调整商品结构；总部有责任督促各店铺对超过保质期的商品进行清理，并在规定的商品范围和期限内由总部负责退货处理。

（二）固定资产管理

固定资产由总部统一核算，折旧由总部统一提取，分店不分摊。分店设置固定资产实物卡，并承担固定资产的修理费用。固定资产的采购、添置、调拨、报废均由总部掌管，分店无权处置。分店在发生添置、调拨、报废等事项时须办手续，首先向总部提出申请，由总部批准后交职能部门。另外，各连锁分店对所拥有的固定资产须列明细实物卡。由专人登记，定期盘店，分店要保证物卡相符。在使用过程中发生的固定资产损坏及保养，其费用则由各使用分店承担。

二、资金管理

资金管理要遵循“总部统一控制费用、总部统一与授权相结合、统一登记注册和统一缴纳税款、统一银行存款和贷款”的原则，具体资金管理办法如下：

（1）提高资金的运营效率和效益，积极采取措施盘活资金存量，加快资金周转。财务部门要同信息、配送等部门密切合作，通过销售时点管理系统对企业的进、销、存实行单品管理，要从调整商品结构入手，分析哪些是畅销商品、平销商品、滞销商品，哪些是增值库存和不良库存，加强财务对门店经营的指导、监督和制约作用。

（2）在财务管理上要积极引进现代化的预算管理制度、成本核算制度和投入产出分析制度。财务部门要同企划开发部门紧密合作，在确定建立门店、配送中心、计算机系统的规模、投入等问题上要力求取得一致意见，使门店投资经营更加合理化、制度化、科学化。

（3）由于连锁企业在资金上采取统一与授权相结合的管理办法，在内部资金运转过程中要严格执行各项结算制度，同时，完善企业内部审计制度，形成有效的监督机制。

（4）树立勤俭办企业的精神，开源节流，在店铺的装修、计算机设备的投入以及其他方面的投资上切忌相互攀比，华而不实，脱离实际。

货币资金是企业资产管理的重要组成部分，货币资金对于连锁零售企业至关重要。货币资金是连锁企业资产流动性最强的资产，企业从事经营活动离不开货币资金的支持，如购买商品、支付工资、偿还债务等，没有货币资金的储备，就无法保证企业经营活动的正常运行。货币资金管理的主要办法有：（1）岗位分工控制；（2）授权批准控制；（3）现金控制；（4）银行存款控制；（5）票据控制；（6）印章控制；（7）监督检查等。

三、销售管理

由于连锁经营企业是由若干个门店组成，其销售收入分散在各个分店内，销售收入应通过电脑结算系统进行控制。对于独立核算方式的子公司，只对其每日销售收入情况进行监控和掌握，对于非独立核算方式的门店，应对其收入情况和货币资金同时控制。每日银行下班前，各门店收银员应整理当日所收款项或客人已签信用卡单，核对相符后，填制现金缴款单，将款项存入公司开立的销售收入专户，并负责将整理好的客人已签付的信用卡单送银行将款项划转公司销售收入专户。并编制“销售日报表”连同现金缴款单等于次日10点前报公司总收款处，财务部可通过在银行开设的“网上银行”随时掌握、监控销售收入情况及各门店存款情况。

对于和总部不在同一城市的省内非独立核算门店销售收入，由门店核算员每日将销售款存入总部开设的信用卡内，并通过传真或电子邮件形式将“销售日报表”和“现金缴款单”等资料发往总部财务部。总部总收款于每日下班前通过银行或自动取款机查看各门店缴纳销售款情况并与门店传来销售日报表核对，如有不符，及时进行沟通、调查。

四、成本管理

连锁经营企业成本费用是指企业为销售商品或提供劳务等日常经营活动所发生的经济利益的流出。按用途分为销售成本和期间费用。销售成本是销售商品的进货价格；期间费用指在一定会计期间发生的管理费用、营业费用和财务费用。连锁超市的成本管理主要是通过商品毛利率、费用开支标准及范围、销售费用率三大指标进行控制，由总部统一进行成本核算、统一管理。

连锁经营企业成本费用分部门、分店进行明细核算，各部门、分店各为独立的成本控制中心。公司于本年末应将下一年的责任预算和其他控制标准下达给各部门，使之以此控制自己的活动，并对各成本中心实施考核，以分析评价执行情况。各项成本费用的控制，公司要建立成本费用控制体系，实行成本费用分级归口管理责任制，根据成本费用分解为各项指标层层下达，调动公司各部门和门店全体员工的积极性，使成本费用预算落到实处，并与工效挂钩。

五、利润管理

分店对外虽然不是核算单位，但其内部核算制度却是健全的。各分店对自身实现的销售，购进的商品成本都由核算机构按核算程式进行核算。总部则统一规定分店的有关费用细目，每月月末由各分店结算内部利润，每月上旬将结算的利润上缴总部。总部将分店的利润汇总扣除总部本身的费用及不需分摊的属分店有关费用后，即为真正的利润总额。

六、税金管理

连锁店税金的核算及管理全部由总部统一核算、统一缴纳。各分店仍实行售价核算办法。对消费者来说仍然是价内税。总部根据各分店的报表汇总出销售总额，计算销售税金。又根据各业务部及分店的采购发票的抵扣联进行汇总，计算出进项税金，然后根据销项税进项税再计算出应缴增值税。总部设置应缴税金总账、明细账，根据总账、明细账编制有关报表向财政申报缴纳、清算。

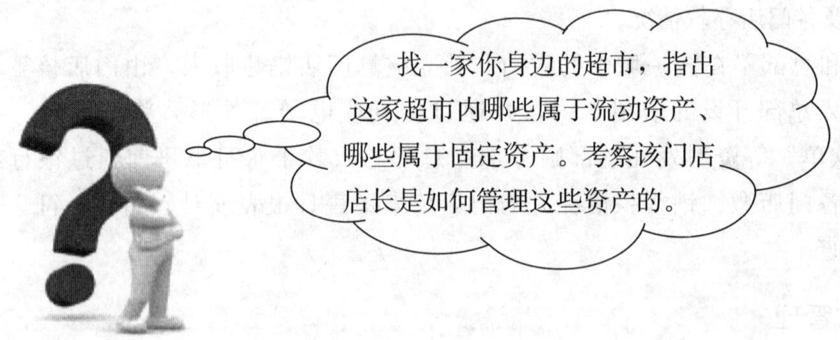

任务三　连锁门店的财务报告和财务分析

小叶经过一段时间的学习和摸索，终于了解了连锁门店财务管理的主要内容，但是每天的工作日报表又如何反映门店经营的业绩和效果呢？还有，财务经理每个月末都要让小叶填写有关门店资产、负债、现金、利润等相关内容的报表，这些东西反映了什么？有多重要？小叶又陷入了茫然。

当然，王店长对财务管理的一项重要工作就是要通过对本店财务报告的编制和财务分析，来全面了解本店经营状况，为企业决策提供依据。

思考：小叶应如何编制连锁企业的财务报告？王店长如何通过财务报表的各种数据分析本店的经营状况和盈利能力？

任务工作流程

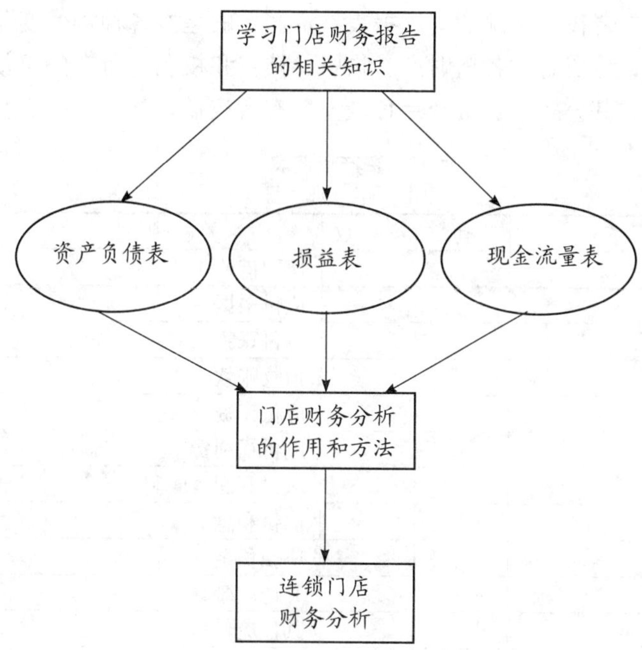

学习要求

能运用门店财务报告和财务分析的相关知识和技能对连锁门店进行全面的财务分析。

相关知识

连锁经营财务报告能如实反映企业的财务状况和经营成果，一般有资产负债表、损益表和现金流量表，企业通过这些财务报表来反映公司的资产结构状况、利润状况和现金流动状况。在此基础上，企业作进一步的财务分析，以了解企业的偿债能力、营运能力、盈利能力和发展能力。

一、财务报告

财务报告是反映企业财务状况和经营成果的书面文件，包括会计报表及其说明。会计报表是企业、单位会计部门在日常会计核算的基础上定期编制的、综合反映财务状况和经营成果的书面文件。会计报表按编制时间可分为月报表、季报表、半年报表和年报表。连锁门店的会计报表包括资产负债表、损益表、现金流量表，以下详细介绍。

（一）资产负债表

资产负债表，亦称财务状况表，是反映企业在某一特定日期（年末、季末、月末）全部资产、负债和所有者权益情况的会计报表。资产一般是按各种资产变化先后顺序逐一列在表的左方，反映单位所有的各项财产、物资、债权和权利；所有的负债和所有者权益则逐一列在表的右方，其公式为：资产＝负债＋所有者权益，如表10—1所示。

表10—1 资产负债表

编制单位： 201__年__月__日 金额单位：元

项目	年初数	年末数	项目	年初数	年末数
货币资金			短期借款		
短期投资			应付票据		
应收票据			应付账款		
应收股利			预收账款		
应收利息			应付工资		
应收账款			应付福利费		
其他应收款			应付利润（股利）		
预付账款			应付利息		
期货保证金			应缴税金		
应收补贴款			其他应缴款		
应收出口退税			其他应付款		
存货			预提费用		
其中：原材料			预计负债		
库存商品			递延收益		
待摊费用			一年内到期的长期负债		
待处理流动资产净损失			其他流动负债		
一年内到期的长期债权投资			**流动负债合计**		
其他流动资产			长期借款		
流动资产合计			应付债券		
长期投资			长期应付款		
其中：长期股权投资			专项应付款		
长期债权投资			其他长期负债		
● 合并价差			其中：特准储备资金		
长期投资合计			**长期负债合计**		
固定资产原价			递延税款贷项		
减：累计折旧			**负债合计**		
固定资产净值			**● 少数股东权益**		
减：固定资产减值准备			实收资本（股本）		
固定资产净额			国家资本		
工程物资			集体资本		
在建工程			法人资本		
固定资产清理			其中：国有法人资本		
待处理固定资产净损失			集体法人资本		
固定资产合计			中方资本		

续前表

项目	年初数	年末数	项目	年初数	年末数
无形资产			外商资本		
其中：土地使用权			资本公积		
递延资产（长期待摊费用）			盈余公积		
其中：固定资产修理			其中：法定公益金		
固定资产改良支出			● 未确认的投资损失（以“—”号填列）		
其他长期资产			未分配利润		
其中：特准储备物资			外币报表折算差额		
无形及其他资产合计			**所有者权益合计**		
递延税款借项					
资产总计			**负债和所有者权益总计**		

企业资产负债表可以了解企业未来财务状况，预测企业的发展前景。主要作用如下：（1）报表的资产项目，说明了企业所拥有的各种经济资源及其分布；（2）报表的负债项目，显示了企业所负担的债务的不同偿还期限，可据以了解企业面临的财务风险；（3）所有者权益项目，说明了企业投资者对本企业资产所持有的权益份额，可据以了解企业财务实力。

（二）损益表

损益表（或利润表）是用以反映公司在一定期间利润实现（或发生亏损）的财务报表。它是一张动态报表。损益表上所反映的会计信息，可以用来评价一个企业的经营效率和经营成果，评估投资的价值和报酬，进而衡量一个企业在经营管理上的成功程度。其公式为：收入－费用＝利润（或亏损），如表 10—2 所示。

表 10—2　　**损益表**

编制单位：××有限公司　　201×年　　单位：元

项目	本期金额	上期金额
一、营业收入	1 250 000	—
减：营业成本	750 000	—
营业税金及附加	2 000	—
销售费用	20 000	—
管理费用	157 100	—
财务费用	41 500	—
资产减值损失	30 900	—
加：公允价值变动收益	0	—
投资收益	31 500	—
二、营业利润（亏损以“—”填列）	280 000	—
加：营业外收入	50 000	—
减：营业外支出	19 700	—
三、利润总额（亏损以“—”填列）	310 300	—
减：所得税费用	112 596	—

续前表

项目	本期金额	上期金额
四、净利润（亏损以“－”填列）	197 704	—
五、每股收益	（略）	—
（一）基本每股收益		—
（二）稀释每股收益		—

企业负责人： 主管会计： 制表： 报出日期： 年 月 日

损益表作用具体有以下几个方面：(1) 可作为经营成果的分配依据，损益表上的数据直接影响到许多相关集团的利益，如国家的税收收入、管理人员的奖金、职工的工资与其他报酬、股东的股利等；(2) 综合反映生产经营活动的各个方面，企业在生产、经营、投资、筹资等各项活动中的管理效率和效益都可以从利润数额的增减变化中综合地表现出来；(3) 可用来分析企业的获利能力，损益表揭示了经营利润、投资净收益和营业外的收支净额的详细资料，损益表可以帮助预测企业未来的现金流量。

（三）现金流量表

现金流量表是指反映企业在一定会计期间现金和现金等价物流入和流出的报表。现金是指企业库存现金以及可以随时用于支付的存款；现金等价物是指企业持有的期限短、流动性强、易于转换为已知金额现金、价值变动风险很小的投资。现金流量表是一份显示于指定时期（一般为一个月、一季，主要是一年）的现金流入和流出的财务报告，见表10—3。

表 10—3 **现金流量表**

编制单位：××公司 20××年×月 单位：元

项目	本期金额	上期金额
一、经营活动产生的现金流量		
销售商品、提供劳务收到的现金		
收到的其他与经营活动有关的现金		
经营活动现金流入小计		
购买商品、接受劳务支付的现金		
支付给职工以及为职工支付的现金		
支付的各项税费		
支付的其他与经营活动有关的现金		
经营活动现金流出小计		
经营活动产生的现金流量净额		
二、投资活动产生的现金流量		
收回投资所收到的现金		
处置固定资产、无形资产和其他长期资产所收回的现金净额		
收到的其他与投资活动有关的现金		
投资活动现金流入小计		
购建固定资产、无形资产和其他长期资产所支付的现金		
投资所支付的现金		
支付的其他与投资活动有关的现金		
投资活动现金流出小计		

续前表

项目	本期金额	上期金额
投资活动产生的现金流量净额		
三、筹资活动产生的现金流量		
吸收投资收到的现金		
取得借款收到的现金		
筹资活动现金流入小计		
偿还债务支付的现金		
分配股利、利润或偿付利息所支付的现金		
筹资活动现金流出小计		
筹资活动产生的现金流量净额		
四、汇率变动对现金及现金等价物的影响		
五、现金及现金等价物净增加额		
加：期初现金及现金等价物余额		
六、期末现金及现金等价物余额		

作为一个分析的工具，现金流量表的主要作用是决定公司短期生存能力，特别是缴付账单的能力。现金流量表的主要作用如下：（1）反映企业的现金流量，评价企业未来产生现金净流量的能力；（2）评价企业偿还债务、支付投资利润的能力，谨慎判断企业财务状况；（3）分析净收益与现金流量间的差异，并解释差异产生的原因；（4）通过对现金投资与融资、非现金投资与融资的分析，全面了解企业财务状况。

二、财务分析的作用和方法

（一）财务分析的作用

财务分析是以企业财务报告及相关资料为基础，采用一系列专门的技术与方法，对企业财务状况和经营成果进行分析和评价，预测企业未来发展趋势，为未来财务决策提供依据的管理活动。

财务分析是财务管理的基础工作之一，连锁经营的实质内容就是通过扩大企业的规模、提高企业的组织化程度，提高企业资产、资金的效益和效率。一个连锁经营企业是否成功，关键要看其进行统一管理以后，资产和资金的效益和效率是否有所提高。连锁经营企业分支机构多、物流和资金流量大，因此，应加强和重视财务分析工作。

财务分析既是对已完成财务活动的总结，又是财务预测的前提，对企业财务管理工作具有重要作用：（1）通过财务分析，评价企业一定时期的经营业绩，可以提示企业财务活动中存在的问题，以便总结经验教训，改善企业经营管理，实现企业财务管理目标；（2）通过财务分析，可以检查企业内部各职能部门的各项财务指标的完成情况，为考核各部门的业绩提供参考，以加强企业内部责任制；（3）通过财务分析，为企业外部投资者提供有关企业经营成果和财务状况的信息，给信息使用者提供投资决策依据。

（二）财务分析的方法

一般来说，财务分析的方法主要有以下四种。

1. 比较分析法

比较分析法是将同一企业不同时期的财务状况和经营成果或不同企业之间的财务状况和经营成果进行比较，从而揭示企业财务状况和经营成果存在差异的分析方法。可以说明财务信息之间的数量关系与数量差异，为进一步的分析指明方向。企业可以采取纵向比较分析和横向比较分析两种方法。

2. 因素分析法

因素分析法也称因素替代法，是运用经济指标之间的相互关联性，来确定各个经济指标对某一经济现象的影响程度的一种方法。因素分析法一般要借助于差异分析的方法。

3. 比率分析法

比率分析法是将企业同一时期的财务报表中的相关项目进行对比，得出一系列财务比率，以此揭示企业财务状况和经营成果的一种分析方法。比率分析法往往要借助于比较分析法和趋势分析法，在实际工作当中，比率分析法应用最广。

4. 趋势分析法

趋势分析法用于揭示财务状况和经营成果的变化及其原因、性质，帮助预测未来。用于进行趋势分析的数据既可以是绝对值，也可以是比率或百分比数据。

三、财务指标分析

（一）偿债能力分析

偿债能力是指企业偿还到期债务的能力，包括短期偿债能力和长期偿债能力。

1. 短期偿债能力

短期偿债能力是指企业流动资产对流动负债及时足额偿还的保证程度，是衡量企业流动资产变现能力的重要指标，主要有流动比率、速动比率和现金比率。

（1）流动比率。

即流动资产与流动负债的比率，表明企业每一元流动负债有多少流动资产作为偿还的保障，反映企业可在短期内转变为现金的流动资产偿还流动负债的能力。

流动比率＝流动资产/流动负债

（2）速动比率。

即企业速动资产与流动负债的比率，一般情况下，该比率越高，表明企业短期偿债能力越强，债权人的权益就越有保障，但从公司角度出发，此比率过高表明公司营运资金没有完全充分利用，应收账款占用过多，现金回收速度慢。

速动比率＝（流动资产－存货－待摊费用）/流动负债

（3）现金比率。

即企业现金类资产与流动负债的比率，一般是20%以上为好。现金类资产是指企业所拥有的货币资金和持有的有价证券。

现金比率＝（现金＋有价证券）/流动负债

2. 长期偿债能力

长期偿债能力是指企业偿还长期负债的能力，主要有资产负债率、产权比率和利息保障倍数。

（1）资产负债率。

资产负债率又称负债比率，是企业负债总额对资产总额的比率。表明企业资产总额中债权人提供资金所占的比重，以及企业资产对债权人权益的保障程度。一般情况下，该比率越小，表明企业的长期偿债能力越强。

负债比率＝负债总额/资产总额

（2）产权比率。

产权比率是指负债总额与所有者权益总额的比率，是企业财务结构稳健与否的重要标志。反映企业所有者权益对债权人权益的保障程度。该比率越低，表明企业财务结构越稳健，长期偿债能力越强。

产权比率＝负债总额/所有者权益

（3）利息保障倍数。

利息保障倍数是指企业息税前利润与利息费用之比，又称已获利息倍数，用以衡量偿付借款利息的能力。

利息保障倍数＝息税前利润/利息费用＝（净利润＋所得税＋利息费用）/利息费用

（二）营运能力分析

营运能力是指企业基于外部市场环境的约束，通过内部人力资源和生产资料的配置组合而对财务目标所产生作用的大小。

1. 应收账款周转率

反映企业应收账款周转速度的指标有：应收账款周转率指标和应收账款周转天数指标。应收账款周转率是企业一定时期内销售收入净额同平均应收账款余额的比值，即企业本年度内应收账款转为现金的平均次数。应收账款周转率越高，表明收账迅速，账龄较短，资产流动性强。应收账款周转天数是用时间来表示的周转速度，该指标越低越好。

应收账款周转率＝赊销收入净额/应收账款平均余额

2. 存货周转率

反映存货周转速度的指标有：存货周转率和存货周转天数。存货周转率是一定时期销售成本同平均存货的比值。一般情况下，该比率高，表明存货变现的速度快，周转额较大，资金占用水平较低。存货周转天数是用时间来表示存货周转速度，是反映企业销售能力和流动资产流动性的指标，也是衡量企业经营中各环节中存货运营效率的综合性指标。一般情况下，该指标数值越低越好。

存货周转率＝销售成本/存货平均余额

3. 流动资产周转率

反映企业流动资产周转速度的指标有：流动资产周转率和流动资产周转天数。流动资产周转率是企业一定时期销售收入净额同平均流动资产金额的比值。一般情况下，该比率越高越好，表明以相同的流动资产完成的周转额越多，流动资产利用效果较好。流动资产周转天数是用时间表示的周转速度，该指标越低越好。

流动资产周转率＝销售收入净额/流动资产平均余额

4. 固定资产周转率

反映企业固定资产周转情况的主要指标是固定资产周转率，它是企业一定时期销售收入净额同平均固定资产净值的比值，是用以衡量企业固定资产利用效率的一项指标。一般情况下，该指标越高，表明以相同的固定资产完成的周转额越多，固定资产利用效果越好。

固定资产周转率＝销售收入净额/固定资产平均净值

5. 总资产周转率

总资产周转率是反映企业总资产周转情况的主要指标，是企业一定时期销售收入净额同平均资产总额的比值，是作为综合评价全部资产经营质量和利用效率的重要指标。一般情况下，该比率越高，表明以相同的资产总额完成的周转额越多，总资产利用效果越好。

总资产周转率＝销售收入净额/总资产平均值

(三) 盈利能力分析

盈利能力就是企业赚取利润的能力，反映企业盈利能力的指标有销售毛利率、销售净利率、成本利润率、总资产报酬率、净资产收益率、资本保值增值率。

1. 销售毛利率

销售毛利率表示每1元销售收入扣除销售成本后，有多少钱可以用于各项期间费用和形成盈利。销售毛利率是公司销售净利率的基础，没有足够大的毛利率便不能盈利。销售毛利率是毛利占销售收入的百分比，其中毛利是销售收入与销售成本的差。其计算公式为：

毛利率＝（销售收入－成本）/销售收入

2. 销售净利率

净利，或称“净利润”，在我国会计制度中是指税后利润。该指标反映每1元销售收入带来的净利润是多少，表示销售收入的收益水平。销售净利率是指净利与销售收入的百分比，其计算公式为：

销售净利率＝（净利/销售收入）×100％

3. 成本利润率

成本利润率是反映盈利能力的另一个重要指标，是利润与成本之比。

成本利润率＝主营业务利润/经营成本

经营成本＝主营业务成本＋主要业务税金及附加

4. 总资产报酬率

总资产报酬率是息税前利润与企业资产平均总额的比率。由于资产总额等于债权人权益和所有者权益的总额，所以该比率既可以衡量企业资产综合利用的效果，又可以反映企业利用债权人及所有者提供资本的盈利能力和增值能力。

总资产报酬率＝息税前利润/总资产平均值

息税前利润＝净利润＋所得税＋利息费用

5. 净资产收益率

净资产收益率是指企业净利润（即税后利润）与所有者权益（即资产总额减负债总额

后的净资产）的比率。既是企业盈利能力指标的核心，也是杜邦财务指标体系的核心，更是投资者关注的重点。

净资产收益率=净利润/所有者权益平均余额

6. 资本保值增值率

资本保值增值率反映了企业资本的运营效益与安全状况，是评价企业经济效益状况的辅助指标。其计算公式为：

资本保值增值率=年末所有者权益/年初所有者权益

这一指标是根据资本保全原则设计的，反映企业资本的保全和增值情况。它充分体现了对所有者权益的保护，能够及时、有效地发现所有者权益减少的现象。该指标越高，说明企业资本保全状况越好，所有者权益增长越快，债权人的权益越有保障，企业发展后劲越强。

（四）发展能力分析

发展能力是指企业未来年度的发展前景及潜力。反映企业发展能力的指标主要有营业额增长率和营业利润增长率。

1. 营业额增长率

营业额增长率指企业本年营业增长额同上年营业收入总额的比率。它反映企业营业收入的增减变动情况，是企业成长情况和发展能力的重要指标。该指标越高，表明增长速度快，企业市场前景越好。若该指标小于零，表明企业产品不适销对路，市场份额萎缩。

营业额增长率=（本年营业总额/上年营业总额）－1

2. 营业利润增长率

营业利润增长率是本期营业利润与上期营业利润之比，反映门店获利能力的变化情况。比率越高，说明利润增长性越好，反之越差，至少要大于零，最好要高于营业额增长率。

营业利润增长率=（本期营业利润/上期营业利润）－1

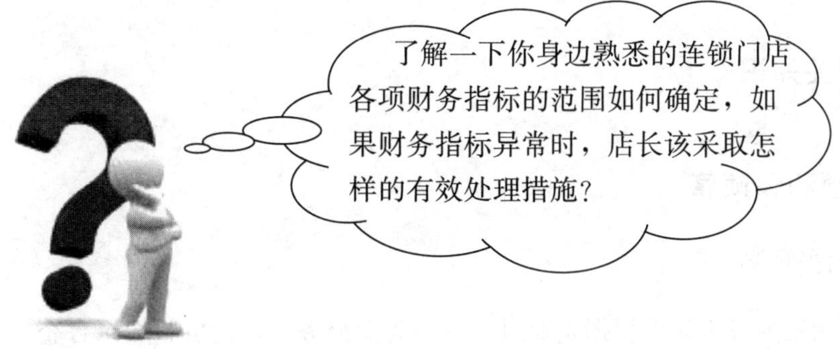

任务四　连锁门店的财务预算和控制

经过了半年多的工作适应，小叶对门店的财务管理工作基本熟悉了。临近年关，王店长给了小叶一个新任务：在进入 2012 年之前，要她给王店长当助手，参与编制本店下一年度的财务预算和控制标准。

小叶在接到新的任务时，赶紧找出本店 2011 年的相关财务预算编制资料和各项经营业绩指标、财务数据，计划对本店财务进行全面预算。财务预算能够使本店的经营目标更加明确，同时围绕企业经营目标使门店内部各部门之间以及门店与总部之间的合作更加紧密。制定各项财务指标和保障制度，可以加强对企业经营的管理控制。

思考：应如何编制连锁门店的财务预算？如何进行财务控制工作？

任务工作流程

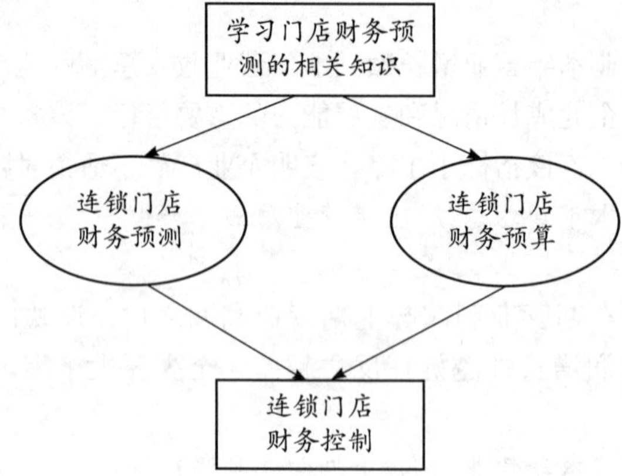

学习要求

能运用门店财务预测和控制的相关知识和技能对连锁门店进行财务的预测和控制。

相关知识

一、财务预测和预算

（一）财务预测

财务预测是财务工作者根据企业过去一段时期财务活动的资料，结合企业现在和即将面临的各种变化因素，运用数理统计的方法，并结合主观判断来预测企业未来的财务状况。企业进行财务预测的方法主要有定性预测和定量预测两种方法。

1. 定性预测

定性预测是指预测者依靠熟悉业务知识、具有丰富经验和综合分析能力的人员与专家，根据已掌握的历史资料和直观材料，运用个人的经验和分析判断能力，对事物的未来发展做出性质和程度上的判断，再通过一定形式综合各方面的意见，作为预测未来的主要依据。定性预测主要有德尔菲法、主观概率法、指标领先法、评判意见法等。

2. 定量预测

定量预测是使用一历史数据或因素变量来预测需求的数学模型，是根据已掌握的比较完备的历史统计数据，运用一定的数学方法进行科学的加工整理，借以揭示有关变量之间的规律性联系，用于预测和推测未来发展变化情况的一类预测方法。烽火猎头专家认为定量预测方法也称统计预测法，其主要特点是利用统计资料和数学模型来进行预测。然而，这并不意味着定量方法完全排除主观因素，相反，主观判断在定量方法中仍起着重要的作用，只不过与定性方法相比，各种主观因素所起的作用小一些。

定量预测基本上可分为两类：一类是时序预测法。它是以一个指标本身的历史数据的变化趋势去寻找市场的演变规律，作为预测的依据，即把未来作为过去历史的延伸。时序预测法包括平均平滑法、趋势外推法、季节变动预测法和马尔可夫时序预测法。另一类是因果分析法。它包括一元回归法、多元回归法和投入产出法。回归预测法是因果分析法中很重要的一种，它从一个指标与其他指标的历史和现实变化的相互关系中，探索它们之间的规律性联系，作为预测未来的依据。

（二）财务预算

企业要发展，要取得好的经济效益，实现预定的目标，就必须重视财务预算工作，只有搞好财务预算工作，才能很好地筹划未来，明确奋斗目标，实行目标管理，有效地控制企业的经营活动。

财务预算就是对企业未来的财务活动发展状况，按照事物发展趋势，进行合乎客观规律的预算与估量，据以提出未来一定时期内的目标和措施，是根据财务预测以货币形式表示财务方面的经营计划。

1. 财务预算的作用

（1）明确目标。

科学的财务预算可以指导门店更好地开展经营活动。财务预算作为具体的财务目标，为公司、各部门规定了具体的目标，有助于各部门、门店员工了解本公司、本部门甚至本人在公司财务目标中的地位、作用和责任，也有助于财务人员经济合理地使用和筹措资金，保证公司经营目标的实现。

（2）相互协调。

财务预算围绕公司的财务目标，把公司经营过程的各个环节各个方面的工作严密地组织起来，消除各部门之间的隔阂和本位主义，使公司内部各部门各方面相互协调，行动密切配合，避免了互相冲突、互不衔接的现象，保持了资金运用的平衡，从而使公司成为一个完成其经营目标、财务目标而顺利运转的有机整体。

（3）控制资金。

财务预算控制主要体现在事前控制、事中控制、事后控制。事前控制主要是控制预算单位的业务范围、规模、可用资金限额。由于公司资金总是有一定限度的，各部门不能随心所欲，应分轻重缓急，在资金允许的情况下，合理安排工作和预算，从而激发各部门及员工的积极性，提出降低成本、增加收入的措施和方法，确保财务目标的实现。事中控制主要是按财务预算确定目标，对预算的收入进行督促，争取实现预期的收益和现金流入；对现金流出进行控制，防止超支，保证预算的执行。事后控制主要是进行和实际执行结果的比较，分析差异形成的原因，进行业绩评价。

2. 实行全面预算管理

全面预算管理就是将企业的一切经营活动全部纳入预算管理范围。具体的做法是在每年的年末对当年的财务预算执行情况作全面的分析，在此基础上，总部会同有关部门和门店对下一年的企业目标进行研究，然后根据上报的业务预算和专门决策预算进行修正补充，编制财务预算初稿，最后由经理室通过后下达。

财务预算最常见的是“权限管理和重要项目报告制度相结合”的管理方法。“权限管理”就是在全面预算基础上对投资项目、费用开支、物品购置等设置审批管理权限。如投资项目由发展部负责管理，广告费、业务费分别落实到营运部和办公室，通过权限管理可以落实经济责任，确保预算目标的实现。“重要项目报告制度”主要适用于各连锁门店，报告的内容是费用开支，报告的目的在于控制。因为各门店都是独立核算单位，为加强对其管理，规定凡在预算外的开支一律报总部审批；预算内凡属于总部监控的费用如广告费、修理费等，根据公司费用管理办法上报，并经总部同意方可支出。重要项目报告制度不但能使总部及时掌握下属门店监控项目的开支情况，而且有利于门店加强管理意识。

财务预算在执行过程中，要突出预算的刚性，管理的重点要落实过程控制。财务部门要及时掌握经济运行动态，发现情况，及时查找原因，提出解决问题的方法。对预算原因造成的偏差，要修正预算指标，使预算真正起到指导经济的作用。

3. 财务预算的编制程序

公司财务预算的编制是一项专业性和技术性较强的工作，必须树立全局观点、效益观点、平衡观点、应变观点、群众观点和实用观点。

要结合实际、综合平衡，全面筹划公司业务经营活动，确保实现增收节支，提高经济效益。收入要充分考虑季节的波动，不可“平均制”；费用指标要结合各部门、门店实际情况，充分考虑其营业额、营业面积、员工人数等客观因素。

（1）确定预算目标。充分估计市场发展趋势，收集过去两三年的历史资料，根据调查研究的结果和分析，提出部门预算目标，即预算年度的各项指标。

（2）进行市场调查，收集有关资料，并进行分类、归集及评价。

（3）以部门为基础，编制各部门预算草案。公司由总经理向各部门经理下达编制下年度部门预算的通知，财务人员深入各部门协助搞好这一工作。

（4）根据部门预算草案进行全公司的综合平衡，编制出整个公司的财务预算。

（5）召开预算会议，正式下达给各部门执行。

（6）各部门将预算指标进行分解，落实到班、组、个人。

（7）实行目标管理、工效挂钩，发挥财务控制的职能。

二、财务控制

财务控制是指对企业的资金投入及收益过程和结果进行衡量与校正，目的是确保企业目标以及为达到此目标所制定的财务计划得以实现。财务控制作为现代企业管理水平的重要标志，它是运用特定的方法、措施和程序，通过规范化的控制手段，对企业的财务活动进行控制和监督。所谓财务管理的控制从后台走向前台，实际就是要强调事前的控制。

（一）财务控制要点

1. 健全内部控制制度

连锁门店业态相同，操作流程统一，管理要求一致，这就便于企业标准化管理。实行标准化管理，第一，建立和健全企业规章制度，侧重于两个方面：一是岗位责任，即明确规定各个岗位的工作内容、职责范围、要求，以及部门与部门、人员与人员间的衔接关系。二是规范操作流程，无论是大的项目，还是小的费用开支，都要规定操作流程，明确审批权限。在制定岗位职责和操作流程时，必须充分考虑内控是否完善。第二，加强和完善企业监督机制，对企业各部门、人员执行规章制度的情况进行监督检查，要制定相应的考核办法，奖惩要与个人工作业绩、服务质量和遵章守纪挂钩，保证经济业务正常安全运行。

2. 加强资金管理

加强资金管理是财务管理的中心环节。大型连锁超市具有货币资金流量大、闲置时间短、流量沉淀多的特点。因此，财务应根据这些特点，科学合理调度和运用资金，为企业创造效益。

（1）集中管理。

集中管理可以使分散的沉淀资金加快周转，有利于提高资金使用效率。在具体操作上，总部投资金管理中心承担资金使用、调度和管理职能。独立核算门店原则上开设两个账户：一个是基本账户，用于预算内的日常开支，资金由资金管理中心划拨；另一个是结算账户，用于日常开支以外的各项资金收付，如销货款的收取和进货款的支付，总部通过远程查询和网上银行实时监控。非独立核算门店，实行定额备用金制度，经营资金直接入总部指定账户。

“门店确认、总部付款”，建立统一的结算管理中心是连锁门店发展的必然趋势。一般确认要到供应商送货后若干天才能办理，确认后供应商再把销货发票送到相关门店。所以，供应商收取一笔货款至少走两次。随着门店数的增加，供应商工作量很大，而且这种结算方式不利于连锁企业向外拓展。因此应建立一个统一的结算中心，这个结算中心拥有一个基于 Internet 的平台，可以向供应商提供各个门店的结算清单，收到供应商发票后再统一支付，既方便供应商查询核对，减少了供应商的结算手续，提高了效率，也有效控制了资金，利于资金的预算安排。

（2）进货款采用信用结算。

财务要根据商品的不同保本点、周转率情况，确定商品不同的账期和付款形式，积极采用商业信用等结算方式，节约利息支出。现在通过与银行合作，承诺凡有“×××”开具的商业承兑汇票，客户需要贴现时，银行保证予以满足，从而对进一步提高资金使用效率起到积极作用。

(3) 加强资金运作。

资金的集中管理，使企业的资金运作有了可能。门店销售的最大特点是货币资金流量大，而进货款一般实行约期付款方式。所以，企业从上次付款结束到下次付款期间，资金始终会有短时间的沉淀过程。当连锁门店发展到一定规模时，可短期运作的资金量会相应增加，可以采用协定存款率、委托贷款、短期证券投资和资金托管等方法进行资金运作，增加企业效益。

(二) 财务控制的主要内容

1. 货币资金控制

对连锁企业来说，商品销售后，商品资金就转化成货币资金。加强对货币资金管理，是保证连锁企业的经营成果和资金运作开始又一轮良性循环的关键。

(1) 门店收银环节的控制。

在门店的收银环节上，财务管理控制的目标是与商品价格相符的现金的完整收受。因此，财务部门要制定控制收银环节的标准制度，并配备相应工具，如现金缺损率、收银企业程序、伪钞识别器等。

(2) 门店销售款项的控制。

在我国目前的银行管理体制和管理效率下，不可能做到门店的销售款项向总部及时回笼，财务部门必须高度认识到，在连锁企业统一核算的经营体制下，销售款项不能沉淀在门店，要迅速回笼到总部，这关系到企业资金的运作效率，意义十分重大。

财务管理对门店销售款项回笼的控制，主要可以从四个方面进行：

1) 指定销售款项解缴的银行，选择高效率、服务好的银行是财务部门控制货币资金的一种手段；

2) 制定销售款项解缴银行的时间；

3) 制定销售款项划缴总部的金额、时间和方式；

4) 制定严格的违反销售款项解缴银行和划缴总部的惩罚制度。

2. 流动资金控制

流动资金的控制可从两方面来进行：(1) 商品采购计划资金的控制。流动资金的控制要从商品的采购计划开始，即要控制住商品采购的计划资金。目前我国许多连锁企业商品采购无计划，导致对流动资金的无序滥用，财务部缺少对于流动资金的有效控制。(2) 商品存货的管理与控制。存货管理实质就是加速库存商品的周转率，主要包括采购成本、储存成本、缺货成本管理。

加强库存管理有利于企业进一步降低运行成本。连锁门店商品具有周转快、流量大、品种多和规格齐的特点；在销售形式上，以敞开货架陈列和顾客自选为主。鉴于这些特点，企业要在以下几个环节加强管理。

(1) 合理控制进货与存货的比例。进货量大或一次性订货量大可以降低进货成本，但如果由此转成的存货没有在一定的时间里销售出去，其存货成本超过了进货订货时的成本，大批量进货和订货也是不经济的。因此财务管理必须对大批量进货和订货造成的存货增加进行审批与控制。这种控制必须是制度化的，即制定大批量进货和订货的数量界限及审批制度。

（2）合理确定门店的订货量。如果门店订货量太大（导致好销商品经常断档），流动资金就会在门店这一环节沉淀下去，财务部要与采购部一起制定门店的订货标准，即最小的订货量、最小的订货金额。一般的门店存货量是其销量的 1.5～2 倍。如配送中心效率高，则可实行零库存。上海可的便利店公司所使用的电脑自动配货系统使门店平均库存量从 26 万元下降到 10 万元，商品周转天数从 15 天下降到 7 天。

（3）加强环节控制。在进货环节上，财务主要是控制商品的进价，每次付款前，都必须打开客户信息数据库进行核对，以防供应商价格高开、折扣少算等情况。总部首先要建立统一的商品目录，不论是门店自行采购还是总部集中进货，所进商品必须是目录内的，这样做的优点有利于加强对商品的质量和价格的统一管理。其次要建立和完善计算机信息管理系统，通过计算机对每种商品的单品进行系统的进销存分析，形成计算机决策为主、人工修正为辅的进货决策系统。储存环节上，财务可以对商品的保本点、周转率等指标进行分析，并将结果反馈给进货部门，修正计算机进货决策系统的参数，不断完善库存结构。最后由于超市销售形式是开架自选，应加强商品的盘点工作，通过盘点促进库存管理和有效防止商场商品失窃，降低商品损失率。退货环节上，不论是进货退回还是销货退回，业务与财务信息传递必须及时正确，防止发生坏账。对于销货退回的重点管理是把好商品质量关，防止已损、变质商品回流入库。

3. 付款管理与控制

对供应商商品的付款标准是什么，是困扰连锁企业的一道难题，也是连锁企业与供应商、连锁企业内部采购部门与财务部门产生矛盾冲突的焦点。

（1）建立对供货商的标准付款制度。对连锁企业来讲，对供应商的付款标准主要由财务部门来制定，并进行管理与控制。在许多连锁企业中，财务部门往往成为采购部门决定付款的出纳机，财务管理失去了对付款的控制。因此，建立标准的付款制度是财务管理的重要环节。

（2）付款的审核。在确定对供应商付款后，对付款的审核是财务管理控制十分重要的一环。审核主要内容为：供应商的开票价与合同价是否一致（这种不一致往往大量发生，特别是在厂商直送门店的商品上）；发票是否规范（否则增值税无法抵扣）；发票价格是否与采购合同一致；付款日期是否按照合同约定；对方应承担的已发生费用是否已经预扣；厂商的退换商品是否得到及时退换等。

4. 成本管理和控制

连锁门店的成本管理主要是通过商品毛利率、费用开支标准及范围、销售费用率三大指标进行控制。由总部统一进行成本核算、统一管理。

成本管理的具体内容：

（1）总部要严格控制自身的费用开支，如宣传广告费、人工费以及其他费用开支等。

（2）总部对各个店铺基本上采用先进先出法按商品大类计算毛利率。

(3) 总部要建立毛利率预算计划管理，对店铺实行计划控制，对各个店铺的综合毛利率进行定期考核，对影响效益的骨干商品的毛利率进行重点考核。

(4) 总部规定各个店铺的费用细目范围及开支标准，原则上不允许随意扩大和超标。

(5) 总部对一些费用（如水电费、包装费等）要进行分解，尽量细化到各个店铺和商品大类。能直接认定到各个店铺和商品大类的，要直接认定；不能直接认定的，要参考各店铺占企业工资总额的比例、资产的比例或按各店铺的人数、经营面积分摊到店铺和商品大类。

(6) 总部对各个店铺的费用通过下达销售费用率进行总体控制，要建立费用率预算计划管理。各店铺的直接费用（如业务招待费、人工费等）要与店长的利益直接挂钩。对达不到预算计划的店铺，总部通过督导制度，帮助其分析造成费用增长、费用率上升的原因，并提出调整改进措施。

案例分析题

小王加盟某时装品牌的连锁门店，在城东设店开业。该家店铺的店面积是150平方米，一年的店铺租金16万元、人员管理费1.5万元、水电费3万元、税费1.2万元、装修费2.7万元、交通费1.6万元、投入成本的利息及其他费用3.3万元。进货折扣率是45%，并且春夏季营业额占年总营业额的40%，一件春夏季的衣服平均是300元/件，库存率为15%。

思考：

1. 怎么判断这家店的预期营业情况？
2. 这家店铺门口前的客流量达到多少才能保证店铺不亏本？

参考文献

[1] 王易．你也可以成为顶级店长．北京：中国纺织出版社，2009.

[2] 黄小彪．连锁经营管理概论．北京：中国财政经济出版社，2008.

[3] 霍红，李楠．商场超市管理制度与表格．北京：化学工业出版社，2008.

[4] 吴一夫．货品管理决定店铺盈亏．北京：中国言实出版社，2009.

[5] 蒋祥龙．连锁经营管理实务．北京：化学工业出版社，2010.

[6] 佟家辉．打造金牌店长．北京：企业管理出版社，2011.

[7] 杨鑫．如何成为优秀店长．北京：中国经济出版社，2011.

[8] 伍海平，于湛波．现代连锁经营理论与实务．哈尔滨：哈尔滨工业大学出版社，2010.

[9] 李乐锋，张永武．连锁企业人力资源管理．北京：对外经济贸易大学出版社，2010.

[10] 陆影．连锁门店营运与管理实务．大连：东北财经大学出版社，2009.

[11] 冯丽莎．超级店长培训教程．北京：地震出版社，2010.

[12] 徐玲玲．如何成为一流店长．北京：化学工业出版社，2010.

[13] 奚华．连锁店专卖店金牌主管经营与管理．北京：中国商业出版社，2008.

[14] 王忆南．连锁门店营运管理．北京：中国人民大学出版社，2010.

[15] 蔡忠焕．连锁企业门店营运实务．重庆：重庆大学出版社，2011.

[16] 巴里•伯曼等．零售管理．北京：中国人民大学出版社，2007.

[17] 吴佩勋．零售管理．上海：世纪出版集团、上海人民出版社，2007.

[18] 李建．连锁企业促销策划．北京：电子工业出版社，2009.

[19] 付玮琼，杨晓磊．商场超市布局与商品陈列技巧．北京：化学工业出版社，2009.

[20] 蒋令，张明明．连锁经营总部运营管理．北京：机械工业出版社，2009.

[21] 张明明．连锁企业门店营运与管理．北京：电子工业出版社，2009.

[22] 杨大筠．怎样做个好店长．北京：北京出版集团公司、北京出版社，2010.

图书在版编目（CIP）数据

店长实务/孙玮琳等主编．—北京：中国人民大学出版社，2012.5
21世纪高职高专规划教材·连锁经营管理系列
ISBN 978-7-300-15488-6

Ⅰ.①店…　Ⅱ.①孙…　Ⅲ.①商店-商业管理-高等职业教育-教材Ⅳ.①F717

中国版本图书馆CIP数据核字（2012）第057453号

21世纪高职高专规划教材·连锁经营管理系列
连锁经营管理专业示范建设系列教材
店长实务
主编　孙玮琳　颜莉霞
Dianzhang Shiwu

出版发行	中国人民大学出版社		
社　　址	北京中关村大街31号	**邮政编码**	100080
电　　话	010－62511242（总编室）		010－62511770（质管部）
	010－82501766（邮购部）		010－62514148（门市部）
	010－62515195（发行公司）		010－62515275（盗版举报）
网　　址	http：//www.crup.com.cn		
	http：//www.ttrnet.com（人大教研网）		
经　　销	新华书店		
印　　刷	北京溢漾印刷有限公司		
规　　格	185 mm×260 mm　16开本	**版　　次**	2012年5月第1版
印　　张	17.5	**印　　次**	2020年8月第3次印刷
字　　数	416 000	**定　　价**	32.00元
